Direitos Fundamentais Sociais

DIGNIDADE DA PESSOA HUMANA E MÍNIMO EXISTENCIAL

— O PAPEL DO PODER JUDICIÁRIO —

C794d   Cordeiro, Karine da Silva.
Direitos fundamentais sociais: dignidade da pessoa humana e
mínimo existencial, o papel do poder judiciário / Karine da Silva
Cordeiro. – Porto Alegre: Livraria do Advogado Editora, 2012.

216 p. ; 23 cm.

Inclui bibliografia.

ISBN 978-85-7348-800-5

1. Direitos fundamentais. 2. Poder judiciário. 3. Dignidade (Direito). 4. Direito - Filosofia. 5. Brasil. Constituição (1988). 6. Tribunais constitucionais. I. Título.

CDU	342.7
CDD	341.27

Índice para catálogo sistemático:

1. Direitos fundamentais   342.7

(Bibliotecária responsável: Sabrina Leal Araujo – CRB 10/1507)

Karine da Silva Cordeiro

Direitos Fundamentais Sociais
DIGNIDADE DA PESSOA HUMANA E MÍNIMO EXISTENCIAL
— O PAPEL DO PODER JUDICIÁRIO —

Porto Alegre, 2012

© Karine da Silva Cordeiro, 2012

Capa, projeto gráfico e diagramação
Livraria do Advogado Editora

Revisão
Rosane Marques Borba

Direitos desta edição reservados por
Livraria do Advogado Editora Ltda.
Rua Riachuelo, 1338
90010-273 Porto Alegre RS
Fone/fax: 0800-51-7522
editora@livrariadoadvogado.com.br
www.doadvogado.com.br

Impresso no Brasil / Printed in Brazil

Aos meus *guris*, Pedro e Carlos,
por quem e para quem...

Prefácio

Explicitar o conteúdo da dignidade da pessoa humana através dos direitos fundamentais está no centro dos grandes debates da teoria do direito atual. Que ela seja protegida e promovida é dever do Estado, pois é o objetivo pelo qual foi instituído. No entanto, um direito (e em certo sentido também uma garantia) ao mínimo existencial, na condição de direito humano e fundamental, constitui aquisição relativamente recente na esfera do constitucionalismo moderno, muito embora a noção de que uma das obrigações centrais do Estado é a de assegurar a subsistência dos seus cidadãos já se fizesse presente no momento revolucionário Francês do final do Século XVIII. Neste contexto, convém relembrar que tanto a Constituição de Weimar (1919) quanto a Constituição Brasileira de 1934, contemplaram, no âmbito dos fins da ordem econômica e social, o de assegurar a todos uma existência com dignidade, consagrando a ideia de que num Estado Democrático e Social de Direito dignidade e vida são valores e direitos que devem andar abraçados e que nenhuma vida deverá ser vivida sem um mínimo de dignidade, o que, por sua vez, remete a um dever estatal de prover (em sentido positivo) e assegurar (contra eventual supressão ou erosão) as condições materiais mínimas para uma sobrevivência (vida) com uma certa qualidade (dignidade).

Da consagração como norma de direito objetivo, impositiva de um dever estatal, que, todavia, não assegurava a possibilidade de sua invocação, na condição de direito subjetivo, em face do Estado, chegou-se, com destaque aqui para a trajetória constitucional alemã do Segundo Pós-Guerra, a um verdadeiro direito fundamental, subtraído à plena e livre disposição pelos poderes constituídos. Também na esfera das teorias da justiça a ideia de um mínimo existencial (seja qual a forma concreta por este assumida) não deixou de ocupar alguma das mentes mais luminosas, como é o caso, apenas para ilustrar, de um John Rawls. No plano do direito internacional dos direitos humanos, por sua vez, a ideia de mínimos sociais e mesmo mediante recurso à terminologia de um mínimo vital ou existencial, procura-se, cada vez mais, identificar um conjunto de parâmetros de cunho universal e uma série de obrigações básicas e cogentes (de incidência imediata) para os Estados da comunidade internacional, de tal sorte que o tema anda ocupando considerável espaço nas agendas legislativa, filosófica, política, econômica, mas também – e cada vez mais – na pauta de Juízes e Tribunais.

Se o mínimo existencial, como direito fundamental, aparentemente faz mais sentido em ordenamentos jurídico-constitucionais destituídos de direitos sociais na condição de direitos fundamentais, ou, pelo menos, com escassa incidência de direitos sociais nos seus respectivos textos, no Brasil, a despeito de uma generosa positivação de direitos sociais, o mínimo existencial se faz presente em um significativo número de decisões proferidas na Justiça Estadual e Federal, com destaque aqui para os julgados do STF, que seguidamente invoca o mínimo existencial como critério para a concessão (ou mesmo negação) de determinadas prestações sociais, com ampla prevalência do direito à saúde e do direito à educação. Na esfera doutrinária, verifica-se a existência de importantes escritos (no que diz com a produção monográfica, importa acessar especialmente as obras de Ricardo Lobo Torres, Ana Paula de Barcellos e Eurico Bittencourt Neto) sobre o tema, mas igualmente se constata a necessidade de um maior desenvolvimento da matéria, precisamente para assegurar a viabilidade prática da utilização de uma noção de mínimo existencial, ainda mais quando todos os elementos de um mínimo existencial (pelo menos como costuma ser identificados) de algum modo foram cobertos por direitos fundamentais específicos e quando o mínimo existencial se presta (tal como se dá com a dignidade da pessoa humana) para um uso nem sempre refletido e contextualizado, seja na esfera doutrinária, seja na esfera jurisprudencial.

A obra que ora temos o privilégio e a alegria de prefaciar, da lavra da Mestre e Magistrada Federal KARINE CORDEIRO, corresponde, em termos substanciais e com um ou outro ajuste (de modo a tender às recomendações dos examinadores), à Dissertação de Mestrado apresentada pela autora no âmbito do Programa de Pós-Graduação em Direito da PUCRS, perante banca examinadora integrada pelos Professores Doutores Thadeu Weber (Orientador), Ingo Wolfgang Sarlet (coorientador) e Gilmar Ferreira Mendes, eminente Ministro do STF e autor da instigante apresentação do livro ora publicado. Karine, revelando domínio da literatura e da jurisprudência, logrou não apenas rastrear e descrever o estado da arte sobre o tema, mas agregou valor ao debate, notadamente ao discutir e buscar identificar as possibilidades e limites da atuação do Poder Judiciário quando da invocação e aplicação aos casos concretos da noção (e do respectivo direito fundamental) de um mínimo existencial.

Ao explicitar o complexo conteúdo da dignidade, tem o mérito de avançar na discussão sobre a estreita ligação entre esta e o mínimo existencial. Ao justificar a necessidade da garantia deste, recorre a uma fundamentação não estritamente jurídica, o que amplia seu espectro de argumentação. Recorre ao ponto de vista moral com a preocupação de mostrar o que significa propriamente garantir uma vida digna enquanto dever jurídico. Esse diálogo entre Filosofia e Direito dá à autora o mérito e a autoridade de efetuar uma fundamentação moral do político e, portanto, do jurídico. Consciente das dificuldades e dos desafios decorrentes do exercício democrático dos referidos direitos e de sua execução, a autora reconhece o necessário diálogo entre os poderes constituídos, sobretudo no que se refere à "reserva do possível" e à "convivência harmônica com outros princípios". Dignidade e direitos fundamentais sem democracia são palavras vazias, democracia sem a proteção e garantia dos direitos fundamentais é cega.

Assim, como já anotou o ilustre apresentador, Ministro Gilmar Mendes, cuida-se de texto destinado a captar a atenção do público acadêmico e profissional, constituindo-se, ademais, em mais uma obra de valor oriunda da fecunda produção acadêmica do Programa de Pós-Graduação em Direito da PUCRS, que temos a honra e alegria de integrar na condição de docentes e pesquisadores. À KARINE e à Livraria do Advogado Editora, nas pessoas dos incansáveis Walter e Valmor, desejamos o merecido sucesso.

Porto Alegre, março de 2012.

Prof. Dr. Ingo Wolfgang Sarlet

Professor Titular da Faculdade de Direito e dos Programas de
Pós-Graduação em Direito e em Ciências Criminais da PUCRS e
Juiz de Direito no RS

Prof. Dr. Thadeu Weber

Professor Titular da Faculdade de Filosofia da PUCRS e Docente Permanente do
Programa de Pós-Graduação em Direito da PUCRS

Sumário

Apresentação – *Ministro Gilmar Mendes* 13

Introdução 17

1. Teoria geral dos direitos fundamentais 21

  1.1. Diretrizes teóricas e delimitação do tema 21

    1.1.1. Perspectiva histórica: as gerações dos direitos fundamentais 21

    1.1.2. Caracterização, conceito, funções e classificação dos direitos fundamentais 28

    1.1.3. Teoria dos princípios constitucionais e alguns desdobramentos 35

  1.2. Direitos fundamentais sociais na Constituição de 1988 47

    1.2.1. A textura aberta dos direitos fundamentais e o entrincheiramento dos direitos sociais 47

    1.2.2. Complicadores para a subjetivação dos direitos a prestações 50

    1.2.3. Critério material de justiciabilidade dos direitos prestacionais 55

2. A dignidade da pessoa humana 61

  2.1. Conteúdo e significado da dignidade da pessoa humana 61

    2.1.1. Notas sobre a dignidade da pessoa humana na filosofia ocidental 62

    2.1.2. A dignidade da pessoa humana na perspectiva jurídica 76

    2.1.3. Conceito jurídico de dignidade da pessoa humana 86

  2.2. A dignidade da pessoa humana na ordem jurídico-constitucional brasileira 87

    2.2.1. A positivação da dignidade da pessoa humana na Constituição de 1988 87

    2.2.2. Natureza jurídica da dignidade da pessoa humana 89

    2.2.3. Dignidade da pessoa humana e mínimo existencial 93

3. O mínimo existencial 97

  3.1. Fundamentação: por que garantir um mínimo existencial? 97

    3.1.1. A contribuição da filosofia 97

    3.1.2. A visão da comunidade jurídica 103

  3.2. Conteúdo do mínimo existencial 110

    3.2.1. Mínimo existencial, conteúdo essencial e *minimum core obligation* 111

    3.2.2. Mínimo existencial e mínimo de sobrevivência 118

    3.2.3. Parâmetros gerais para delimitação do conteúdo do mínimo existencial ...120

    3.2.4. Alguns conteúdos mínimos 129

4. Poder Judiciário e efetivação dos direitos sociais 141

4.1. A efetivação judicial dos direitos sociais: possibilidades e limites 142

4.1.1. Democracia e separação de Poderes: a supremacia da Constituição 142

4.1.2. O Poder Judiciário e a sociedade aberta de intérpretes da Constituição 150

4.1.3. Poder Judiciário e democracia: as margens da atuação judicial 156

4.2. A atuação das Cortes Constitucionais: Alemanha, África do Sul e Brasil 179

4.2.1. Tribunal Constitucional Federal da Alemanha 180

4.2.2. Corte Constitucional da África do Sul 182

4.2.3. Supremo Tribunal Federal 189

Considerações finais 199

Referências bibliografias 205

Apresentação

Democracy is a delicate balance between majority rule and society's basic values, which rule the majority. Indeed, democracy is not only "formal" democracy (which is concerned with the election process by which the majority rules). Democracy is also "substantive" democracy (which is concerned with defense of the rights of a person as an individual)[1]

Sem as vestes mínimas da dignidade, coisifica-se o ser humano, interrompendo-se, mesmo que pontualmente – e ainda assim de forma inadmissível – a milenar caminhada civilizatória da humanidade.

Nenhum outro veredicto seria possível desde que o infortúnio nazista infligiu à História a lembrança pesarosa dos horrores que moldaram o holocausto judeu. Contra tais e tantos vilipêndios, nações de todos os continentes cuidaram de imunizar seus cidadãos e a posteridade, fixando nos próprios diplomas constitucionais garantias e direitos fundamentais, de modo a preservar o direito à existência digna.

O Brasil não destoa desse propósito. Muito ao contrário, orgulha-mo-nos do extenso catálogo de direitos fundamentais sociais abrigado na Constituição Federal de 1988 que, para além de mero conjunto de normas programáticas, conforma o sustentáculo jurídico traçado pelo Constituinte para escudar, nutrir e proteger o Estado de Direito pátrio.

Nada obstante, a "reserva do possível" vem a ser em Direito, a própria "pedra no caminho" de que falava Drummond. É que recursos monetários sempre haverão de ser escassos para o justo atendimento de todos os cidadãos, sobretudo em se tratando de economias emergentes amparadas em imberbes democracias.

Nestas, quando se cuida da efetivação de direitos sociais, não raro tem recaído sobre os já vergados ombros do Judiciário o árduo ofício de nomear prioridades, arbitrar entre o imediato e o estratégico ou, em outras palavras, ponderar entre a urgência individual e o bem-estar coletivo de longo prazo. Para tanto, a Justiça é chamada a agir no limite da própria competência, isto é, zelando pelo fidedigno cumprimento dos disposi-

---

[1] BARAK, Aharon. The Judge in a Democracy. Princeton: Princeton University Press, 2008. p. 25-26.

tivos constitucionais sem desbordar a ponto de se imiscuir em funções executivas e legislativas. Daí por que se afigura tão densa a névoa que por vezes embota as fronteiras entre o chamado ativismo judicial e a autocontenção ou até mesmo a fria e pura omissão.

A fragilidade desses limites vem estimulando estudiosos a investigar, mundo a fora, pontos de referência que possam nortear a atuação de juízes confrontados com dilemas excruciantes, a envolver, muito mais que intricados conflitos legais, complexas questões éticas. Dentre esses benfazejos faróis avulta-se a pesquisa em torno dos parâmetros que configuram o "mínimo existencial", ponto extremo bem refratário a falácias, sofismas e que tais.

É disso, em ampliadas linhas, que trata "Direitos Fundamentais Sociais, Dignidade da Pessoa Humana e Mínimo Existencial: O Papel do Poder Judiciário", obra resultante dos estudos que fundamentaram a dissertação de mestrado da Dra. Karine da Silva Cordeiro, cuja banca examinadora tive a honra de compor. À época, fiz questão de sublinhar o elevado nível da pesquisa – alicerçada no domínio profundo do tema e na melhor e mais atualizada bibliografia aplicável –, o que a inclui no imprescindível rol dos trabalhos acadêmicos que, além de efetiva contribuição doutrinária, trazem luz e discernimento à pratica jurídica e jurisdicional cotidiana.

O leitor haverá de se comprazer diante da excelência do texto, a refletir a clareza e robustez das ideais. Aliás, a autora não se esquiva ante eventuais divergências teóricas ou problemas decorrentes dos ardis relacionados com a chamada "judicialização dos direitos sociais". Ao reverso, sem lançar-se a inúteis tergiversações, enfrenta o desafio de desatar nós górdios – e de forma substantiva.

Assim, sem descurar do imprescindível arcabouço da teoria geral dos direitos fundamentais – e ainda agregando argumentos extraídos do Direito comparado e da moderna jurisprudência nacional e estrangeira –, pavimenta conclusões sólidas, amalgamadas na lógica e no bom senso, até chegar ao desenlace, quando sustenta que, no caso brasileiro, apesar de o mínimo existencial configurar garantia não expressa na Constituição, é critério de superior valia para a efetivação dos direitos fundamentais sociais, atribuição a que se pode permitir o | Judiciário – observadas, é certo, as condicionantes impostas pela realidade social e pela convivência harmônica dos Poderes – na missão constitucional de, concretizando esses direitos, garantir, proteger e promover a dignidade da pessoa humana.

Distante da pretensão de esgotar o assunto, circundado por dificuldades teóricas e práticas, "Direitos Fundamentais Sociais, Dignidade da

Pessoa Humana e Mínimo Existencial: O Papel do Poder Judiciário" traz contributo significativo ao apresentar propostas dogmáticas pertinentes ao aprofundamento do debate e, desse modo, à consolidação desses direitos pelos poderes públicos. Não haverá maior homenagem à Constituição ou à democracia.

A princípio voltada à academia e à comunidade jurídica, recomendo a obra aos cidadãos em geral, até porque estar em contato com temas como esse – a dignidade como vetor da ascensão da humanidade (quando tantos apostam todas as fichas na tecnologia) e com viés tão otimista – certamente faz de cada um de nós pessoas muito melhores.

Boa leitura a todos.

Ministro Gilmar Mendes

Introdução

Direitos fundamentais sociais, dignidade da pessoa humana e mínimo existencial: o papel do Poder Judiciário busca examinar aspectos doutrinários e jurisprudenciais envolvendo a função do Poder Judiciário na concretização dos direitos fundamentais sociais em sua dimensão positiva.

Os grandes problemas práticos e teóricos decorrentes da falta de compreensão adequada dos direitos fundamentais, principalmente no que se refere à efetivação da categoria denominada *direitos a prestações em sentido estrito,* justificam uma densificação teórica. De um lado, formulam-se teorias classificatórias que esvaziam o conteúdo protetivo dos direitos sociais, argumentando-se não ser da competência do juiz a sua efetivação: somente a esfera política detém legitimidade democrática para desenvolver políticas públicas. No extremo oposto, não falta quem defenda a irrestrita judicialização dos direitos sociais enquanto direitos subjetivos a quaisquer prestações estatais potencialmente abrigadas no âmbito de proteção do direito, isso a qualquer custo, desprezando-se por completo o pluralismo razoável e/ou a capacidade prestacional da sociedade. O estudo do tema em pauta, assim, assume crucial importância em uma sociedade complexa e marcadamente difusa, objetivando-se preservar a eficácia útil dos direitos fundamentais sociais e, ao mesmo tempo, a substância democrática do Estado Constitucional.

A questão, como se percebe, é das mais complexas do direito constitucional, pois envolve, dentre outros aspectos dignos de reflexão, as ideias de supremacia da Constituição e sua força normativa, jurisdição constitucional, Estado de Direito e separação de Poderes e, por óbvio, direitos fundamentais, dignidade da pessoa humana e mínimo existencial. Passa-se, inevitavelmente, pela necessidade de harmonizar a liberdade de conformação dos órgãos politicamente legitimados na escolha dos instrumentos adequados para a implementação das políticas de proteção social e a garantia do direito a uma existência digna. Não é à toa, pois, que o tema vem instigando acirrada discussão doutrinária sem que se tenha chegado a um consenso mínimo.

Dessa forma, o escopo do livro é trabalhar uma teoria que atribua efetividade concreta aos direitos fundamentais sociais independentemente da atuação do legislador (intermediação legislativa infraconstitucional) ou do administrador (condução de políticas públicas), mas sem colocar em risco os ideais democráticos. A partir do enfrentamento de uma concepção material de Estado Democrático de Direito, supõe-se que a dignidade da pessoa humana é o princípio central que confere organicidade e consistência ao próprio ordenamento constitucional, extraindo-se a plena eficácia jurídica do mínimo existencial. Este, por sua vez, enquanto concretização da dignidade da pessoa humana em sua dimensão positiva, apresenta-se como critério material constitucionalmente adequado de justiciabilidade dos direitos sociais prestacionais.

Nesse intento, o livro é dividido em quatro capítulos. No primeiro, a fim de fixar as diretrizes teóricas que darão suporte às posições defendidas no curso do trabalho, é abordada a teoria dos direitos fundamentais, centrando-se nos aspectos que tenham repercussão no âmbito dos direitos sociais. Inicia-se com uma referência à origem e ao desenvolvimento histórico dos direitos fundamentais, a evidenciar a transição do Estado da posição de *inimigo* para a de *guardião* e *promotor* dos direitos fundamentais em geral e dos direitos sociais em particular. Depois, são tecidas considerações sobre a caracterização, conceito, funções e classificação dos direitos fundamentais. Também são objeto deste capítulo a teoria dos princípios constitucionais e alguns de seus desdobramentos, nomeadamente a teoria das restrições e o princípio da proporcionalidade. Num segundo momento, são analisados os direitos fundamentais sociais na Constituição Federal de 1988, destacando-se a opção do Constituinte pela textura aberta dos direitos fundamentais e pelo *reconhecimento expresso* dos direitos sociais. São considerados, igualmente, os complicadores para a subjetivação dos direitos a prestações, encerrando-se com a apresentação de algumas propostas doutrinárias para contorná-los, as quais convergem em dois pontos, quais sejam, a dignidade da pessoa humana e o mínimo existencial, donde se infere a necessidade de uma investigação mais aprofundada dessas figuras.

O segundo capítulo é destinado à dignidade da pessoa humana, em que são estudados o seu conteúdo e o significado, bem como a sua incorporação à ordem jurídico-constitucional brasileira. Em não sendo uma criação constitucional, mas princípio de base eminentemente filosófica, são apresentadas algumas notas sobre a dignidade da pessoa humana na filosofia ocidental, as quais dão suporte para o delineamento jurídico, analisado na sequência, propiciando um conceito jurídico de dignidade da pessoa humana. Consagrada expressamente na Constituição Federal de 1988, a dignidade da pessoa humana deixa de ser um princípio moral e passa a constituir o fundamento do Estado brasileiro, que, com isso, assume a condição de meio para o bem-estar do homem, a quem deve assegurar as condições necessárias para que leve uma vida digna. Dessa forma, a natureza jurídica da dignidade da pessoa humana e a interdependência entre esta e os direitos fundamentais são igualmente objeto deste segmento, que termina com a constatação de que o pleno exercício das potencialidades humanas pressupõe o acesso a condições materiais básicas para uma vida digna, a exigir o reconhecimento do direito fundamental a um mínimo existencial.

O terceiro capítulo é dedicado ao mínimo existencial. Se do ponto de vista moral é bastante difundida a compreensão de que a comunidade política deve garantir aos seus membros, pelo menos, um padrão de vida minimamente decente, do ponto de vista jurídico se discute por que isso também se constitui em um dever jurídico e o que exatamente esse dever significa. Para responder à primeira indagação, são abordadas as contribuições da filosofia e a visão da comunidade jurídica. A resposta à segunda indagação decorre do delineamento dos contornos do mínimo existencial, diferenciando-o de outras categorias que lhe são próximas e estabelecendo alguns parâmetros de conteúdo, tanto em termos qualitativos como quantitativos, a fim de amparar a dignidade da pessoa humana em caso de desvio do poder público ou de déficit na capacidade prestacional da sociedade.

É no quarto capítulo, por fim, que são enfrentados os problemas que circundam a efetivação judicial dos direitos sociais. Assumindo que cabe (também) aos juízes construir a ponte entre o enunciado normativo e a realidade e, acima de tudo, proteger a Constituição e a democracia, procura-se responder à indagação, que é central aos objetivos da pesquisa: *até onde* o Poder Judiciário pode ir para concretizar os direitos sociais? Para tanto, são abordados alguns aspectos da democracia e, sobretudo, da separação dos Poderes, com ênfase para a arquitetura institucional desenhada pela Constituição de 1988, na qual o responsável último por manter o equilíbrio entre a vontade da maioria e os direitos fundamentais é o Poder Judiciário. A premissa de que o Poder Judiciário deve-se abrir para o diálogo com a sociedade incorporando elementos pluralistas que democratizem ainda mais a jurisdição constitucional também é desenvolvida, especialmente a partir do pensamento de Peter Häberle. A seguir, são examinadas as possibilidades e limites de atuação do Poder Judiciário, propondo-se o mínimo existencial como critério material de judicialização dos direitos sociais enquanto direitos subjetivos a prestações, sem prejuízo de, mesmo nesta seara, reconhecer a primazia da função conformadora dos órgãos de representação política e as condicionantes impostas pela reserva do possível e pela convivência harmônica com outros princípios e bens constitucionalmente protegidos. Por fim, procura-se uma interação dialética entre a teoria e a prática jurisprudencial das Cor-

Direitos Fundamentais Sociais
DIGNIDADE DA PESSOA HUMANA E MÍNIMO EXISTENCIAL

tes Constitucionais da Alemanha, da África do Sul e do Brasil, com a qual se acredita que o debate jurídico-constitucional, na perspectiva brasileira, não apenas ganha em qualidade, na medida em que se deixa influenciar pela tradição do constitucionalismo germânico, como adquire novos horizontes, ao se abrir para o jovem constitucionalismo sul-africano e sua Constituição *transformadora*.

1. Teoria geral dos direitos fundamentais

1.1. Diretrizes teóricas e delimitação do tema

1.1.1. Perspectiva histórica: as gerações dos direitos fundamentais

A referência, ainda que breve, à origem e ao desenvolvimento histórico[1] dos direitos fundamentais[2] se constitui em etapa prévia e essencial de qualquer pesquisa na área. Com efeito, as razões pelas quais os direitos fundamentais foram instituídos e a forma como a sociedade foi evoluindo ao longo do tempo são fatores que têm de ser levados em consideração, sobretudo em face das profundas transformações havidas nas relações sociais desde a instauração do Estado Constitucional.[3] Essas questões, descontextualizadas dos paradigmas de cada época, não conseguem atribuir uma fundamentação razoável ao reconhecimento da jusfundamentalidade dos direitos sociais e do seu caráter de direito subjetivo de cunho individual e coletivo, especialmente na sua dimensão positivo-prestacional.

Por isso, impende trazer algumas anotações sobre o papel dos direitos fundamentais no Estado Liberal, no Estado Social e no que

---

[1] A fundamentação dos direitos fundamentais não será tratada neste segmento. Para uma abordagem geral, vale conferir PÉREZ LUÑO, Antonio-Enrique. La fundamentación de los derechos humanos. *Revista de estudios políticos* (Nueve Epoca), n. 35, p. 7-71, Set-Oct., 1983.

[2] Neste trabalho, adota-se o entendimento de que os direitos fundamentais são os direitos humanos positivados na ordem jurídico-constitucional interna de cada país; e os direitos humanos são os positivados em documentos de direito internacional.

[3] Sobre a evolução do Estado Liberal ao Estado Social, ver a clássica obra de Paulo Bonavides intitulada *Do Estado liberal ao Estado social* (tese de cátedra, publicada, pela primeira vez, em 1958), em que o autor defende, sobretudo, uma interação dialética entre os direitos de liberdade (frutos dos ideais da burguesia revolucionária e do triunfo do liberalismo na Revolução Francesa) e os direitos sociais (frutos da revolta do proletariado e do triunfo do socialismo na Revolução Russa) na moldura do Estado Social, assim entendido o Estado de Direito genuinamente democrático, comprometido com a salvaguarda dos direitos fundamentais, e que, portanto, supera o Estado Liberal e o Estado Socialista (BONAVIDES, Paulo. *Do Estado liberal ao Estado social*. 8. ed. São Paulo: Malheiros, 2004).

Paulo Bonavides chama de Estado Constitucional da democracia participativa.[4]

Na base do Estado Liberal, está a concepção jusnaturalista dos direitos fundamentais, pela qual todos os homens nascem livres e iguais e são titulares de um conjunto de direitos inatos, anteriores à existência do Estado e que existem independentemente dele, competindo ao direito reconhecê-los e protegê-los.[5] Esses direitos são basicamente a liberdade, a propriedade e a segurança. E é desse modo que tais direitos são reconhecidos pelas Declarações de Direitos nascidas com as revoluções americana e francesa do final do século XVIII.

Assim, seguindo a tradição de Hobbes[6] e Locke,[7] a liberdade para o liberalismo significa uma esfera de privacidade livre de toda e qualquer ingerência, tanto por parte do Estado como dos demais indivíduos. Daí a separação entre as esferas pública e privada ser considerada sagrada para os liberais, ou seja, porque somente na esfera privada, naquela zona da sociedade civil em que o Estado não interfere, é que o indivíduo é verdadeiramente livre. Para que a sociedade se desenvolvesse, então, o Estado tinha de ser reduzido ao mínimo. Era-lhe exigida uma postura de abstenção, e não de intervenção. É o surgimento do Estado de Direito.

Nesse contexto, as formas encontradas para controlar o Estado, a fim de bloquear as interferências indevidas àquela esfera de autonomia individual tida por inviolável, foram justamente os direitos fundamentais e a separação dos Poderes, donde surge a primeira geração de direitos fun-

---

[4] Paulo Bonavides faz a seguinte divisão: Estado Constitucional da separação dos poderes (Estado liberal, aquele que surgiu imediatamente após a Revolução da Independência Americana e a Revolução Francesa); Estado Constitucional dos direitos fundamentais (Estado social, marcado pela busca da justiça; os direitos da justiça genericamente abrangem os direitos sociais e o direito ao desenvolvimento); e Estado Constitucional da democracia participativa (Estado democrático-participativo, o constitucionalismo fundado em princípios), cf. BONAVIDES, Paulo. *Teoria do Estado*. 5. ed. São Paulo: Malheiros, 2004). Especificamente sobre o último, ver BONAVIDES, Paulo. *Teoria constitucional da democracia participativa*: por um direito constitucional de luta e resistência; por uma nova hermenêutica; por uma repolitização da legitimidade. São Paulo: Malheiros: 2001. Vasco Pereira da Silva fala em Estado Liberal, Estado Social e Estado Pós-social, cf. SILVA, Vasco Pascoal Dias Pereira da. Vinculação das entidades privadas pelos direitos, liberdades e garantias. *Revista de direito público*, São Paulo, ano XX, n. 82, p. 41-52, abr./jun. 1987, p. 43.

[5] ABRANTES, José João Nunes. *A vinculação das entidades privadas aos direitos fundamentais*. Lisboa: AAFDL, 1990, p. 08.

[6] HOBBES, Thomas. *Leviathan*: or the Matter, Forme, & Power of a Common-wealth Ecclesiasticall and Civill. Oxford: Oxford University Press, 2009 (Oxford world's classics).

[7] LOCKE, John. *Segundo tratado sobre o governo civil e outros escritos:* ensaios sobre a origem, os limites e os fins verdadeiros do governo civil. Tradução de Magda Lopes e Marisa Lobo da Costa. Petrópolis: Vozes, 1994 (Coleção clássicos do pensamento político).

damentais,[8] isto é, os direitos de defesa, não por outra razão chamados de direitos de liberdade. No âmbito privado, deveriam reinar a autonomia individual e a liberdade contratual para propiciar a aquisição e transferência de riqueza, afinal, partia-se do pressuposto de que os indivíduos eram iguais.[9] Como se percebe, os direitos fundamentais, de acordo com essa lógica, têm o escopo único de defender a sociedade das agressões do Estado, tido como *inimigo público*,[10] e, por isso, convencionou-se dizer que são direitos *contra* o Estado, de dimensão (preponderantemente) negativa.

O Estado Liberal, contudo, não conseguiu assegurar o desenvolvimento a que se propôs, fracassando na promoção da justiça social, o que fica evidenciado pela eclosão de diversos movimentos sociais na segunda metade do século XIX e início do século XX, sendo o desencadeado por Marx[11] um dos mais importantes. Conclui-se que não basta a igualdade puramente formal que caracterizava o constitucionalismo liberal-burguês. É necessário garantir a igualdade substancial, a exigir a intervenção do Estado, "mesmo que por vezes isso implique reduções ao espaço da liberdade econômica, embora sem sacrificá-la de um todo".[12] No Estado intervencionista, o papel do Estado transpõe o de simples *árbitro da paz*[13] e passa a ser o de garantir o bem comum. Abre-se caminho para a con-

---

[8] Não se desconhece as críticas dirigidas ao termo *gerações*, havendo quem prefira, não sem razão, o termo *dimensões*, a exemplo SARLET, Ingo Wolfgang. *A eficácia dos direitos fundamentais*: uma teoria geral dos direitos fundamentais na perspectiva constitucional. 10 ed. rev. atual. e ampl. Porto Alegre: Livraria do Advogado, 2009, p. 45. Sem embargo, com apoio nas lições de Norberto Bobbio, considera-se que a expressão *gerações* reflete melhor a ideia, que se quer passar, de que os direitos fundamentais são direitos históricos, que não nasceram todos de uma vez e nem de uma vez por todas; ao contrário, eles foram surgindo e se desenvolvendo de modo gradual, pelo menos, nos últimos duzentos anos, cf. BOBBIO, Norberto. *A era dos direitos*. Tradução de Carlos Nelson Coutinho. Nova edição, 7. reimp. Rio de Janeiro: Elsevier, 2004, p. 5. De outro lado, a concepção geracional dos direitos fundamentais, como compreendida neste trabalho, não significa a substituição de uma geração por outra ao longo do tempo, compartilha-se do entendimento de que as diversas gerações (ou dimensões) de direitos fundamentais são fruto de um processo evolutivo dinâmico, de caráter cumulativo e complementar, que vai se aperfeiçoando ao longo do tempo, que afirma as ideias de abertura, indivisibilidade e interdependência e que tem, como ponto em comum, a proteção à dignidade da pessoa humana.

[9] Tratava-se de uma "libertad no política, una libertad de los particulares para disponer de un espacio proprio sin intromisiones del Estado", cf. HESSE, Konrad. *Derecho constitucional y derecho privado*. Traducción e introducción de Ignacio Gutiérrez Gutiérrez. Madrid: Civitas, 1995, p. 39.

[10] Expressão de ANDRADE, José Carlos Vieira de. *Os direitos fundamentais na Constituição portuguesa de 1976*. 4. ed. Coimbra: Almedina, 2009, p. 234.

[11] *O Manifesto do Partido Comunista*, de Marx e Engels, é de 1848 (MARX, Karl; ENGELS, Friedrich. *O Manifesto comunista*. Tradução de Pietro Nassetti, São Paulo: Martin Claret, 2004).

[12] FACCHINI NETO, Eugênio. Reflexões histórico-evolutivas sobre a constitucionalização do direito privado. In: SARLET, Ingo Wolfgang (Org.). *Constituição, direitos fundamentais e direito privado*. 2. ed. rev. ampl. Porto Alegre: Livraria do Advogado, 2006, p. 24.

[13] MELLO, Celso Antônio Bandeira de. Eficácia das normas constitucionais sobre justiça social. *Revista de Direito Social*, v. 2, n. 7, p. 137-162, jul./set. 2002, p. 139.

cepção de Estado como *amigo* dos direitos fundamentais,[14] ou melhor, o Estado evolui da posição de *adversário* para as de *guardião*[15] e *promotor* desses direitos.

Nesse sentido, leciona Vieira de Andrade:

A regra formal da liberdade não é suficiente para garantir a felicidade dos indivíduos e a prosperidade das nações e serviu por vezes para aumentar a agressividade e acirrar os antagonismos, agravar as formas de opressão e instalar as diferenças injustas. A paz social, o bem-estar coletivo, a justiça e a própria liberdade não podem realizar-se espontaneamente numa sociedade economicamente desenvolvida, complexa, dividida, dissimétrica e conflitual. É necessário que o Estado regule os mecanismos econômicos, proteja os fracos e desfavorecidos e promova as medidas necessárias à transformação da sociedade numa perspectiva comunitariamente assumida de progresso, de justiça e de bem estar.[16]

Em decorrência dessa nova ordem, surge a concepção do Estado Social de Direito, cujos principais marcos são a Constituição mexicana de 1917 e a Constituição de Weimar de 1919,[17] e, com ele, os direitos fundamentais de segunda geração, ou seja, os direitos econômicos, sociais e culturais, que requerem "una política pública activa de los poderes públicos encaminada a garantizar su ejercicio, y se realizan a través de las técnicas jurídicas de las prestaciones y los servicios públicos".[18] São os direitos realizados *através* do Estado.[19] E, embora também englobe direitos de cunho negativo, o marco distintivo dessa segunda geração de direitos é a sua dimensão preponderantemente positiva.[20]

Até (e durante) o último passo desta jornada que leva ao Estado Constitucional contemporâneo, ora representado pelo Estado Constitucional da democracia participativa de Paulo Bonavides, outros direitos foram se somando aos direitos de primeira e de segunda geração, e, hoje,

---

[14] ANDRADE, José Carlos Vieira de. *Os direitos fundamentais na Constituição portuguesa de 1976*. 4. ed. Coimbra: Almedina, 2009, p. 139.

[15] MENDES, Gilmar Ferreira; BRANCO, Paulo Gustavo Gonet. *Curso de direito constitucional*. 6. ed. São Paulo: Saraiva, 2011, p. 679.

[16] ANDRADE, José Carlos Vieira de. *Os direitos fundamentais na Constituição portuguesa de 1976*. 4. ed. Coimbra: Almedina, 2009, p. 234.

[17] No Brasil, a Constituição de 1934, influenciada pela Constituição Weimar, inaugurou a era da intervenção estatal e previu uma estrutura formal de democracia social que, entretanto, não se consumou, cf. BARROSO, Luís Roberto. *O direito constitucional e a efetividade de suas normas*: limites e possibilidades da Constituição Brasileira. 9. ed. Rio de Janeiro: Renovar, 2009, p. 20. Porém foi a Carta de 1988 que, pela primeira vez, tratou os direitos sociais como genuínos direitos fundamentais.

[18] PÉREZ LUÑO, Antonio-Enrique. Las generaciones de derechos humanos. *Revista del Centro de Estudios Constitucionales*, n. 10, p. 203-217, Set./Dic. 1991, p. 205-206.

[19] ANDRADE, José Carlos Vieira de. *Os direitos fundamentais na Constituição portuguesa de 1976*. 4. ed. Coimbra: Almedina, 2009, p. 58.

[20] SARLET, Ingo Wolfgang. *A eficácia dos direitos fundamentais*: uma teoria geral dos direitos fundamentais na perspectiva constitucional. 10 ed. rev. atual. e ampl. Porto Alegre: Livraria do Advogado, 2009, p. 47.

além dos consagrados direitos de terceira geração,[21] já se fala em direitos fundamentais de quarta[22] e até de quinta geração.[23]

Alguns eventos nessa trajetória histórica assumem especial relevância para a pesquisa, na medida em que levam, de um modo ou de outro, aos seus três elementos centrais: a dignidade da pessoa humana, o mínimo existencial e o papel do Poder Judiciário na concretização dos dois primeiros.

O evento mais influente – senão o principal – é o resgate da importância dos direitos humanos em geral e da dignidade da pessoa humana em particular, em que pese isso se deva a um dos acontecimentos mais trágicos da história da humanidade, a Segunda Guerra Mundial.[24] Mais do que garantir o bem comum, o papel do Estado passa a ser o de garantir a dignidade da pessoa humana, e preocupações com a existência de condições fáticas para o exercício dos direitos fundamentais entram em pauta.[25] Os direitos fundamentais, ao lado da dimensão subjetiva, adquirem a *dimensão objetiva*,[26] com uma *eficácia irradiante*,[27] a influenciar todo

---

[21] São os direitos de fraternidade, tais como os direitos à autodeterminação dos povos, ao desenvolvimento, à paz e ao meio ambiente. Como assevera Celso Lafer, tais direitos têm como titulares "grupos humanos como família, o povo, a nação, coletividade regionais ou étnicas e a própria humanidade", cf. LAFER, Celso. *A reconstrução dos direitos humanos:* um diálogo com o pensamento de Hanna Arendt. São Paulo: Companhia das Letras, 1991, p. 131. Pérez Luño refere, ainda, os direitos dos consumidores, à qualidade de vida e à liberdade de informação, cf. PÉREZ LUÑO, Antonio-Enrique. Las generaciones de derechos humanos. *Revista del Centro de Estudios Constitucionales*, n. 10, p. 203-217, Set./Dic. 1991, p. 206.

[22] Para Paulo Bonavides, são os direitos à democracia direta, à informação e ao pluralismo, introduzidos pela globalização política na esfera da normatividade jurídica, cf. BONAVIDES, Paulo. *Curso de direito constitucional*. 15. ed. São Paulo: Malheiros, 2004, p. 570-572.

[23] Prosseguindo com Paulo Bonavides, para quem o direito à paz merece encabeçar uma geração autônoma de direitos fundamentais, daí ser trasladado da terceira para a quinta geração, cf. BONAVIDES, Paulo. A quinta geração de direitos fundamentais. *Direitos Fundamentais & Justiça*, Porto Alegre, ano 2, n. 3, p. 82-93, abr./jun. 2008.

[24] Na astuta observação de Norberto Bobbio, embora em outro contexto: "Nela [na história humana], o bem e o mal se misturam, se contrapõem, se confundem", cf. BOBBIO, Norberto. *A era dos direitos*. Tradução de Carlos Nelson Coutinho. Nova edição. 7º reimpressão. Rio de Janeiro: Elsevier, 2004, p. 51.

[25] NOVAIS, Jorge Reis. *Direitos fundamentais:* trunfos contra a maioria. Coimbra: Coimbra, 2006, p. 86.

[26] Sob um enfoque mais filosófico, Rodolfo Arango propõe um *conceito bem desenvolvido* de direitos fundamentais (em alusão à concepção de sociedade bem ordenada de John Rawls na versão anterior à introdução das essências constitucionais), que, sem prejuízo da dimensão subjetiva, ressalta a concepção dos direitos fundamentais como posições normativas com alto grau de importância e inclui o reconhecimento de direitos que envolvem, também, obrigações de atuação/prestação, e não apenas de abstenção, cf. ARANGO, Rodolfo. A objetividade dos direitos fundamentais. *Revista do Instituto de Hermenêutica Jurídica*, Porto Alegre, v. 1, n. 5, p. 219-234, 2007.

[27] Os direitos fundamentais foram apresentados como uma ordem axiológica objetiva pelo Tribunal Constitucional Federal da Alemanha no célebre caso *Lüth*, julgado em 1958. Também foi nessa decisão, como lembra Canaris, que o Tribunal cunhou a expressão *efeito de irradiação* dos direitos fundamentais sobre todo o sistema jurídico, cf. CANARIS, Claus-Wilhelm. A influência dos direitos fundamentais sobre o direito privado na Alemanha. *Revista Latino-Americana de Estudos Constitucio-*

o ordenamento jurídico. Com isso, os tradicionais deveres de *respeitar* e *proteger* foram complementados pelo dever estatal de *promover* o acesso individual aos bens constitucionalmente protegidos.[28]

Além disso, as ideias de supremacia da Constituição e sua força normativa e de jurisdição constitucional ganham nova energia,[29] adquirindo, nos dias atuais, a sua mais plena compreensão, "pois então se põe[m] em estrita sintonia com a universalidade da idéia de liberdade, com a expansão sem fronteiras de um sentir que encontra no respeito da dignidade de todo homem e dos direitos invioláveis que lhes são inerentes, a regra diretora de todo governo democrático e de qualquer convivência social civilizada".[30] De um constitucionalismo programático e idealista, passa-se, então, a um constitucionalismo da normatividade.[31]

Ao mesmo tempo, a dicotomia rígida entre direitos negativos e positivos vem sendo paulatinamente superada. No lugar de uma compreensão fragmentada, passa-se a trabalhar com um conceito unitário de direitos fundamentais,[32] sem ignorar suas diferenças, buscando-se uma

---

nais, Belo Horizonte, n. 3, p. 373-391, jan./jun. 2008, p. 384. Confira-se a decisão em MARTINS, Leonardo (Org.). *Cinqüenta anos de jurisprudência do Tribunal Constitucional Federal Alemão*. Montevideo: Fundación Konrad-Adenauer, 2005, p. 381-395.

[28] NOVAIS, Jorge Reis. *Direitos Sociais*: teoria jurídica dos direitos sociais enquanto direitos fundamentais. Coimbra: Coimbra Editora, 2010, p. 261.

[29] Não se está a dizer que a ideia de defesa de uma ordem constitucional suprema é nova e nem que remonta ao final do século XVIII, como comumente se afirma. Pelo contrário, no decorrer da história da humanidade, encontram-se vários indicativos de que essa preocupação há muito se faz presente. Basta lembrar da peça *Antígona*, escrita há quase 2.500 anos pelo ateniense Sófocles, que é um exemplo de que, já naquela época, discutia-se a existência de direitos naturais e, inclusive, a sua superioridade frente ao direito positivo. Para um panorama geral sobre evolução histórica da ideia de defesa das normas constitucionais, ver FERNÁNDEZ SEGADO, Francisco. A obsolescência da bipolaridade tradicional (modelo americano – modelo europeu-kelseniano) dos sistemas de justiça constitucional. In: MARTINS, Ives Gandra da Silva; MENDES, Gilmar Ferreira; TAVARES, André Ramos (Coord.). *Lições de direito constitucional*: em homenagem ao jurista Celso Bastos. São Paulo: Saraiva, 2005, p. 366-395. Especificamente sobre as raízes do *judicial review* no direito norte-americano, ver FERNÁNDEZ SEGADO, Francisco. Los primeros pasos del Tribunal Supremo Norteamericano: La *Pre-Marshall Court* (1790-1801). *Revista de direito público*, Lisboa, ano II, n. 4, p. 49-125, jul./dic. 2010.

[30] FERNÁNDEZ SEGADO, Francisco. A obsolescência da bipolaridade tradicional (modelo americano – modelo europeu-kelseniano) dos sistemas de justiça constitucional. In: MARTINS, Ives Gandra da Silva; MENDES, Gilmar Ferreira; TAVARES, André Ramos (Coord.). *Lições de direito constitucional*: em homenagem ao jurista Celso Bastos. São Paulo: Saraiva, 2005, p. 366-395, p. 368.

[31] BONAVIDES, Paulo. A quinta geração de direitos fundamentais. *Direitos Fundamentais & Justiça*, Porto Alegre, ano 2, n. 3, p. 82-93, abr./jun. 2008.

[32] A teoria dos direitos fundamentais de Jorge Miranda trabalha, de modo pioneiro, com um conceito unitário de direitos fundamentais a partir da incindibilidade dos respectivos núcleos essenciais. Especialmente: MIRANDA, Jorge. *Manual de direito constitucional*. Tomo IV. 4. ed. rev. e actual. Coimbra: Coimbra Editora, 2008; MIRANDA, Jorge. *Escritos vários sobre direitos fundamentais*. Estoril: Principia, 2006; MIRANDA, Jorge; SILVA, Marco Antonio da (Org.). *Tratado luso-brasileiro da dignidade da pessoa humana*. Porto Alegre: Livraria do Advogado, 2008; MIRANDA, Jorge. A abertura constitucional a novos direitos fundamentais. In: *Estudos em homenagem ao professor doutor Manuel Gomes da Silva*. Coimbra: Almedina, 2001, p. 561-572; MIRANDA, Jorge. Acabar com o frenesim constitucional.

teoria que atribua efetividade concreta aos direitos fundamentais sociais independentemente da atuação do legislador (intermediação legislativa infraconstitucional) ou do administrador (condução de políticas públicas). Nesse desiderato, encontra-se no mínimo existencial uma saída.

De outro lado, a crise do assim chamado *Welfare State*,[33] agravada pela crise econômica global surgida no final de 2008,[34] é uma realidade que não pode ser desprezada e, tampouco, subestimada. Afinal, os direitos fundamentais custam dinheiro.[35] E se isso não é um privilégio dos direitos sociais, é inegável que o custo destes é significativamente mais elevado do que o dos direitos civis e políticos, pois a sua satisfação exige, em regra, prestações fáticas. Como consequência, é também neles que os efeitos da escassez de recursos são mais sentidos, ensejando a redução e até a supressão de direitos prestacionais básicos. Diante desses entraves, por vezes incontornáveis, o mínimo existencial passa a atuar como protagonista na garantia dos níveis essenciais das prestações sociais ligadas à dignidade da pessoa humana.[36]

Evolução constitucional e perspectivas futuras. Lisboa: Associação Académica da Faculdade de Direito, 2001, p. 653-662; MIRANDA, Jorge. Os direitos fundamentais na ordem constitucional portuguesa. *Revista Española de Derecho Constitucional*, Madrid, n. 18, p. 107-138, set./dez. 1986; MIRANDA, Jorge. Regime específico dos direitos económicos, sociais e culturais. In: *Estudos jurídicos e económicos em homenagem ao professor João Lumbrales*. Edição da Faculdade de Direito da Universidade de Lisboa. Coimbra: Coimbra, 2000.

[33] Uma das consequências negativas da globalização econômica sobre o próprio Estado Democrático de Direito, que atinge a Europa Ocidental, mas apresenta proporções mundiais, sendo sentida também (e sobretudo) em países ditos de terceiro mundo. Comentando o impacto negativo na implementação de padrões mínimos de justiça social e os desafios da sobrevivência dos direitos sociais nesse contexto, ver SARLET, Ingo Wolfgang. Direitos fundamentais sociais e proibição de retrocesso: algumas notas sobre o desafio da sobrevivência dos direitos sociais num contexto de crise. *Revista do Instituto de Hermenêutica Jurídica*, Porto Alegre, v. 1, n. 2, p. 121-168, 2004.

[34] Em artigo intitulado *Capitalism beyond the crises*, Amartya Sen defende que a crise atual também propicia a oportunidade de abordar problemas de longo prazo, enfrentando-se questões negligenciadas (especialmente, mas não exclusivamente, pelo governo norte-americano), como a necessidade e importância de se instituir um sistema nacional de saúde de caráter público. De acordo com Sen, um *novo capitalismo* não se faz necessário, porém velhas e novas ideias [refere-se a Adam Smith a Arthur Cecil] devem ser reinterpretadas para que se construa uma economia mundial mais decente, lembrando que a economia de mercado também depende de transações e pagamentos que ocorrem fora do mercado (como subsídios de desemprego, pensões públicas, outras prestações de segurança social, fornecimento de serviços de educação e de saúde), cf. SEN, Amartya. Capitalism Beyond the Crisis. *The New York Review of Books*, v. 56, n. 5, Mar. 26, 2009.

[35] Sejam os clássicos direitos de liberdade, sejam os direitos sociais. Daí ser correta a tese de Cass Sunstein e Stephen Holmes: "all rights are positive", cf. HOLMES, Stephen; SUNSTEIN, Cass R. *The Cost of Rights*: Why Liberty Depends on Taxes. New York: Norton, 2000.

[36] Nesse sentido, SARLET, Ingo Wolfgang. Direitos fundamentais sociais e proibição de retrocesso: algumas notas sobre o desafio da sobrevivência dos direitos sociais num contexto de crise. *Revista do Instituto de Hermenêutica Jurídica*, Porto Alegre, v. 1, n. 2, p. 121-168, 2004; e SARLET, Ingo Wolfgang. Segurança social, dignidade da pessoa humana e proibição de retrocesso: revisitando o problema da proteção dos direitos fundamentais. In: CANOTILHO, Joaquim José Gomes; CORREIA, Marcus Orione Gonçalves; CORREIA, Érica Barcha (Coord.). *Direitos fundamentais sociais*. São Paulo: Saraiva, 2010, p. 71-109.

Enfim, nesse entremeio, uma das discussões que aflora diz respeito ao papel do Poder Judiciário na garantia da efetividade das normas de direitos fundamentais. As atenções jurídicas, hoje, voltam-se com mais vigor para os direitos sociais prestacionais. Trata-se de saber *até onde* o Poder Judiciário pode ir para, na sua tarefa constitucional de concretizar esses direitos, garantir, proteger e promover a dignidade da pessoa humana independentemente do agir político e, ao mesmo tempo, preservar os princípios da democracia e da separação dos poderes de modo que a inevitável tensão que se estabelece entre Direito e Política não alcance um ponto de ruptura.

1.1.2. *Caracterização, conceito, funções e classificação dos direitos fundamentais*

Atualmente, não pairam dúvidas sobre o fato de que os direitos fundamentais são o parâmetro de aferição do grau de democracia de uma sociedade. E a sociedade democrática, ao mesmo tempo, apresenta-se como condição para a eficácia dos direitos fundamentais. Direitos fundamentais eficazes e democracia são, pois, conceitos umbilicalmente ligados, podendo-se afirmar que os direitos fundamentais não existem plenamente senão no Estado Democrático de Direito, ao passo que o Estado de Direito "é o Estado juridicamente limitado pelos direitos fundamentais e juridicamente vinculado à sua defesa e promoção".[37]

Como destaca Friedrich Müller, os direitos fundamentais "não são um patrimônio residual (*Restbestand*) obtido pela subtração de todas as proibições estatais; eles não são um 'direito negativo de polícia', mas, muito pelo contrário, o fundamento normativo do desenvolvimento (*Entfaltung*) social e político de cidadãos e pessoas livres. São garantias materiais, determinadas positivamente pelos seus conteúdos e pelos efeitos destes".[38]

A perspectiva histórica traçada no item anterior bem evidencia que o catálogo dos direitos fundamentais tende a se expandir ao longo do tempo conforme as exigências específicas de cada momento. E a fórmula adotada pela Constituição brasileira de 1988, como será visto a seguir, facilita sobremaneira esse potencial alargamento. Assim, a homogeneidade não é um atributo dos direitos classificados como fundamentais, o que

---

[37] NOVAIS, Jorge Reis. *Direitos fundamentais:* trunfos contra a maioria. Coimbra: Coimbra, 2006, p. 33.

[38] MÜLLER, Friedrich. Teoria e interpretação dos direitos fundamentais, especialmente com base na teoria estruturante do Direito. *Anuario Iberoamericano de Justicia Constitucional*, Madrid, n. 7, p. 315-327, 2003, p. 316.

inviabiliza uma conceituação unívoca,[39] mas não impede que se busque uma definição que identifique alguns pontos básicos que lhes são característicos, esforço que se faz necessário para que a tendência expansionista não seja indevidamente reprimida.

Luigi Ferrajoli,[40] ao propor uma definição teórica, puramente estrutural pretensamente válida para qualquer ordenamento, refere: "son 'derechos fundamentales' todos aquellos derechos subjetivos que corresponden universalmente a 'todos' los seres humanos en cuanto dotados del status de personas, de ciudadanos o personas con capacidad de obrar". De modo semelhante, mas pelo prisma material, Pérez Luño[41] entende que os direitos fundamentais são "un conjunto de facultades y instituciones que, en cada momento histórico, concretan las exigencias de la dignidad, la libertad y la igualdad humanas, las cuales deben ser reconocidas positivamente por los ordenamientos jurídicos a nivel nacional y internacional".

Como *ideia-guia* de sua teoria, Robert Alexy adota um conceito geral e formal: "direitos fundamentais são posições que são tão importantes que a decisão sobre garanti-las ou não garanti-las não pode ser simplesmente deixada para a maioria parlamentar simples".[42] Ronald Dworkin fala em *rights as trumps*,[43] metáfora também usada por Jorge Reis Novais ao se referir aos direitos fundamentais como *trunfos contra a maioria*[44] para evidenciar a condição de primazia das posições jurídicas protegidas pelas normas de direito fundamental sobre os poderes constituídos e sobre as decisões políticas tomadas pela maioria democraticamente eleita.

---

[39] MENDES, Gilmar Ferreira; BRANCO, Paulo Gustavo Gonet. *Curso de direito constitucional*. 6. ed. São Paulo: Saraiva, 2011, p. 158.

[40] FERRAJOLI, Luigi. *Derechos y garantías*: la ley del más débil. 3. ed. Madrid: Editorial Trota. 2002, p. 37.

[41] PÉREZ LUÑO, Antonio Enrique. *Derechos humanos, Estado de derecho y constitucion*. 6. ed. Madrid: Tecnos, 1999.

[42] ALEXY, Robert. *Teoria dos direitos fundamentais*. Tradução de Virgílio Afonso da Silva. São Paulo: Malheiros, 2008, p. 446.

[43] "Rights are best understood as trumps over some background justifications for political decisions that states a goal for the community as a whole", cf. DWORKIN, Ronald. Rights as Trumps. In: WALDRON, Jeremy. *Theories of Rights*. Oxford: Oxford University, 1984, p. 153-167, p. 153. Ressalte-se que a classificação de direitos como trunfos não é, propriamente, sinônimo de direito fundamental enquanto constitucionalmente positivado, mas tais direitos podem ser equiparados à noção de direitos fundamentais em sentido material. Para Dworkin, o *status* de trunfo é concedido aos *direitos morais* diretamente conectados com a sua concepção de igualdade e liberdade, ainda que não positivados na Constituição, os quais podem ser introduzidos no ordenamento jurídico pela via interpretativa.

[44] NOVAIS, Jorge Reis. *Direitos fundamentais:* trunfos contra a maioria. Coimbra: Coimbra, 2006. Afirmando o cabimento da metáfora também quanto aos direitos sociais prestacionais; e NOVAIS, Jorge Reis. *Direitos Sociais:* teoria jurídica dos direitos sociais enquanto direitos fundamentais. Coimbra: Coimbra Editora, 2010, p. 319-331.

Em que pese a complexidade do tema, adota-se, para fins deste estudo, o conceito formulado por Ingo Sarlet, que parte da constatação de que Lei Maior brasileira alberga um conceito unitário e abrangente de direitos fundamentais, englobando os diferentes grupos de direitos com suas variadas funções e sentidos:

> Direitos fundamentais são, portanto, todas aquelas posições jurídicas concernentes às pessoas, que, do ponto de vista do direito constitucional positivo, foram, por seu conteúdo e importância (fundamentalidade em sentido material), integradas ao texto da Constituição e, portanto, retiradas da esfera de disponibilidade dos poderes constituídos (fundamentalidade em sentido formal), bem como as que, por seu conteúdo e significado, possam lhes ser equiparados, agregando-se à Constituição material, tendo, ou não, assento na Constituição formal (aqui considerada a abertura material do Catálogo).[45]

A fundamentalidade formal, como se percebe, não suscita maiores dúvidas: são fundamentais os direitos assim expressamente reconhecidos pela Constituição e aos quais se confere um regime jurídico privilegiado. Quanto a estes, a fundamentalidade decorre, pura e simplesmente, da deliberação do Constituinte originário, sendo-lhes ínsito o aspecto também material. Mas o conceito material não perde a importância, afinal, é por meio dele que se torna possível ampliar o rol de proteção positivado no catálogo. E a nota de fundamentalidade do ponto de vista material é aferida conforme o grau de importância do conteúdo da norma para estrutura do Estado e da sociedade, especialmente no que diz com a posição ocupada pela pessoa humana. Isso exige um exame contextualizado e um particular esforço hermenêutico, em que a perspectiva do constituinte de cada ordem constitucional é decisiva.[46] Não podem ser aditados direitos que *briguem* com sistema constitucional vigente.[47]

Sem embargo, para aquilo que interessa neste trabalho, pode-se afirmar que, ao menos na realidade das democracias ocidentais, a liberdade e a igualdade são referência obrigatória. Além disso, e sobretudo, há consenso quanto à fundamentalidade material dos direitos que densificam a dignidade da pessoa humana. Se nem todos os direitos fundamentais decorrem diretamente da dignidade humana, todos os direitos que concretizam a dignidade da pessoa humana são materialmente fundamentais.[48]

---

[45] SARLET, Ingo Wolfgang. *A eficácia dos direitos fundamentais*: uma teoria geral dos direitos fundamentais na perspectiva constitucional. 10 ed. rev. atual. e ampl. Porto Alegre: Livraria do Advogado, 2009, p. 77.

[46] SARLET, Ingo Wolfgang. *A eficácia dos direitos fundamentais*: uma teoria geral dos direitos fundamentais na perspectiva constitucional. 10 ed. rev. atual. e ampl., Porto Alegre: Livraria do Advogado, 2009, p. 75.

[47] MIRANDA, Jorge. A abertura constitucional a novos direitos fundamentais. In: *Estudos em homenagem ao professor doutor Manuel Gomes da Silva*. Coimbra: Almedina, 2001, p. 561-572.

[48] MENDES, Gilmar Ferreira; BRANCO, Paulo Gustavo Gonet. *Curso de direito constitucional*. 6. ed. São Paulo: Saraiva, 2011, p. 159: "... embora haja direitos formalmente consagrados como fundamen-

A marcha histórica sumariamente relatada no item anterior também demonstrou que durante seu percurso os direitos fundamentais foram agregando múltiplas funções na sociedade e na ordem jurídica. Conquanto não haja acordo sobre quantas e quais funções existem atualmente,[49] uma das principais, ao lado da defensiva, é, sem dúvida, a promocional, sendo certo, também, que o mesmo direito abrange diversas posições jurídicas e, por conseguinte, pode exercer mais de uma função ao mesmo tempo.[50] Daí não ser adequado separar os direitos civis e políticos de um lado, e os direitos econômicos, sociais e culturais de outro, com base no argumento de que aqueles são defensivos e estes, prestacionais.

Com efeito, pode-se dizer superada a ideia de que os direitos de liberdade, ao contrário dos direitos sociais, não custam dinheiro, pois a garantia daqueles pressupõe a existência de Tribunais e até de polícia, instituições cujo funcionamento depende de recursos públicos. Além disso, para a implementação dos direitos fundamentais, sejam quais forem, o Estado tem três níveis de obrigações: respeitar (*respect*, não interferir intencionalmente), proteger (*protect*, impedir que os direitos sejam violados por terceiros) e promover (*fulfill*, no sentido de que o Estado tem a obrigação de ativamente fazer alguma coisa para realizar o direito). É verdade que a primeira dimensão é mais importante para os direitos civis e políticos, e a última para os direitos sociais. Entretanto os três níveis estão presentes em todos os direitos fundamentais. A diferenciação existe, mas é gradual.

Outro avanço foi a compreensão dos direitos fundamentais sob dupla perspectiva, *subjetiva* e *objetiva*, ou seja, os direitos fundamentais exercem a função de assegurar, simultaneamente, direitos subjetivos e princípios objetivos da ordem constitucional e democrática, havendo, todavia, uma presunção de prevalência da primeira sobre a segunda.[51] Deixando de

---

tais que não apresentam ligação direta com o princípio da dignidade humana, é esse princípio que inspira os típicos direitos fundamentais, atendendo à exigência de respeito à vida, à integridade física e íntima de cada ser humano à segurança. É o princípio da dignidade humana que justifica o postulado da isonomia e que demanda fórmulas de limitação do poder, prevenindo o arbítrio e a injustiça".

[49] Borowski nota que sequer é claro quantas funções específicas existem, cf. BOROWSKI, Martin. *La estructura de los derechos fundamentales*. Traducción de Carlos Bernal Pulido. Bogotá: Universidad Externado de Colombia, 2003, p. 109.

[50] Nas palavras de Canotilho: "aos direitos fundamentais não poderá hoje assinalar-se uma única *dimensão* (subjectiva) e apenas uma *função* (protecção da esfera livre e individual do cidadão). Atribui-se aos direitos fundamentais uma *multifuncionalidade* para acentuar todas e cada uma das funções que as teorias dos direitos fundamentais captavam unilateralmente", cf. CANOTILHO, José Joaquim Gomes. *Direito constitucional e teoria da Constituição*. 7. ed., 2. reimp. Coimbra: Almedina, 2006, p. 1402.

[51] ALEXY, Robert. *Teoria dos direitos fundamentais*. Tradução de Virgílio Afonso da Silva. São Paulo: Malheiros, 2008. No mesmo sentido, CANOTILHO, José Joaquim Gomes. *Direito constitucional e teoria da Constituição*. 7. ed., 2. reimp. Coimbra: Almedina, 2006, p. 1257. O argumento principal é o de que os direitos fundamentais são, em primeira linha, direitos individuais, já que foram concebidos para proteger o homem individualmente considerado, daí porque também se pode falar em uma presun-

lado as controvérsias que cercam este tema, e filtrando o que é pertinente neste trabalho, importa referir que a perspectiva subjetiva[52] enseja a possibilidade de o titular do direito fundamental – seja o indivíduo, seja um ente coletivo – impor judicialmente as posições jurídicas outorgadas pela norma respectiva,[53] ainda que o grau de exigibilidade seja variável conforme a densidade normativa.[54] Ressalte-se, por oportuno, que a titularidade individual também é um atributo dos direitos sociais. A perspectiva objetiva, por seu turno, tem os seguintes desdobramentos: o efeito de irradiação, no sentido de que as normas de direitos fundamentais fornecem diretrizes e impulsos para a legislação, administração e jurisprudência;[55] a formulação do princípio da proibição de insuficiência, pelo qual o Estado deve assegurar um nível mínimo adequado de proteção aos direitos fundamentais;[56] e a constatação de que a eficácia dos direitos fundamentais também deve ser valorada a partir da perspectiva da sociedade, o que não significa, vale sublinhar, uma interpretação utilitarista[57] em que o interesse comunitário deva, sempre, preponderar.[58]

ção de prevalência do caráter subjetivo individual, não obstante, conforme lembra Canotilho, sejam igualmente reconhecidos como direitos do homem enquanto membro de formações sociais onde desenvolve sua personalidade.

[52] Sobre as diversas concepções de direito subjetivo e suas implicações no âmbito dos direitos sociais fundamentais, ver ARANGO, Rodolfo. *El concepto de derechos sociales fundamentales*. Bogotá: Legis, 2005.

[53] Na esteira de Vieira de Andrade, entende-se que a figura de direito subjetivo "implica um *poder* ou uma faculdade para realização *efectiva* de *interesses* que são reconhecidos por uma *norma* jurídica como *próprios* do respectivo titular". De outro lado, afastando-se do autor lusitano, tem-se que essa ideia engloba as pessoas coletivas, cf. ANDRADE, José Carlos Vieira de. *Os direitos fundamentais na Constituição portuguesa de 1976*. 4. ed. Coimbra: Almedina, 2009, p. 112.

[54] SARLET, Ingo Wolfgang. *A eficácia dos direitos fundamentais*: uma teoria geral dos direitos fundamentais na perspectiva constitucional. 10 ed. rev. atual. e ampl. Porto Alegre: Livraria do Advogado, 2009, p. 141-155.

[55] Conforme decisão anteriormente citada do Tribunal Constitucional Federal da Alemanha e ALEXY, Robert. *Teoria dos direitos fundamentais*. Tradução de Virgílio Afonso da Silva. São Paulo: Malheiros, 2008, p. 524.

[56] ANDRADE, José Carlos Vieira de. *Os direitos fundamentais na Constituição portuguesa de 1976*. 4. ed. Coimbra: Almedina, 2009, p. 140.

[57] Daniel Sarmento, questionando o princípio da supremacia do interesse público, de modo particular quando colidem interesses públicos e direitos fundamentais, sustenta que, na ordem constitucional brasileira, o utilitarismo (e, também, o organicismo e o individualismo) não configura filosofia moral adequada para lidar com esses conflitos, devendo ser lido pelas lentes de um *comunitarismo liberal* ou *liberalismo comunitarista*, cf. SARMENTO, Daniel. Colisão entre direitos fundamentais e interesses públicos. In: SARLET, Ingo Wolfgang (Coord). *Jurisdição e direitos fundamentais*: anuário 2004/2005, v. I, tomo II, Porto Alegre: Escola da Magistratura/Livraria do Advogado, 2006, p. 29-69.

[58] Como alerta Ingo Sarlet, a perspectiva objetiva pode legitimar restrições ao conteúdo e alcance dos direitos subjetivos individuais, mas o núcleo essencial deste sempre deve ser preservado e não pode haver uma funcionalização da dimensão subjetiva em prol da dimensão objetiva, cf. SARLET, Ingo Wolfgang. *A eficácia dos direitos fundamentais*: uma teoria geral dos direitos fundamentais na perspectiva constitucional. 10 ed. rev. atual. e ampl. Porto Alegre: Livraria do Advogado, 2009, p. 146.

Tendo em conta essa multiplicidade funcional, a clássica teoria dos quatro *status* de Jellinek ainda hoje serve de parâmetro para as principais propostas de classificação encontradas na doutrina, nacional e estrangeira. É evidente que esta pesquisa não comporta um exame aprofundado, seja das funções dos direitos fundamentais, seja da teoria de Jellinek,[59] de sorte que apenas questões pontuais são referidas.

Os quatro *status* identificados por Jellinek correspondem às posições que o indivíduo pode ocupar na sua relação com o Estado. São eles: (a) *status passivo* ou *status subjectionis* (em que o indivíduo se encontra em posição de subordinação, e, portanto, é detentor de deveres, de sorte que o Estado tem a competência para vinculá-lo por meio de mandamentos e proibições); (b) *status negativo* ou *status libertatis* (em que o indivíduo, por ter personalidade, é detentor de um espaço de liberdade imune à interferência do Estado); (c) *status positivo* ou *status civitatis* (em que o indivíduo está em posição de exigir uma atuação positiva do Estado, ou seja, uma prestação); e (d) *status ativo* ou *status da cidadania ativa* (em que a posição ocupada pelo indivíduo lhe confere a capacidade de influenciar na formação da vontade do Estado, por meio do voto, por exemplo).[60]

A partir desse esquema, porém com algumas releituras que acomodem as principais críticas e as principais complementações feitas pela doutrina ao longo do tempo (como o *status activus processualis*, o *status positivus socialis*[61] e a perspectiva subjetiva e objetiva dos direitos fundamentais),[62] é possível classificar os direitos fundamentais levando em conta as funções que eles exercem. A adoção desse critério classificatório não se dá por acaso, mas porque se compartilha do entendimento de que o critério funcional propicia uma classificação constitucionalmente adequada dos direitos fundamentais – embora seja certo que as normas definidoras de

---

[59] Para um exame crítico e menos superficial, ver ALEXY, Robert. *Teoria dos direitos fundamentais*. Tradução de Virgílio Afonso da Silva. São Paulo: Malheiros, 2008, p. 254 e ss.

[60] MENDES, Gilmar Ferreira; BRANCO, Paulo Gustavo Gonet. *Curso de direito constitucional*. 6. ed. São Paulo: Saraiva, 2011, p. 177-178 e .

[61] Ricardo Lobo Torres diferencia o *status positivus libertatis* do *status positivus socialis*. O primeiro abrange as prestações estatais que garantem o núcleo essencial dos direitos da liberdade e dos direitos sociais que, "tocados *pelos interesses fundamentais*, se metamorfoseiam em *direitos fundamentais sociais* ou *mínimo existencial*". O segundo, as prestações estatais que garantem os direitos sociais que ultrapassam o mínimo existencial e, assim, não são considerados direitos fundamentais, cf. TORRES, Ricardo Lobo. *O direito ao mínimo existencial*. Rio de Janeiro: Renovar, 2009, p. 243 e 271. Entende-se que esta classificação não é compatível com a Constituição brasileira de 1988, tendo em vista a opção do constituinte em conferir aos direitos sociais a dignidade de direitos fundamentais, como será visto a seguir.

[62] Sobre as contribuições doutrinárias à doutrina de Jellinek, ver SARLET, Ingo Wolfgang. *A eficácia dos direitos fundamentais*: uma teoria geral dos direitos fundamentais na perspectiva constitucional. 10 ed. rev. atual. e ampl. Porto Alegre: Livraria do Advogado, 2009, p. 158-159.

direitos fundamentais exercem mais de uma função –, bem como porque tal critério permite que se visualize, com precisão, o objeto da pesquisa.

Assim, mais uma vez seguindo as lições de Ingo Sarlet[63] e de Robert Alexy,[64] e observando a predominância do elemento defensivo ou prestacional de cada direito como critério para agrupá-lo em uma ou outra categoria, os direitos fundamentais podem ser divididos em dois grandes grupos: (1) direitos fundamentais como direitos de defesa; e (2) direitos fundamentais como direitos a prestações. Estes são subdivididos em: (a) direitos a prestações em sentido amplo (aí incluídos os direitos à proteção e os direitos à participação na organização e procedimento); e (b) direitos a prestações em sentido estrito.[65]

Para os fins deste trabalho, interessam apenas os *direitos a prestações em sentido estrito*. Mas, tendo em vista outras classificações doutrinárias, notadamente as distinções entre prestações normativas e prestações fáticas, entre direitos derivados e originários a prestações e entre destinatários do dever prestacional, convém fazer alguns esclarecimentos.

Primeiro, a categoria dos direitos a prestações em sentido estrito abrange apenas as prestações materiais (fáticas) sociais cujo destinatário é o Estado, assim entendidas aquelas prestações cujo escopo é criar, manter ou incrementar o acesso aos bens protegidos pelos direitos sociais. As prestações normativas fazem parte da categoria dos direitos a prestações em sentido amplo, assim como as demais posições jurídicas fundamentais de natureza prestacional que não puderem ser reconduzidas às funções típicas do Estado Social.[66] Segundo, a relevância primordial é conferida aos direitos originários à prestação, ou seja, os que decorrem diretamente da Constituição e que não foram concretizados pelo legislador ordinário, pois é justamente em relação a eles que a adjudicação judicial se faz mais controvertida.[67]

---

[63] SARLET, Ingo Wolfgang. *A eficácia dos direitos fundamentais*: uma teoria geral dos direitos fundamentais na perspectiva constitucional. 10 ed. rev. atual. e ampl. Porto Alegre: Livraria do Advogado, 2009.

[64] ALEXY, Robert. *Teoria dos direitos fundamentais*. Tradução de Virgílio Afonso da Silva. São Paulo: Malheiros, 2008.

[65] Para Alexy, esta última categoria se equipara aos direitos fundamentais sociais. Essa equiparação, contudo, há de ser tomada com reservas, especialmente na realidade brasileira, em que a Constituição contempla direitos fundamentais sociais de dimensão preponderantemente negativa, a exemplo do direito de greve, bem como direitos cujos destinatários são particulares, como os direitos dos trabalhadores.

[66] Nos termos da classificação proposta por SARLET, Ingo Wolfgang. *A eficácia dos direitos fundamentais*: uma teoria geral dos direitos fundamentais na perspectiva constitucional. 10 ed. rev. atual. e ampl. Porto Alegre: Livraria do Advogado, 2009, p. 190.

[67] Concorda-se com Jorge Reis Novais quanto à assertiva de que a diferença entre direitos originários e derivados a prestações não tem a mesma importância e sentido na ordem constitucional brasileira (e portuguesa) como o tem na Alemanha, onde a ideia de direitos derivados a prestações foi

Em face da delimitação do objeto do estudo, para evitar desacordos semânticos e, também, para simplificar, esclarece-se, por fim, que as expressões *direitos fundamentais sociais, direitos sociais, direitos sociais prestacionais, direitos prestacionais* e equivalentes são utilizadas, doravante, para indicar os direitos fundamentais enquadrados no grupo dos direitos a prestações em sentido estrito, salvo expressa menção em sentido diverso.

1.1.3. Teoria dos princípios constitucionais e alguns desdobramentos

"A teoria dos princípios é hoje o coração das Constituições". A declaração de Paulo Bonavides[68] não merece qualquer reparo. A teoria principiológica dos direitos fundamentais oferece a melhor compreensão acerca da estrutura desses direitos e, por conseguinte, fornece os critérios mais adequados para determinação dos contornos e limites de cada um (logo, também do mínimo existencial), bem como explica, apropriadamente, a possibilidade de coexistirem diferentes graus de eficácia sem que tais direitos percam a nota de fundamentalidade. Em razão disso, é imprescindível que se dispensem algumas palavras a respeito de seus fundamentos e alguns de seus desdobramentos, designadamente a teoria das restrições e o princípio da proporcionalidade, centrando-se naquilo que se reputa essencial ao enfrentamento do tema em pauta.

A doutrina constitucional contemporânea,[69] na esteira de Robert Alexy[70] e Ronald Dworkin,[71] vem classificando as normas jurídicas em dois

---

desenvolvida para superar o silêncio textual da Lei Fundamental, o que não se verifica no caso da Constituição brasileira (e portuguesa). No entanto, discorda-se do autor no ponto em que ele nega préstimo ao conceito de direitos sociais derivados, afinal, se a concretização pelo legislador ordinário não retira a fundamentalidade do direito, a intermediação legislativa ou administrativa tem reflexos diretos na problemática da judicialização dos direitos sociais, de modo que a distinção não pode ser desprezada, cf. NOVAIS, Jorge Reis. *Direitos Sociais:* teoria jurídica dos direitos sociais enquanto direitos fundamentais. Coimbra: Coimbra Editora, 2010, p. 84 e 179-155.

[68] BONAVIDES, Paulo. *Curso de direito constitucional.* 15. ed. São Paulo: Malheiros, 2004, p. 281.

[69] Na doutrina pátria, a teoria dos princípios desenvolvida por Humberto Ávila tem algumas peculiaridades, designadamente a diferenciação entre regras, princípios e postulados. Postulados normativos, para o autor, são as normas imediatamente metódicas, que estruturam a interpretação e aplicação de princípios e regras, a saber: ponderação, concordância prática, proibição de excesso, igualdade, razoabilidade e proporcionalidade, cf. ÁVILA, Humberto. *Teoria dos princípios:* da definição à aplicação dos princípios jurídicos. 9. ed. São Paulo: Malheiros, 2009.

[70] Especialmente em ALEXY, Robert. *Teoria dos direitos fundamentais.* Tradução: Virgílio Afonso da Silva. São Paulo: Malheiros, 2008.

[71] O jurista norte-americano contrapõe o *model of principles* ao *model of rules.* Segundo ele, as regras se pautam pela validade, e os princípios, pelo peso. Dworkin diferencia *rules, principles* e *policies.* Por *policy,* ele entende aquele tipo de padrão que estabelece um objetivo a ser alcançado, geralmente um aperfeiçoamento em algum aspecto econômico, político ou social da comunidade; e, por *principle,* um padrão que deve ser observado em virtude de seu valor intrínseco, como uma exigência da justiça,

grandes grupos: o dos *princípios* e o das *regras*. Ambos implicam comandos de dever ser e ambos contêm os modais deônticos de mandamento, permissão e proibição. São normas jurídicas e, como tal, são aplicáveis da mesma maneira que todas as demais normas jurídicas.[72]

A diferença entre regras e princípios, segundo essa teoria, nada mais é senão uma distinção entre dois tipos de normas.[73] Enquanto as regras garantem direitos (ou impõem deveres) definitivos, os princípios garantem direitos (ou impõem deveres) *prima facie*.[74]

Melhor explicitando, as regras correspondem às normas que prescrevem imperativamente uma exigência, impondo, proibindo ou permitindo algo em termos categóricos, sem qualquer exceção (direito definitivo).[75] Não há como estabelecer uma forma gradual de cumprimento do que a regra estabelece. Havendo um conflito entre regras, o problema se resolverá em termos de validade, uma será válida, e assim deve ser cumprida na exata medida das suas prescrições; e a outra, inválida, devendo ser excluída, pois as duas regras contraditórias não podem conviver simultaneamente no ordenamento jurídico.[76]

Já os princípios,[77] que são bem mais frequentes em se tratando de direitos fundamentais,[78] "são normas jurídicas impositivas de uma *optimização*, compatíveis com vários graus de concretização, consoante os

---

equidade, ou outro valor moral. Por outro lado, em sentido genérico, ele utiliza o termo *principles* para se referir a todos os padrões que não se enquadram na categoria das regras (*rules*), o que inclui os princípios em sentido estrito e as *policies* (diretrizes políticas), cf. DWORKIN, Ronald. *Taking Rights Seriously*. Cambridge: Harvard University Press, 1999, p. 22 e ss.

[72] ALEXY, Robert. Derechos fundamentales, ponderación y racionalidad. In: FERNÁNDEZ SEGADO, Francisco (Org.). *The Spanish Constitution in the European Constitutional Context*. Madrid: Dykinson, 2003, p. 1506.

[73] SCHÄFER, Jairo Gilberto. *Direitos fundamentais:* proteção e restrições. Porto Alegre: Livraria do Advogado, 2001, p. 37.

[74] SILVA, Virgílio Afonso. O conteúdo essencial dos direitos fundamentais e a eficácia das normas constitucionais. *Revista de Direito do Estado*, Rio de Janeiro, ano 1, n. 4, p. 23-51, out./dez. 2006.

[75] CANOTILHO, José Joaquim Gomes. *Direito constitucional e teoria da Constituição*. 7. ed., 2. reimpr. Coimbra: Almedina, 2006, p. 1161 e 1255.

[76] Atualmente, questiona-se esta noção de que as regras se aplicam na lógica do *tudo ou nada*. Por todos, ver ÁVILA, Humberto. *Teoria dos princípios:* da definição à aplicação dos princípios jurídicos. 9. ed. São Paulo: Malheiros, 2009.

[77] Interessante o artigo de Juarez Freitas intitulado *A democracia como princípio jurídico*, em que ele elenca diversas razões pela quais não há, a rigor, princípio jurídico absoluto no sistema democrático, cf. FREITAS, Juarez. A democracia como princípio jurídico. In: FERRAZ, Luciano; MOTTA, Fabrício (Coord.). *Direito público moderno:* homenagem especial ao professor Paulo Neves de Carvalho. Belo Horizonte: Del Rey, 2003, p. 167-198.

[78] Jairo Schäfer traz os seguintes exemplos de direitos fundamentais considerados *regras*: (a) art. 5°, inciso LXV; (b) art. 5°, inciso LXII; (c) art. 5°, inciso LXI; e (d) art. 5°, inciso LIX, todos da Constituição Federal, cf. SCHÄFER, Jairo Gilberto. *Direitos fundamentais:* proteção e restrições. Porto Alegre: Livraria do Advogado, 2001, p. 58, nota 75.

condicionamentos fácticos e jurídicos".[79] Em outras palavras, os princípios consubstanciam determinações de que certos bens jurídicos sejam satisfeitos e protegidos na maior medida que as circunstâncias permitirem, daí se dizer que são *mandamentos de otimização*,[80] já que "permitem o balanceamento de valores e interesses (não obedecem, como as regras, à 'lógica do tudo ou nada'), consoantes o seu *peso* e a ponderação de outros princípios eventualmente conflituantes".[81]

Para a solução dos inevitáveis conflitos é de todo pertinente o emprego daquilo que a doutrina define como uma *relação de precedência condicionada* entre os princípios concorrentes. Isso significa que, sob determinadas condições, um dos princípios assumirá precedência sobre outro, mas, se as condições forem diversas, a questão poderá ser resolvida de forma oposta.[82] Essa decisão somente pode ser tomada no caso concreto. Abstratamente, os princípios se encontram no mesmo nível e, portanto, têm igual peso. É no caso concreto, diante das peculiaridades em jogo, que se torna possível optar pela precedência de um deles, exatamente o princípio que, naquela situação específica, tem maior peso. O desafio está em estabelecer uma fundamentação racional e, consequentemente, controlável.

No quadro particular da colisão entre direitos fundamentais, podem ser percebidas três situações distintas: (a) colisão entre direitos fundamentais iguais; (b) colisão entre direitos fundamentais heterogêneos; e (c) colisão entre direitos fundamentais e bem comum (interesse público).

A inevitabilidade desses "momentos de *tensão* ou antagonismo"[83] entre bens constitucionalmente protegidos, aliada à necessidade de convivência prática dos diversos direitos,[84] leva a uma conclusão óbvia: não existem direitos fundamentais absolutos. Daí a assertiva de que os

---

[79] CANOTILHO, José Joaquim Gomes. *Direito constitucional e teoria da Constituição*. 7. ed., 2. reimpr. Coimbra: Almedina, 2006, p. 1161.

[80] Nas palavras de Robert Alexy: "Como mandatos de optimación, son principios las normas que ordenan que algo se realice en la medida más alta posible, en atención a las perspectivas fácticas y jurídicas", cf. ALEXY, Robert. Derechos fundamentales, ponderación y racionalidad. In: FERNÁNDEZ SEGADO, Francisco (Org.). *The Spanish Constitution in the European Constitutional Context*. Madrid: Dykinson, 2003, p. 1509.

[81] CANOTILHO, José Joaquim Gomes. *Direito constitucional e teoria da Constituição*. 7. ed., 2. reimpr. Coimbra: Almedina, 2006, p. 1161.

[82] ALEXY, Robert. *Teoria dos direitos fundamentais*. Tradução de Virgílio Afonso da Silva. São Paulo: Malheiros, 2008, p. 93-103.

[83] CANOTILHO, José Joaquim Gomes. *Direito constitucional e teoria da Constituição*. 7. ed., 2. reimpr. Coimbra: Almedina, 2006, p. 1182.

[84] SCHÄFER, Jairo Gilberto. *Direitos fundamentais:* proteção e restrições. Porto Alegre: Livraria do Advogado, 2001, p. 62.

direitos fundamentais são, por natureza, imanentemente dotados de uma *reserva geral de ponderação*.[85] Ademais, não se pode olvidar que o caráter sistemático da Constituição também impõe que se reconheça a convivência harmônica entre os direitos fundamentais e interesses constitucionalmente tutelados (*reserva de vizinhança*). Em abstrato, não há hierarquia axiológica entre as normas constitucionais.

Disso decorre, também, a noção de direitos *prima facie* e definitivos, de modo que a delimitação do conteúdo e do alcance dos direitos fundamentais depende do exame das possíveis restrições a que estão sujeitos, entendendo-se por restrição, aqui, a limitação ou diminuição do conteúdo material do direito fundamental. Assim, embora a problemática das restrições aos direitos fundamentais transcenda os limites do presente trabalho, faz-se necessário consignar as premissas teóricas que serviram de ponto de partida.

Pois bem, por trás do debate acerca das restrições a direitos fundamentais, contrapõem-se, basicamente, duas teorias: a *teoria interna* e a *teoria externa*.[86] A aceitação da teoria dos princípios leva, necessariamente, à lógica da teoria externa das restrições. Explica-se.

A *teoria interna* defende que as restrições dos direitos fundamentais integram o próprio núcleo protetivo do direito.[87] Há, desde o início, o direito com seu conteúdo determinado, ou seja, "hay solo un objeto normativo: un derecho con sus límites concretos".[88] Todas as possíveis intervenções no direito fundamental estão justificadas na própria estrutura conformadora do mesmo, cuja delimitação é um processo interno, sem qualquer interferência externa. Assim, como para essa teoria o alcance do direito é definido de antemão, a restrição se torna desnecessária e até

---

[85] NOVAIS, Jorge Reis. *As restrições aos direitos fundamentais não expressamente autorizadas pela Constituição*. Coimbra: Coimbra, 2003, p. 569. Destacando que os direitos sociais estão particularmente sujeitos, também, à *reserva do (financeiramente) possível*, NOVAIS, Jorge Reis. *Direitos Sociais*: teoria jurídica dos direitos sociais enquanto direitos fundamentais. Coimbra: Coimbra Editora, 2010.

[86] Estas não são as únicas, porém são as mais importantes, sendo que as demais teorias partem de pressupostos comuns com algumas variações, pelo que, e considerando o objetivo deste ensaio, basta referir aquelas.

[87] O principal expoente da teoria interna é Peter Häberle, que também adota o conceito de limites imanentes, pelo qual a concretização dos limites admissíveis aos direitos fundamentais não é um processo que os afete a partir de fora. Entre os direitos fundamentais e seus limites existe uma relação estreita, a tal ponto que, como afirma o constitucionalista germânico, "los límites inmanentes son los límites que se corresponden con el contenido esencial o cerca a éste". Em uma frase: "Los derechos fundamentales son garantizados 'solamente' dentro de los límites a ellos inmanentes", cf. HÄBERLE, Peter. *La garantía del contenido esencial de los derechos fundamentales en la Ley Fundamental de Bonn*. Traducción Joaquim Brage Camazano. Madrid: Dykinson, 2003, p. 57 e 58.

[88] BOROWSKI, Martin. *La estructura de los derechos fundamentales*. Traducción de Carlos Bernal Pulido. Colombia: Universidad Externado de Colombia, 2003, p. 68.

mesmo impossível.[89] A ideia de restrição, desse modo, é substituída pela de limite.[90] E é nesse sentido que se fala em limites imanentes.

Por conseguinte, essa concepção não segue a teoria principiológica. Ao revés, como destaca Virgílio Afonso da Silva, a estrutura normativa dos direitos definidos a partir do enfoque da teoria em causa será, sempre, a de regras, ou seja, segue o raciocínio do *tudo ou nada* e não pode ser objeto de sopesamentos.[91] Não há que se falar em direitos *prima facie*, existindo apenas direitos definitivos.

A *teoria externa*, em contrapartida, supõe que existem "dos términos jurídicos diferentes. El primer término es el derecho *prima facie* o derecho no limitado, el segundo la restricción de ese derecho".[92] Entre esses dois elementos se estabelece uma relação especial, qual seja, a da restrição. Como resultado dela, obtém-se o direito definitivo. Esses limites e restrições são colocados *de fora*, são *externos*, daí a designação de *teoria externa*.[93] A relação entre direitos *prima facie* e restrições não é indispensável à existência dos direitos fundamentais, mas decorre de uma necessidade externa ao direito: compatibilizar direitos individuais e bens coletivos.[94] Parte-se da distinção entre posição *prima facie* e posição definitiva. *Prima facie* os direitos fundamentais abrigam uma cláusula de maximização. Neste momento, a possibilidade restritiva não lhe é intrínseca. A restrição somente ocorrerá *a posteriori*, quando da compatibilização concreta dos diferentes interesses, princípios e valores igualmente protegidos pela Constituição.[95]

Pressupõe-se, assim, que primeiro se deve identificar o âmbito de proteção do direito fundamental (o direito *prima facie*).[96] É sobre essa dimensão que a restrição, como elemento externo ao direito, vai interferir negativamente, tornando mais estreito o núcleo protegido pelo dispositivo constitucional correspondente. Logo, considera-se que *restrição e âm-*

---

[89] BOROWSKI, Martin. *La estructura de los derechos fundamentales*. Traducción de Carlos Bernal Pulido. Colombia: Universidad Externado de Colombia, 2003, p. 33.

[90] MENDES, Gilmar Ferreira; BRANCO, Paulo Gustavo Gonet. *Curso de direito constitucional*. 6. ed. São Paulo: Saraiva, 2011, p. 225.

[91] SILVA, Virgílio Afonso da. *Direitos fundamentais*: conteúdo essencial, restrições e eficácia. São Paulo: Malheiros, 2009.

[92] BOROWSKI, Martin. *La estructura de los derechos fundamentales*. Traducción de Carlos Bernal Pulido. Colombia: Universidad Externado de Colombia, 2003, p. 31.

[93] NOVAIS, Jorge Reis. *As restrições aos direitos fundamentais não expressamente autorizadas pela Constituição*. Coimbra: Coimbra, 2003, p. 301.

[94] MENDES, Gilmar Ferreira; BRANCO, Paulo Gustavo Gonet. *Curso de direito constitucional*. 6. ed. São Paulo: Saraiva, 2011.

[95] SCHÄFER, Jairo Gilberto. *Direitos fundamentais*: proteção e restrições. Porto Alegre: Livraria do Advogado, 2001, p. 62.

[96] QUEIROZ, Cristina M. M. *Direitos fundamentais*: teoria geral. Coimbra: Coimbra: 2002, p. 210.

bito de proteção dos direitos fundamentais, posto que interligados, não são conceitos correlatos; tampouco o âmbito de proteção equivale à proteção efetiva ou definitiva do direito. O *âmbito de proteção* de um direito fundamental é aquela parcela da realidade que o constituinte houve por bem definir como objeto de proteção, ou seja, é a extensão da proteção constitucional, o próprio conteúdo material desse direito.[97]

Além disso, segue-se a doutrina de Robert Alexy,[98] complementada por Virgílio Afonso da Silva,[99] quanto à distinção entre *âmbito de proteção* e *suporte fático* da norma de direito fundamental, este composto do *âmbito de proteção* (aquilo que é protegido pela norma, ou seja, ações, características, situações ou posições); da *intervenção* (aquilo contra o qual é protegido, como o embaraço, a afetação e a eliminação, sendo que, em regra, a intervenção provém do Estado); e da *ausência de fundamentação constitucional*.[100] O ponto em comum quando utilizados em oposição ao conceito de restrição é o de que ambos "dizem respeito àquilo que a norma de direito fundamental garante *prima facie*, ou seja, sem levar em consideração as possíveis restrições".[101]

A doutrina ainda se move entre a adoção de um *âmbito de proteção restrito* e um *âmbito de proteção amplo*. Sem embargo, segue-se posição diversa da defendida por Silva quanto à adoção de um *suporte fático amplo* que não permite exclusões *a priori* de condutas ou situações do âmbito de proteção dos direitos fundamentais.[102] É que há casos em que o preceito constitucional evidentemente não alberga determinadas situações, formas ou modo de exercício, tais como naqueles exemplos citados por Vieira de Andrade,[103] como a possibilidade de efetuar sacrifícios humanos em relação à liberdade religiosa. Porém, dada a dificuldade dessa delimi-

---

[97] MENDES, Gilmar Ferreira; BRANCO, Paulo Gustavo Gonet. *Curso de direito constitucional*. 6. ed. São Paulo: Saraiva, 2011, p. 219-220; e MENDES, Gilmar Ferreira. *Direitos fundamentais e controle de constitucionalidade*. São Paulo: Saraiva, 3ª Ed., 3ª tiragem, 2007, p. 152.

[98] ALEXY, Robert. *Teoria dos direitos fundamentais*. Tradução de Virgílio Afonso da Silva. São Paulo: Malheiros, 2008, p. 302-307.

[99] SILVA, Virgílio Afonso da. *Direitos fundamentais*: conteúdo essencial, restrições e eficácia. São Paulo: Malheiros, 2009. 74-75.

[100] Afinal, diz Virgílio Afonso da Silva, se o suporte fático "são os elementos que, quando preenchidos, dão ensejo à realização do preceito da norma de direito fundamental", a ausência de fundamentação constitucional para intervenção é condição indispensável a que ocorra a consequência jurídica normatizada, cf. SILVA, Virgílio Afonso da. *Direitos fundamentais*: conteúdo essencial, restrições e eficácia. São Paulo: Malheiros, 2009. 74-75.

[101] ALEXY, Robert. *Teoria dos direitos fundamentais*. Tradução de Virgílio Afonso da Silva. São Paulo: Malheiros, 2008, p. 302.

[102] SILVA, Virgílio Afonso da. *Direitos fundamentais*: conteúdo essencial, restrições e eficácia. São Paulo: Malheiros, 2009, p. 94 e ss.

[103] ANDRADE, José Carlos Vieira de. *Os direitos fundamentais na Constituição portuguesa de 1976*. 4. ed. Coimbra: Almedina, 2009, p. 275-276.

tação, deve ser considerado que toda a situação potencialmente coberta pelo valor constitucionalmente proclamado merece, *prima facie*, estar efetivamente protegida a partir da eficácia expansiva inerente aos direitos fundamentais.[104]

Em síntese, neste estudo, segue-se a lógica da teoria externa das restrições, pressupõe-se a distinção entre restrição, âmbito de proteção e suporte fático e se parte de um âmbito de proteção restrito.

Para dirimir os conflitos alhures referidos, tanto no que concerne ao controle das restrições aos direitos fundamentais quanto no que tange à própria transfiguração de direito *prima facie* em direito definitivo, e, de um modo geral, para o controle de constitucionalidade, assume-se que o método adequado é o da *proporcionalidade*,[105] que, em matéria de direitos prestacionais, atua precipuamente sob as vestes da cláusula de proibição de proteção deficiente.[106]

---

[104] DIÉZ-PICAZO, Luis María. *Sistema de derechos fundamentales*. Madrid: Thomson Civitas, 2003, p. 357.

[105] A doutrina debate sobre a natureza jurídica da proporcionalidade, não havendo um consenso sobre se tal instituto configura ou não um princípio. Para fins deste trabalho, segue-se a qualificação alemã, que entende a proporcionalidade como verdadeiro princípio. Evidentemente não é um princípio no sentido concebido por Robert Alexy, pois não será ponderado em face de outros princípios ou valores, e sim uma espécie de regra a ser utilizada para realização do próprio juízo de ponderação. Um resumo dos diversos entendimentos doutrinários a respeito é encontrado em PINHEIRO, Pedro Eduardo; SIQUEIRA, Antunes. *A coisa julgada inconstitucional*. Rio de Janeiro: Renovar, 2006, p. 57-60. Vale conferir a concepção de Ávila, para quem a proporcionalidade é um *postulado normativo aplicativo*, cf. ÁVILA, Humberto. *Teoria dos princípios: da definição à aplicação dos princípios jurídicos*. 9. ed. São Paulo: Malheiros, 2009. O princípio da proporcionalidade não está previsto como norma escrita na Constituição brasileira, porém o Supremo Tribunal Federal reconhece a sua estatura constitucional como postulado autônomo (como na SS 1320, DJ 14/04/1999), bem como o utiliza, inclusive, como instrumento para solução de colisão entre direitos fundamentais, como regra de ponderação (a exemplo do HC 76060, DJ 15/05/1998).

[106] Carlos Pulido destaca que, em caso de colisão entre um direito fundamental de defesa e um de direito fundamental de proteção, deve-se aplicar o princípio da proporcionalidade em sua função de proibição de excesso e de proibição de proteção deficiente, simultaneamente, cf. PULIDO, Carlos Bernal. *El principio de proporcionalidad y los derechos fundamentales*. Madrid: Centro de Estudios Políticos y Constitucionales, 2003, p. 799 e 803. Na mesma linha, Ingo Sarlet trata da dupla via do princípio da proporcionalidade: a proibição de excesso e a proibição de insuficiência, categorias, para ele, dogmaticamente autônomas, cf. SARLET, Ingo Wolfgang. Constituição e princípio da proporcionalidade: o direito penal e os direitos fundamentais entre proibição de excesso e de insuficiência. *Revista Brasileira de Ciências Criminais*, São Paulo, ano 12, n. 47, p. 60-122. Mar./abr. 2004. Borowski também refere que, à luz da teoria relativa (da qual é adepto), o conteúdo essencial dos direitos prestacionais deve ser determinado mediante a aplicação do princípio da proporcionalidade na forma da proibição de proteção insuficiente, cf. BOROWSKI, Martin. *La estructura de los derechos fundamentales*. Traducción de Carlos Bernal Pulido. Bogotá: Universidad Externado de Colombia, 2003, p. 99 e ss. Com foco na jurisprudência do Supremo Tribunal Federal, havendo uma equiparação entre omissão e excesso interventivo no controle da proteção deficiente, MENDES, Gilmar Ferreira. A proporcionalidade na jurisprudência do Supremo Tribunal Federal. *Repertório IOB de Jurisprudência*: Tributário, Constitucional e Administrativo, n. 23, p. 475-469, dez. 1994; e MENDES, Gilmar. O princípio da proporcionalidade na jurisprudência do Supremo Tribunal Federal: novas leituras. *Revista Diálogo Jurídico*, Salvador, v. 1, n. 5, agosto 2001. Disponível em: <http://www.direitopublico.com.br>. Acesso em: 10 de jul. 2011.

Antes de passar ao exame da proporcionalidade, convém dispensar algumas linhas à outra ideia que lhe é de tal modo próxima que não falta quem advogue a fungibilidade entre ambas.[107] Trata-se da *razoabilidade*. Não obstante haja, de fato, um conteúdo axiológico bastante similar, estão com razão os que entendem que os institutos não são completamente equivalentes.[108]

Como é de todos conhecido, e neste ponto não há divergência, o princípio da razoabilidade tem origem no direito anglo-saxão, notadamente nos Estados Unidos. Dito princípio foi forjado pela via jurisprudencial a partir da cláusula do devido processo legal (*due process of law*), que de mera garantia processual passou gradativamente à condição de garantia substancial (*substantive due process*).[109] As raízes do princípio da proporcionalidade, por sua vez, estão no direito alemão, e o seu fundamento constitucional é, em primeira linha, o princípio do Estado de Direito. Como é típico da tradição romano-germânica, a aplicação do princípio veio acompanhada de um desenvolvimento dogmático analítico e ordenado.

Ambos são instrumento para o controle dos desvios dos atos do poder público. Todavia, enquanto o princípio da razoabilidade é aplicado de modo mais informal, quase que intuitivo, o princípio da proporcionalidade tem uma estrutura bem delimitada, subdividida em três sub-

---

[107] Assim Barroso, para quem os conceitos são próximos o suficiente para serem intercambiáveis, apesar da origem e desenvolvimento diversos, cf. BARROSO, Luís Roberto. O começo da história: a nova interpretação constitucional e o papel dos princípios no direito brasileiro. In: BARROSO, Luís Roberto. Temas de direito constitucional. v. III, 2. ed. Renovar: Rio de Janeiro, 2008, p. 38-39. O Supremo Tribunal Federal, na maioria de seus arestos, trata indistintamente os termos razoabilidade e proporcionalidade, como se detentores do mesmo conteúdo semântico. Na ADI 855, por exemplo, o Ministro Marco Aurélio utiliza a expressão *razoabilidade*, e o Ministro Gilmar Mendes, *proporcionalidade*. (Relator para o acórdão Ministro Gilmar Mendes, DJ 26/03/2009). Sobre a proporcionalidade na jurisprudência na Corte Constitucional brasileira, MENDES, Gilmar. O princípio da proporcionalidade na jurisprudência do Supremo Tribunal Federal: novas leituras. *Revista Diálogo Jurídico*, Salvador, v. 1, n. 5, agosto 2001. Disponível em: <http://www.direitopublico.com.br>. Acesso em: 10 de jul. 2011.

[108] Sustentando que o conceito de proporcionalidade, em sentido técnico-jurídico, não é sinônimo de razoabilidade e tecendo críticas à jurisprudência do Supremo Tribunal Federal, SILVA, Virgílio Afonso da. O proporcional e o razoável. *Revista dos tribunais*, São Paulo, v. 798, p. 23-50. Do lado dos que consideram não haver identidade entre os institutos, ver, por todos, SCHÄFER, Jairo Gilberto. *Direitos fundamentais*: proteção e restrições. Porto Alegre: Livraria do Advogado, 2001, p. 104 e ss.; e SARLET, Ingo Wolfgang. *A eficácia dos direitos fundamentais*: uma teoria geral dos direitos fundamentais na perspectiva constitucional. 10 ed. rev. atual. e ampl. Porto Alegre: Livraria do Advogado, 2009, p. 395 e ss. A propósito das várias acepções do termo razoabilidade e algumas distinções relativamente à proporcionalidade, ÁVILA, Humberto. *Teoria dos princípios*: da definição à aplicação dos princípios jurídicos. 9. ed. São Paulo: Malheiros, 2009, p. 150 e ss. Também tratando dos vários sentidos da razoabilidade, PEREIRA, Jane Reis Gonçalves. *Interpretação constitucional e direitos fundamentais*: uma contribuição ao estudo das restrições aos direitos fundamentais na perspectiva da teoria dos princípios. Rio de Janeiro: Renovar, 2006, p. 358-365.

[109] SCHÄFER, Jairo Gilberto. *Direitos fundamentais*: proteção e restrições. Porto Alegre: Livraria do Advogado, 2001, p. 104.

princípios independentes que devem ser aplicados na ordem predefinida (como será visto a seguir).[110] Se não aplicada essa análise trifásica, não é a proporcionalidade que está em causa.[111]

O princípio da proporcionalidade, em seu sentido amplo, significa a proibição do excesso, conformando toda a atividade do Estado – legislativa, administrativa e judicial. Ele se apresenta como um *"metaprincípio* vocacionado para resolução de conflito entre direitos e interesses constitucionalmente protegidos"*, na busca de um *"ponto óptimo* de máxima efectividade, ou de *clímax de bens jurídicos,* situado o mais longe possível do respectivo conteúdo essencial, fornecendo critérios que assegurem a justeza intrínseca do processo de ponderação".[112] Na vertente da proibição de insuficiência, cuida-se basicamente de garantir um padrão mínimo em proteção constitucionalmente exigido,[113] e, portanto, o objeto de controle é uma omissão estatal (e não uma intervenção no âmbito de proteção de um direito fundamental), havendo maior liberdade de conformação por parte dos órgãos estatais em contraposição à menor margem de controle judicial.[114] Há, pois, uma dupla barreira: de um lado, o Estado está sujeito

---

[110] SILVA, Virgílio Afonso da. O proporcional e o razoável. *Revista dos tribunais,* São Paulo, v. 798, p. 23-50, 2002, p. 31.

[111] SARLET, Ingo Wolfgang. *A eficácia dos direitos fundamentais*: uma teoria geral dos direitos fundamentais na perspectiva constitucional. 10 ed. rev. atual. e ampl. Porto Alegre: Livraria do Advogado, 2009, p. 461.

[112] MACHADO, Jónatas E. M. *Liberdade de expressão*: dimensões constitucionais da esfera pública no sistema social. Coimbra: Coimbra, 2002, p. 727.

[113] A vinculação entre o dever de prestação e a proibição de insuficiência foi reconhecida pelo Tribunal Constitucional Federal da Alemanha na segunda decisão sobre o aborto (BverfGE 88/203, 254), ocasião em que se considerou que o legislador deve estabelecer medidas que garantam um padrão mínimo de proteção constitucional exigido, cf. SARLET, Ingo Wolfgang. Constituição e princípio da proporcionalidade: o direito penal e os direitos fundamentais entre proibição de excesso e de insuficiência. *Revista Brasileira de Ciências Criminais,* São Paulo, ano 12, n. 47, p. 60-122. Mar./abr. 2004, p. 99. No Supremo Tribunal Federal, confira-se o RE 418376 (Tribunal Pleno, DJ 23/03/2007), particularmente o voto do Ministro Gilmar Mendes, do qual se extrai o seguinte trecho: "A proibição de proteção insuficiente adquire importância na aplicação dos direitos fundamentais de proteção, ou seja, na perspectiva do dever de proteção, que se consubstancia naqueles casos em que o Estado não pode abrir mão da proteção do direito penal para garantir a proteção de um direito fundamental. (...) todos os Poderes do Estado, dentre os quais evidentemente está o Poder Judiciário, estão vinculados e obrigados a proteger a dignidade das pessoas". Na mesma linha, sob o enfoque do dever de proteção na seara penal, o voto do Ministro Gilmar Mendes na ADI 3112, Tribunal Pleno, Relator Ministro Ricardo Lewandowski, DJ 26/10/2007. Também da lavra do Ministro Gilmar Mendes, há a decisão proferida na STA 241 (DJe public. 16/10/2008) reconhecendo a obrigação do Estado de criar pressupostos fáticos necessários ao efetivo exercício dos direitos fundamentais (no caso o direito ao ensino obrigatório e gratuito, especialmente para crianças e adolescentes) e a necessidade de controle judicial para evitar que se caracterize a hipótese de proteção insuficiente por parte do Estado, num plano mais geral, e do Judiciário, num plano mais específico.

[114] Constatação a que também chega Connor Gearty ao se referir aos impactos do *Human Right Act* (1998) na ordem constitucional do Reino Unido: "With implementation of the Human Right Act, 'the intensity of the review' of administrative action was now 'guaranteed by the twin requirements that the limitation of the right was necessary in a democratic society, in the sense of meeting a pressing social need, and the question whether the interference was really proportionate to the legitimate aim

aos limites superiores da vedação de excesso e, de outro, aos limites inferiores da vedação de insuficiência.[115] Lá, a dúvida beneficia a liberdade; aqui, a dignidade.

O princípio da proporcionalidade se desdobra nos subprincípios da adequação, necessidade e proporcionalidade em sentido estrito.[116] Basicamente, diante do confronto, o intérprete deve seguir a máxima da justa medida, seja para proteger a maior esfera possível do âmbito de proteção do direito contra intervenções externas, seja para concretizá-lo.

Ou seja, na faceta da proibição de excesso, a proporcionalidade exige que a limitação a um dos direitos fundamentais em jogo seja adequada e suficiente para se alcançar o fim pretendido (*adequação dos meios*, restando estabelecida uma relação de conformação medida-fim). Além disso, ela (a limitação) deve ser estritamente necessária para tanto, isto é, deve inexistir um remédio menos gravoso (*necessidade*, sempre que o Poder Público tiver várias possibilidades concretas para atingir uma finalidade, todas com mesma eficácia, deve optar, obrigatoriamente, por aquela que menos agrida os direitos individuais). E, por último, necessário um juízo de ponderação que aponte para uma relação de equilíbrio entre o meio empregado e as vantagens do resultado obtido, considerando o peso e importância dos direitos fundamentais ou bens jurídicos envolvidos, para que o ônus imposto ao sacrificado não sobreleve o benefício que se pretende obter com a solução (*proporcionalidade em sentido estrito*). Nas palavras de Pulido[117] cuida-se a proporcionalidade em sentido estrito de uma comparação entre a importância da intervenção no direito fundamental e a importância da realização do fim perseguido,

---

being pursued'", cf. GEARTY, Conor. *Principles of Human Rights Adjudication*. Oxford: Oxford University Press, 2004, p. 101-102.

[115] LEIVAS, Paulo Gilberto Cogo. *Teoria dos direitos fundamentais sociais*. Porto Alegre: Livraria do Advogado, 2006, p. 76.

[116] Na IF nº 3601, o STF analisou, de forma sistemática, a aplicação do princípio da proporcionalidade (com os três subprincípios – "máximas da proporcionalidade"), vinculando-o ao controle da atividade restritiva do poder público aos direitos fundamentais e como método geral para a resolução de conflitos entre princípios constitucionais, com ênfase à chamada relação de precedência condicionada entre princípios constitucionais concorrentes (Tribunal Pleno, Relator para o acórdão Ministro Gilmar Mendes, julgado em 08/05/2003, DJ de 22/08/2003).

[117] PULIDO, Carlos Bernal. *El principio de proporcionalidad y los derechos fundamentales*. Madrid: Centro de Estudios Políticos y Constitucionales, 2003, p. 578. Para Pulido, a ponderação se identifica com o princípio da proporcionalidade em sentido estrito, portanto uma parte do princípio da proporcionalidade, "que exige que las intervenciones en el derecho fundamental reporten tales ventajas al derecho o al bien constitucional que favorecen, que sean capaces de justificar las desventajas que la intervención origina al titular des derecho afectado". Daí resulta que, onde se aplica o princípio da proporcionalidade em sentido amplo, aplica-se a ponderação e vice-versa (p. 564).

com o objetivo de fundamentar uma relação de precedência entre aquele direito e este fim.[118]

Como proibição de proteção deficiente, os passos são bem similares. Há um dever estatal de realizar o direito fundamental, ou o objeto da posição jurídica correspondente, na maior medida possível,[119] portanto a prestação disponibilizada pelo Estado deve ser apta para atingir o objetivo exigido pela norma que o obriga a agir (*adequação*). Havendo mais de uma prestação adequada, deve-se optar pela prestação que menos prejudique os princípios e bens colidentes (*necessidade*). Finalmente, o juízo de ponderação, porém a relação de equilíbrio, aqui, deve buscar a maximização da proporção entre a assistência e a intensidade do prejuízo aos princípios colidentes.[120] Não é demais repetir que, em causa, está uma omissão estatal, cuja inconstitucionalidade pode ser suprida de diversos modos, o que amplia o espaço de ação do legislador e do administrador. Quando maior o espaço de ação do legislador e do administrador, menor o do Judiciário.

De qualquer forma, em ambos os casos, não é possível encontrar um parâmetro absoluto de ponderação, até porque, diante do princípio da unidade da Constituição, segundo o qual todas as normas constitucionais têm a mesma hierarquia,[121] inexiste, *a priori*, uma relação de precedência de determinados direitos sobre outros. A ponderação ou balanceamento está, pois, sempre vinculada ao caso concreto.

Respondendo às críticas, especialmente de Habermas, de que a abordagem do balanceamento retira o poder normativo dos direitos fun-

---

[118] De acordo com Jónatas Machado, além da adequação, necessidade e proporcionalidade em sentido estrito, há outros dois testes que se mostram importantes enquanto questões prévias a resolver. Trata-se da legitimidade constitucional dos fins em vista e dos meios empregados para atingir esses fins. Com efeito, certificada a ilegitimidade do fim, é desnecessário avaliar a proporcionalidade dos meios. Do igual modo, se o meio empregado "é expressamente proibido pela Constituição, mesmo que se trate da prossecução de um fim legítimo, é inútil continuar a indagação acerca da proporcionalidade", cf. MACHADO, Jónatas E. M. *Liberdade de expressão*: dimensões constitucionais da esfera pública no sistema social. Coimbra: Coimbra, 2002, p. 728 e 732.

[119] PULIDO, Carlos Bernal. *El principio de proporcionalidad y los derechos fundamentales*. Madrid: Centro de Estudios Políticos y Constitucionales, 2003, p. 800.

[120] LEIVAS, Paulo Gilberto Cogo. *Teoria dos direitos fundamentais sociais*. Porto Alegre: Livraria do Advogado, 2006, p. 80.

[121] No RE 160486, o Supremo Tribunal Federal afirmou que "inexistem, entre as normas inscritas no ADCT e os preceitos constantes da Carta Política, quaisquer desníveis ou desigualdades quanto à intensidade de sua eficácia ou à prevalência de sua autoridade" (Primeira Turma, Relator Ministro Celso de Mello, DJ 09/06/1995). Na ADI 815 (Tribunal Pleno, Relator Ministro Moreira Alves, DJ 10/05/1996). Na ADI-AgR 4097 (Tribunal Pleno, Relator Ministro Cezar Peluso, DJe Public. 07/11/2008), a Corte reafirmou seu entendimento de que não existe norma constitucional originária inconstitucional, ressaltando que a tese de hierarquia abstrata entre as normas constitucionais originárias é incompatível com o sistema de constituição rígida.

damentais, acarreta risco de decisões irracionais e, ainda, é incapaz de justificar o resultado, Alexy apresenta uma estrutura pretensamente racional para a ponderação,[122] explicitada por uma *law of balancing*[123] e uma *disproportionality rule*. Eis a lei do balanceamento: "quanto maior o grau de não-satisfação ou de detrimento de um princípio, maior a importância de se satisfazer o outro".[124] A estrutura interna é dividida em três estágios:

> O primeiro estágio é o do estabelecimento do grau de não-satisfação ou de detrimento do primeiro princípio. Segue-se um segundo estágio, no qual a importância de satisfazer o princípio concorrente é estabelecida. Finalmente, o terceiro estágio responde à questão de saber se a importância de se satisfazer ou não o princípio concorrente justifica o detrimento ou a não-satisfação do primeiro.[125]

A regra da desproporcionalidade, por sua vez, estabelece uma relação entre juízos sobre graus de intensidade (razões para o julgamento sobre a proporcionalidade) e juízos sobre proporcionalidade. Nas palavras de Alexy:

> Uma interferência em um direito constitucional é desproporcional se não for justificada pelo fato de que a omissão dessa interferência daria lugar a uma interferência em um outro princípio (ou no mesmo princípio em relação a outras pessoas ou em outros aspectos), desde que essa última seja pelo menos tão intensa quanto a primeira.[126]

Nesse cenário, conclui-se que a ponderação apresenta-se como método eficiente e adequado tanto para a delimitação dos contornos dos direitos fundamentais no caso concreto como para a proteção desses direitos, que não subsistem isoladamente e, sim, em um ambiente de convivência harmônica e democrática com outros bens igualmente protegidos pela Constituição.

---

[122] Para um exame mais detalhado, propondo, ainda, algumas releituras da *fórmula de ponderação* de Alexy, ver BUSTAMANTE, Thomas. Princípios, regras e a fórmula de ponderação de Alexy: um modelo funcional para a argumentação jurídica? *Revista de Direito Constitucional e Internacional*, São Paulo, ano 14, n. 54, p. 76-107, jan./mar. 2006.

[123] Camazano também destaca a lei de ponderação na esfera das restrições aos direitos fundamentais, cf. CAMAZANO, Joaquín Brage. *Los límites a los derechos fundamentales*. Madrid: Dykinson, 2004, p. 231. Ou *lei de colisão*, conforme tradução de Virgílio Afonso da Silva. ALEXY, Robert. *Teoria dos direitos fundamentais*. Tradução de Virgílio Afonso da Silva. São Paulo: Malheiros, 2008.

[124] ALEXY, Robert. Direitos fundamentais, balanceamento e racionalidade. *Ratio Juris*, v. 16, n. 2, p. 131-140, jun. 2003, p. 136. Ver também ALEXY, Robert. The Construction of Constitutional Rights. *Law & Ethics of Human Rights*, v. 4 (1), p. 20-32, 2010. Disponível em: <http://www.bepress.com/lehr/vol4/iss1/art2> Acesso em: 15 jun. 2011.

[125] ALEXY, Robert. Direitos fundamentais, balanceamento e racionalidade. *Ratio Juris*, v. 16, n. 2, p. 131-140, jun. 2003, p. 136.

[126] ALEXY, Robert. Direitos fundamentais, balanceamento e racionalidade. *Ratio Juris*, v. 16, n. 2, p. 131-140, jun. 2003, p. 139.

1.2. Direitos fundamentais sociais na Constituição de 1988

1.2.1. A textura aberta dos direitos fundamentais e o entrincheiramento dos direitos sociais

A Carta de 1988, além de elevar os direitos e garantias fundamentais à condição de normas jurídicas de caráter preceptivo ao determinar a sua aplicabilidade imediata (art. 5º, § 1º), conferiu-lhes especial proteção ao incluí-los entre as cláusulas pétreas (art. 60, § 4º, inciso IV), bem como acatou a ideia de que existem direitos que, dado o seu conteúdo e significado, devem ser considerados fundamentais, apesar de não estarem previstos expressamente no catálogo (art. 5º, § 2º).

Vê-se daí que o rol do Título II, apesar de bastante extenso, não tem cunho taxativo.[127] Ao revés, o constituinte adotou um conceito materialmente aberto de direitos fundamentais (*textura aberta dos direitos fundamentais*[128]), abrangendo, além daqueles expressamente previstos, os direitos fundamentais constantes fora do catálogo e em tratados internacionais e os não escritos, consagrando a teoria dos direitos implícitos e decorrentes, assim considerados os direitos subentendidos nas normas definidoras de direitos e garantias fundamentais e os decorrentes do regime e dos princípios da Constituição.[129] É essa abertura que propicia, a partir da dignidade da pessoa humana, o reconhecimento do direito fundamental a

---

[127] Na ADI 939, o Supremo Tribunal Federal entendeu que o princípio da anterioridade, ligado ao poder de tributar, embora não constando no catálogo do Título II da Constituição, consubstancia um direito fundamental, sendo, por isso, cláusula pétrea. No precedente, a Corte não chegou a definir um conceito material de direito fundamental, mas se referiu à tradição de se considerar o princípio da anterioridade tributária como direito fundamental e à circunstância de se vincular tal princípio ao princípio da segurança jurídica, este de induvidosa fundamentalidade.

[128] Conforme Jairo Schäfer, semelhante textura aberta dos direitos fundamentais exige "adequada definição de seus pressupostos de incidência, sob pena de se produzir um alargamento em desfavor dos direitos fundamentais", cf. SCHÄFER, Jairo Gilberto. *Classificação dos Direitos Fundamentais – do sistema geracional ao sistema unitário*: uma proposta de compreensão. Porto Alegre: Livraria do Advogado, 2005, p. 37. Rogério Gesta Leal introduz importante contribuição à compreensão das potencialidades lesivas de uma jurisdição constitucional excessivamente interventiva, cf. LEAL, Rogério Gesta. *O Estado-Juiz na democracia contemporânea*: uma perspectiva procedimentalista. Porto Alegre: Livraria do Advogado, 2007.

[129] Ingo Sarlet classifica os direitos fundamentais da seguinte forma: (a) direitos expressamente positivados (ou escritos), que se subdividem entre os previstos no catálogo ou em outras partes do texto constitucional (direitos com *status* constitucional material e formal) e os sediados em tratados internacionais; e (b) direitos fundamentais não escritos, grupo que é formado por duas categorias distintas, quais sejam, a dos direitos fundamentais implícitos e a dos direitos fundamentais decorrentes, cf. SARLET, Ingo Wolfgang. *A eficácia dos direitos fundamentais*: uma teoria geral dos direitos fundamentais na perspectiva constitucional. 10 ed. rev. atual. e ampl. Porto Alegre: Livraria do Advogado, 2009, p. 87.

um mínimo existencial na ordem jurídico-constitucional brasileira, ponto que será retomado na sequência.

No que toca aos direitos sociais, a afirmação de que o Brasil é um Estado Democrático e *Social* de Direito, hoje, é lugar comum, dispensando maiores comentários. Essa conclusão não decorre apenas do preâmbulo da Constituição, no qual se proclamou a instituição um Estado democrático "destinado a assegurar o exercício dos direitos sociais e individuais, a liberdade, a segurança, o bem-estar, o desenvolvimento, a igualdade e a justiça como valores supremos de uma sociedade fraterna, pluralista e sem preconceitos, fundada na harmonia social".[130] O constituinte brasileiro foi além e optou, expressamente, pelo *entrincheiramento constitucional*[131] de um extenso rol de direitos sociais, na sua dupla dimensão – defensiva e prestacional –, reconhecendo sua jusfundamentalidade com *status* idêntico ao dos direitos de primeira geração[132] e mesmo regime jurídico,[133] com todas as consequências daí advindas, designadamente a qualidade

---

[130] Concorda-se com a seguinte afirmação de Michelman: as constituições são moralmente defeituosas quando lhes faltam garantias de direitos sociais, cf. MICHELMAN, Frank. A Constituição, os direitos sociais e a justificação da política liberal. In: SARLET, Ingo (Coord.). *Jurisdição e direitos fundamentais*: anuário 2004/2005, Porto Alegre: AJURIS/ Livraria do Advogado, 2006, p. 142. Discorda-se, contudo, da assertiva de que a constitucionalização dos direitos sociais leva o Poder Judiciário "to a hapless choice between usurpation and abdication, from which there is no escape without embarrassment or discreditation", mesmo no contexto da tradição constitucional norte-americana, cf. MICHELMAN, Frank. Socioeconomic Rights in Constitutional Law: Explaining America Away. *International Journal of Constitutional Law*, v. 6 (2-4), p. 663-686, July/Oct. 2008. Public Version doi:10.1093/icon/mon013, p. 21.

[131] A expressão *entrincheirar* (*entrench*) é utilizada para se referir à positivação dos direitos humanos em normas superiores a leis e políticas ordinárias e, sobretudo, excessivamente difíceis de serem emendadas. Em outras palavras, cuida-se de garantir que aqueles cujos poderes são limitados pela constituição não alterem (reduzam ou eliminem) esses limites ao seu bel prazer. Isso não significa, necessariamente, conferir ao Poder Judiciário a competência para aplicar esses direitos. Ver PERRY, Michael. Protegendo direitos humanos constitucionalmente entrincheirados: que papel deve a Suprema Corte desempenhar?: (com especial referência à pena de morte, aborto e uniões entre pessoas do mesmo sexo). Tradução de André Ramos Tavares e Carla Osmo. In: TAVARES, André Ramos (Coord.) *Justiça Constitucional:* pressupostos teóricos e análises concretas. Belo Horizonte: Editora Fórum, p. 83-151, 2007.

[132] Portanto, ao menos no sistema constitucional brasileiro, não é correta a afirmação de Böckenförde no sentido de que "los derechos fundamentales sociales no pueden tener el carácter de derechos fundamentales en sentido estricto debido a que tal carácter forma parte la aplicabilidad inmediata y la posibilidad de ser exigible por ciudadanos", cf. BÖCKENFÖRDE, Ernst-Wolfgang. *Escritos sobre derechos fundamentales*. Traducción de Juan Luis Requejo Pagés e Ignacio Villaverde Menéndez. Baden-Baden: Nomos Verl.-Ges, 1993, p. 80.

[133] Diversamente do que ocorre em Portugal, cuja Constituição reservou uma força jurídica privilegiada aos direitos, liberdades e garantias ao incluí-los nas cláusulas pétreas e ao considerá-los diretamente aplicáveis. A respeito dos direitos fundamentais na ordem constitucional portuguesa, MIRANDA, Jorge. Os direitos fundamentais na ordem constitucional portuguesa. *Revista Española de Derecho Constitucional*, Madrid, n. 18, p. 107-138, set./dez. 1986; e MIRANDA, Jorge. Regime específico dos direitos econômicos, sociais e culturais. In: *Estudos jurídicos e econômicos em homenagem ao professor João Lumbrales*. Edição da Faculdade de Direito da Universidade de Lisboa. Coimbra: Coimbra, 2000.

de direito subjetivo, a eficácia imediata e a condição de cláusula pétrea, não obstante a localização geográfica do art. 5º, § 1º (antes do capítulo dos direitos sociais), e a dicção literal do art. 60, § 4º, inciso IV ("direitos e garantias individuais"),[134] podendo-se afirmar que o Constituinte disse menos do que quis dizer.

Nessa linha, Ingo Sarlet justifica a inclusão dos direitos sociais no elenco das cláusulas pétreas a partir do princípio do Estado Social; do fato de os direitos fundamentais (inclusive os direitos sociais) integrarem o cerne da Constituição; da titularidade individual de todos os direitos fundamentais, ainda que alguns sejam de expressão coletiva; e da circunstância de que não é possível extrair, da Constituição brasileira, um regime diferenciado entre direitos de liberdade e direitos sociais. Dita inclusão pode se dar tanto por força do art. 60, § 4º, IV, como na condição de limite implícito.

Outra não é a lição de Paulo Bonavides ao sustentar que os direitos sociais estão inseridos naquele círculo de proteção suprema do § 4º do art. 60. O eminente constitucionalista é enfático ao reputar anacrônica, obsoleta, regressiva e incompatível com o espírito da Constituição e a sistemática de sua unidade qualquer interpretação em sentido contrário, concluindo que não há distinção de grau e nem de valor entre os direitos prestacionais e os direitos negativos, ambos elementos da dignidade da pessoa humana.[135]

E o artigo 6º estabelece que são direitos sociais a educação, a saúde, a alimentação, o trabalho, a moradia, o lazer, a segurança, a previdência social, a proteção à maternidade e à infância e a assistência aos desamparados. Em complemento, o título destinado à ordem social contém normas que fornecem subsídios que auxiliam na explicitação do conteúdo dos direitos anunciados no artigo 6º.[136]

---

[134] SARLET, Ingo Wolfgang. Os direitos fundamentais sociais como "cláusulas pétreas". *Revista da Ajuris*, Porto Alegre, ano XXX, n. 89, p. 101-121, mar. de 2003. A respeito do alcance da proteção outorgada aos direitos sociais pelas cláusulas pétreas, o jurista gaúcho lembra que essa proteção não significa intangibilidade absoluta, de modo que os direitos sociais podem ser restringidos (inclusive pelo poder reformador) desde que preservado o respectivo núcleo essencial, cujos contornos são determinados pelo conteúdo em dignidade da pessoa e pela a categoria do mínimo existencial, cf. SARLET, Ingo Wolfgang. Direitos sociais: o problema de sua proteção contra o poder de reforma na Constituição de 1988. *Revista de direito constitucional e internacional*, São Paulo, ano 12, n. 46, p. 42-73, jan./mar. 2004.

[135] BONAVIDES, Paulo. *Curso de direito constitucional*. 15. ed. Malheiros: São Paulo, 2004, p. 636 e ss.

[136] O fato de anunciar genericamente os direitos sociais básicos no art. 6º e deixar para dispositivos situados fora do Título II parte da explicitação de seu conteúdo é uma das críticas dirigidas por Ingo Sarlet à sistemática da Constituição, ao argumento de que isso dificulta a identificação de quais destes dispositivos efetivamente abrigam direitos fundamentais sociais, cf. SARLET, Ingo Wolfgang. *A eficácia dos direitos fundamentais*: uma teoria geral dos direitos fundamentais na perspectiva constitucional. 10 ed. rev. atual. e ampl. Porto Alegre: Livraria do Advogado, 2009, p. 68.

Desse modo, no contexto do sistema jurídico brasileiro, o grande desafio é menos reconhecer a existência de direitos fundamentais sociais em geral e mais desvendar o(s) âmbito(s) dotado(s) de capacidade eficacial plena,[137] questão que, inexoravelmente, deságua na tormentosa problemática da justiciabilidade e que não se resolve pelo comando constitucional de aplicabilidade imediata.

1.2.2. Complicadores para a subjetivação dos direitos a prestações

Que não existem normas constitucionais destituídas de qualquer eficácia jurídica, ninguém mais questiona.[138] Que as normas de direitos fundamentais, sejam quais forem, têm aplicabilidade imediata por força do art. 5º, § 1º, da Constituição de 1988, é virtualmente incontroverso.[139] Que o conceito de direito remete à subjetivação e, assim, qualquer norma de direito fundamental deve compreender ao menos algum poder de reivindicação judicial, também parece ponto pacífico. Por outro lado, é igualmente certo que, quando em jogo a justiciabilidade dos direitos a prestações, e afora aqueles raros casos em que norma assume a feição de regra, os acordos vão esvaecendo. Isso se deve, em última análise, às peculiaridades que caracterizam esses direitos.

Partindo da teoria principiológica aqui adotada, tem-se que a estrutura normativa dos direitos prestacionais, na quase totalidade dos casos, é de princípio. Trata-se, pois, de direitos *prima facie* cujos contornos definitivos somente poderão ser desenhados no caso concreto. Nisso, aliás, eles em nada se diferenciam dos demais direitos fundamentais. No entan-

---

[137] Plenamente aplicável no contexto brasileiro a observação de Jorge Reis Novais: "quando uma Constituição consagra e reconhece inequivocamente os direitos sociais como direitos fundamentais, elencando-os, de resto, de forma muito pormenorizada e desenvolvida, toda a discussão sobre a sua controversa natureza jusfundamental perde grande parte do sentido". Os esforços dogmáticos, então, devem ser consumidos com a investigação sobre o alcance desse reconhecimento, cf. NOVAIS, Jorge Reis. *Direitos fundamentais:* trunfos contra a maioria. Coimbra: Coimbra, 2006, p. 84.

[138] O que não contende com o reconhecimento de que as normas constitucionais diferem entre si quanto ao seu teor de aplicabilidade imediata ou quanto à consistência dos direitos que outorgam, cf. MELLO, Celso Antônio Bandeira de. Eficácia das normas constitucionais sobre justiça social. *Revista de Direito Social*, v. 2, n. 7, p. 137-162, jul./set. 2002, p. 142.

[139] Não se ignora que alguns autores sustentam que apenas os direitos elencados no art. 5º têm aplicabilidade imediata, no entanto se trata de posição amplamente minoritária. O Supremo Tribunal Federal atribui aplicação imediata às normas definidoras de direitos e garantias fundamentais do art. 5º e do Título II, indistintamente, ainda que sem explicitar de modo sistematizado a interpretação que atribui ao art. 5º, § 1º. Para uma síntese das interpretações doutrinárias e da jurisprudência do Supremo Tribunal Federal acerca da norma de aplicabilidade imediata, ver STEINMETZ, Wilson. O dever de aplicação imediata de direitos e garantias fundamentais na jurisprudência do Supremo Tribunal Federal e nas interpretações da literatura especialidade. In: SARMENTO, Daniel; SARLET, Ingo Wolfgang (Coord.). *Direitos fundamentais no Supremo Tribunal Federal*: balanço e crítica. Rio de Janeiro: Lumen Juris, 2011, p. 113-130.

to, justamente porque se caracterizam por obrigar o Estado a uma prestação material, alega-se que a configuração daqueles, isto é, a definição do conteúdo das prestações devidas, ou, mais precisamente, do direito subjetivo definitivo (que é o que interessa aqui), requer um juízo de ponderação não apenas diverso, mas mais complexo.

Ocorre que a forma com que cada direito fundamental é positivado tem influência direta sobre a questão da eficácia jurídica da norma que o consagra. Quando maior a densidade normativa, maior será a força jurídica do direito.

Faz-se oportuno abrir um parêntese para explicitar o sentido que se atribui à *eficácia*. Sublinha-se, contudo, que foge ao escopo deste trabalho examinar o rigor teórico das diferenças conceituais (ou suas falhas e críticas), cabendo, apenas, apontá-las a fim de estabelecer um acordo semântico.

De acordo com a clássica divisão de planos dos atos jurídicos em geral (existência, validade e eficácia), a *eficácia* é o predicado que denota a capacidade da norma de produzir, em maior ou menor grau, efeitos jurídicos.[140] A eficácia está intimamente relacionada à aplicabilidade, mas, embora conexos, não são fenômenos rigorosamente idênticos. Segundo Virgílio Afonso da Silva,[141] a *aplicabilidade* envolve uma dimensão fática, ou seja, é a correlação entre a norma e a situação fática específica. Assim, é possível que a norma seja eficaz, mas não seja aplicável no caso em pauta. De outro lado, é evidente que a norma despida de eficácia jurídica não tem aplicabilidade. Essa distinção não é de todo incompatível com o entendimento de Ingo Sarlet[142] no sentido de que a expressão *eficácia jurídica* abrange a noção de aplicabilidade, pois uma norma eficaz é, sempre,

---

[140] Conforme lições de José Afonso da Silva, eficácia e vigência estão em planos diferenciados. A *vigência* "é a qualidade da norma que a faz existir juridicamente e a torna de observância obrigatória", significando aquela norma que fora "regularmente promulgada e publicada, com a condição de entrar em vigor em data determinada". Ainda que não se concorde integralmente com a classificação tríplice das normas constitucionais proposta por José Afonso da Silva (normas de eficácia plena, de eficácia contida e de eficácia limitada), a sua clássica obra *Aplicabilidade das normas constitucionais* (a primeira edição é de 1968) é referência necessária, especialmente para que se compreenda a possibilidade de as normas apresentarem diferentes cargas eficaciais, cf. SILVA, José Afonso da. *Aplicabilidade das normas constitucionais*. 7. ed. São Paulo: Malheiros, 2009. Criticando a aplicação dessa teoria às normas de direitos fundamentais, ver, por todos, SILVA, Virgílio Afonso da. *Direitos fundamentais*: conteúdo essencial, restrições e eficácia. São Paulo: Malheiros, 2009, p. 208-251. Vale mencionar que José Afonso da Silva, na edição citada, responde às críticas que lhe foram dirigidas.

[141] SILVA, Virgílio Afonso da. *Direitos fundamentais*: conteúdo essencial, restrições e eficácia. São Paulo: Malheiros, 2009, p. 210-211.

[142] Em que pese Virgílio Afonso da Silva afirme que a dimensão fática presente na aplicabilidade não está presente no conceito de eficácia, cf. SILVA, José Afonso da. *Aplicabilidade das normas constitucionais*. 7. ed. São Paulo: Malheiros, 2009, p. 211.

potencialmente aplicável, ainda isso venha a não ocorrer.[143] Por último, costuma-se diferenciar a eficácia jurídica da eficácia social. Enquanto a *eficácia jurídica* diz respeito à *possibilidade* de produzir efeitos jurídicos e, do mesmo modo, à *possibilidade* de ser aplicada no mundo dos fatos, a *eficácia social* representa o alcance dos objetivos da norma, identificando-se com o fenômeno da *efetividade*.[144] Nas palavras de Barroso, a efetividade simboliza "a aproximação, tão íntima quanto possível, entre o *dever ser* normativo e o *ser* da realidade social".[145] Logo, não obstante tenha eficácia jurídica, a norma pode não ser eficaz no plano social.

Trazendo a noção de eficácia para o campo dos princípios constitucionais, Barroso trata de quatro modalidades de eficácia, a saber: eficácia *positiva* ou *simétrica*; eficácia *interpretativa*; eficácia *negativa*; e eficácia *vedativa do retrocesso*. A primeira diz com o reconhecimento de direito subjetivo aos efeitos pretendidos pelo princípio constitucional em favor do beneficiado pela norma, de modo que seja possível alcançar a tutela específica. A segunda consiste em orientar a interpretação das regras em geral. A terceira autoriza a declaração de invalidade de todas as normas ou atos que sejam incompatíveis com os efeitos pretendidos pelo princípio constitucional em questão. E a última, na verdade uma derivação da terceira, propõe-se a permitir a exigência judicial da "invalidade da revogação de normas que, regulamentando o princípio, concedam ou ampliem direitos fundamentais" caso não haja uma política substitutiva equivalente à revogada.[146]

Fechando o parêntese, utiliza-se, neste estudo, o termo *eficácia* para se referir à *eficácia jurídica*, assim entendida tanto a possibilidade de a norma gerar, em maior ou menor grau, efeitos jurídicos como a possibilidade de ser aplicada concretamente. A expressão *efetividade*, quando empregada, está associada à noção comum de *eficácia social*, com a peculiaridade de que, nesse conceito, considera-se incluída a decisão pela aplicação da norma, e não apenas o resultado concreto da respectiva aplicação.[147] E,

---

[143] SARLET, Ingo Wolfgang. *A eficácia dos direitos fundamentais*: uma teoria geral dos direitos fundamentais na perspectiva constitucional. 10 ed. rev. atual. e ampl. Porto Alegre: Livraria do Advogado, 2009, p. 238.

[144] SILVA, José Afonso da. *Aplicabilidade das normas constitucionais*. 7. ed. São Paulo: Malheiros, 2009.

[145] BARROSO, Luís Roberto. O começo da história: a nova interpretação constitucional e o papel dos princípios no direito brasileiro. In: BARROSO, Luís Roberto. *Temas de direito constitucional*. v. III, 2. ed. Renovar: Rio de Janeiro, 2008, p. 40, grifos do original.

[146] BARROSO, Luís Roberto. O começo da história: a nova interpretação constitucional e o papel dos princípios no direito brasileiro. In: BARROSO, Luís Roberto. *Temas de direito constitucional*. v. III, 2. ed. Renovar: Rio de Janeiro, 2008, p. 44-45. A referência se justifica para um possível acordo semântico, não significando adesão incondicional à proposta do constitucionalista fluminense.

[147] Na esteira de SARLET, Ingo Wolfgang. *A eficácia dos direitos fundamentais*: uma teoria geral dos direitos fundamentais na perspectiva constitucional. 10 ed. rev. atual. e ampl. Porto Alegre: Livraria do Advogado, 2009, p. 238.

diante da diversidade de graus (ou modalidades) de eficácia, considera-se que a *plenitude eficacial* (a força jurídica máxima do direito) corresponde à possibilidade de se reconhecer um direito subjetivo em favor do pretenso titular do direito, passível de ser exigido judicialmente independentemente de intermediação legislativa ou administrativa. Trata-se da modalidade da eficácia *positiva* ou *simétrica* a que se reporta Barroso.

Feitas essas digressões, insta repetir: a técnica de positivação de cada direito fundamental é decisiva para a eficácia jurídica; o grau de eficácia do direito será tanto maior quanto mais alta for densidade do enunciado normativo que o consagra.[148]

No caso dos direitos sociais prestacionais, os enunciados costumam ter baixa densidade normativa, sujeitam-se à realização gradual e diferida no tempo[149] e reclamam, muitas vezes, a mediação conformadora do legislador para que atinjam a plenitude eficacial.[150] Além disso, o texto das normas é habitualmente vago e aberto, e o seu conteúdo semântico é indeterminado, debilidades que são agravadas pelo incipiente desenvolvimento dogmático. Outrossim, do ponto de vista substancial, o seu comando pode ser cumprido por vários meios e em intensidades e ritmos diversos.

Mas não é só. Como adverte Jorge Miranda, os direitos sociais são particularmente dependentes de condições econômico-financeiras, administrativas, institucionais e socioculturais, de sorte que a sua concretização não é o produto de uma simples operação hermenêutica, demandando, ao revés, um confronto complexo das normas com a realidade circundante, do qual pode resultar a conveniência de estabelecer diferentes tempos, graus e modos de efetivação.[151] Daí ser pertinente falar em limitações im-

---

[148] Assim, é evidente que a aplicabilidade da norma que determina ser dever do Estado garantir educação básica obrigatória e gratuita dos 4 aos 17 anos de idade (art. 208, inciso I) suscita menos controvérsias do que a que estabelece, de modo genérico, ser dever do Estado assegurar à criança, ao adolescente e ao jovem, com absoluta prioridade, o direito ao lazer (art. 227, *caput*).

[149] O enunciado do art. 208, inciso II, serve de exemplo: "Art. 208. O dever do Estado com a educação será efetivado mediante a garantia de: (...) II – progressiva universalização do ensino médio gratuito;".

[150] Ingo Sarlet refere-se a *normas constitucionais de cunho programático*, ressaltando, todavia, que tais normas são autênticas normas jurídicas e, por conseguinte, são aptas a desencadear algum efeito jurídico independentemente de qualquer ato concretizador, cf. SARLET, Ingo Wolfgang. *A eficácia dos direitos fundamentais*: uma teoria geral dos direitos fundamentais na perspectiva constitucional. 10 ed. rev. atual. e ampl. Porto Alegre: Livraria do Advogado, 2009, p. 291 e ss. Canotilho registra as seguintes possibilidades de conformação jurídica dos direitos sociais: normas programáticas, de organização, de garantias institucionais e condição de direitos subjetivos, cf. CANOTILHO, Joaquim José Gomes. Tomemos a sério os direitos econômicos, sociais e culturais. In: CANOTILHO, Joaquim José Gomes. *Estudos sobre direitos fundamentais*. 2. ed. Coimbra: Coimbra Editora, 2008, p. 35-68.

[151] MIRANDA, Jorge. *Manual de direito constitucional*. Tomo IV, 4. ed. rev. e actual. Coimbra: Coimbra Editora, 2008, p. 433-434.

postas por *reservas* exógenas,[152] ou, como sintetiza Ingo Sarlet, pela *reserva do possível* em, pelo menos, uma *tríplice dimensão*, que compreende a efetiva disponibilidade de recursos, a disponibilidade jurídica de recursos materiais e humanos e a proporcionalidade e razoabilidade no que toca à exigibilidade da prestação.[153] Jorge Reis Novais acrescenta a *reserva do politicamente adequado*, que diz respeito àquela zona de discricionariedade em que cabe ao poder público decidir, por critérios de conveniência e adequação, a forma de realizar o direito fundamental, optando por uma entre as várias alternativas, prioridades e ritmos diferenciados e graduais de realização possível,[154] de acordo com o quadro de possibilidades do Estado e da sociedade. E Paulo Caliendo fala em *reserva de consistência*, relativa à complexidade da efetivação de cada direito em particular.[155]

A conjugação desses fatores resulta em uma maior liberdade de avaliação, valoração e conformação por parte do legislador ordinário e dos órgãos executivos. Como consequência, o princípio da separação de poderes (para os que adotam a proposta de Alexy[156]) e o princípio que confere primazia à competência decisória do legislador democraticamente eleito ganham maior peso no processo de ponderação que levará ao direito definitivo. No mesmo lado da balança – oposto, portanto, ao ocupado pelo direito *prima facie* –, pesam, ainda, as condicionantes materiais da reserva do possível, pois o atendimento da pretensão social não depende apenas da boa vontade do legislador (ou do administrador).[157]

Sem embargo, as diretrizes teóricas seguidas até aqui conduzem a uma única conclusão: a complexidade do processo de *revelação* do direito social *definitivo* e a ausência de conformação legislativa ou regulamentar não formam uma barreira intransponível ao reconhecimento de um direito subjetivo à prestação material. A interrogação está em saber *como*

---

[152] Seguindo a lógica da teoria externa das restrições, a reserva do possível é um elemento externo ao direito.

[153] SARLET, Ingo Wolfgang. *A eficácia dos direitos fundamentais*: uma teoria geral dos direitos fundamentais na perspectiva constitucional. 10 ed. rev. atual. e ampl. Porto Alegre: Livraria do Advogado, 2009, p. 287.

[154] NOVAIS, Jorge Reis. *Direitos Sociais:* teoria jurídica dos direitos sociais enquanto direitos fundamentais. Coimbra: Coimbra Editora, 2010, p. 193.

[155] CALIENDO, Paulo. Reserva do possível, direitos fundamentais e tributação. In: SARLET, Ingo Wolfgang; TIMM, Luciano (Org.). *Direitos fundamentais, Orçamento e Reserva do Possível*. Porto Alegre: Livraria do Advogado, 2008, p. 179.

[156] A proposta de Alexy será explicitada na sequência.

[157] Para Jorge Reis Novais, uma das debilidades do modelo proposto por Alexy decorre desse sopesamento entre princípios e valores de natureza radicalmente distinta, principalmente porque implica a ponderação do próprio princípio da separação de poderes. Isso, a seu ver, levaria à dissolução da rigidez e supremacia da Constituição, cf. NOVAIS, Jorge Reis. *Direitos Sociais:* teoria jurídica dos direitos sociais enquanto direitos fundamentais. Coimbra: Coimbra Editora, 2010, p. 227-229. Essa crítica será retomada no último seguimento do trabalho.

ultrapassá-la, até *onde* se pode ir e *se* isso é compatível com a democracia constitucional.

1.2.3. Critério material de justiciabilidade dos direitos prestacionais

A doutrina constitucional que advoga a condição de direito subjetivo dos direitos sociais fornece vários modelos para o equacionamento do problema. Um dos mais importantes é o proposto por Robert Alexy, referência necessária como ponto de largada para os que seguem a teoria dos princípios, razão por que se começa por ele.

De acordo com o modelo de Alexy, a identificação do *direito subjetivo definitivo vinculante* à prestação é obtida através de uma ponderação de princípios em que, de um lado, situa-se a liberdade real e, de outro, além dos princípios materiais relativos à liberdade de terceiros, a outros direitos sociais e a bens coletivos, estão o princípio da separação de Poderes e o princípio democrático. O direito é qualificado de subjetivo quando a prestação é essencial para a liberdade fática e, ao mesmo tempo, os princípios colidentes (princípios da separação de Poderes e da democracia, bem como princípios materiais, notadamente os direitos fundamentais de terceiros) são atingidos em uma medida relativamente pequena. Isso sempre ocorrerá, presume Alexy, no caso dos *direitos sociais mínimos*, de que são exemplo os direitos ao mínimo existencial, a uma moradia simples, à educação fundamental, média e profissionalizante e a um patamar mínimo de assistência médica.[158] A competência dos juízes termina, diz Alexy, nos limites do definitivamente devido. Todavia não fica muito claro se é possível exigir judicialmente o cumprimento de prestações que fiquem além daquele mínimo, especialmente quando Alexy conclui que, apesar de os princípios conterem exigências endereçadas ao legislador que vão além desses limites, o tribunal constitucional não pode obrigá-lo a satisfazê-las.

Ingo Sarlet,[159] seguindo o modelo *alexyano*, assevera que o art. 5º, § 1º, da Constituição pátria confere às normas de direitos fundamentais uma presunção de plenitude eficacial, mas, na esfera dos direitos prestacionais, o dispositivo não se aplica na lógica do *tudo ou nada*, devendo haver uma relativização da noção de direito subjetivo. Segundo o professor gaúcho, não há como desconsiderar a natureza excepcional dos direitos

---

[158] ALEXY, Robert. *Teoria dos direitos fundamentais*. Tradução de Virgílio Afonso da Silva. São Paulo: Malheiros, 2008, p. 499-519, especialmente p. 512.

[159] SARLET, Ingo Wolfgang. *A eficácia dos direitos fundamentais*: uma teoria geral dos direitos fundamentais na perspectiva constitucional. 10 ed. rev. atual. e ampl. Porto Alegre: Livraria do Advogado, 2009, p. 347-351.

fundamentais originários à prestação na condição de direitos subjetivos definitivos. Exemplo dessa excepcionalidade é o *mínimo existencial*. Isso não significa, enfatiza Sarlet, que não seja possível reconhecer direitos subjetivos a prestações que ultrapassem as fronteiras do mínimo existencial e nem que esse mínimo não esteja sujeito a alguma ponderação, pois também ele pode se deparar com uma situação de impossibilidade fática. As prestações que compõem o mínimo existencial, por sua vez, são delimitadas a partir da *dignidade da pessoa humana*.

Jorge Reis Novais afirma que os direitos enunciados em normas de baixa densidade normativa, a despeito de diretamente aplicáveis, dependem de "ponderações de caso concreto, orientadas tanto quanto possível por prévias decisões do legislador ordinário, sujeitas a um controlo judicial mais atenuado ou complexo".[160] No caso da dimensão principal dos direitos sociais, sua intrínseca sujeição à reserva do possível conduz à indeterminabilidade do respectivo conteúdo normativo. E isso se não destrói a qualidade jusfundamental da garantia em causa, acarreta as consequências da não aplicabilidade direta das correspondentes normas e da redução significativa da margem de controle judicial, que, contudo, abrange o exame de razões jurídicas que podem suprimir, inibir ou atenuar o impacto da reserva oposta à realização do direito. O controle judicial da omissão será pautado pelo *princípio da proibição de deficit*, que se subdivide em duas máximas: o *princípio da realização do mínimo* e o *princípio da razoabilidade*. O *nível mínimo de condições fáticas* que têm de ser garantidas a cada indivíduo corresponde ao *princípio da dignidade humana*, o que fica além será satisfeito à medida que o desenvolvimento econômico e social da sociedade o permita.[161]

Cristina Queiroz[162] sugere uma ponderação quanto aos pressupostos de um Estado de Direito democrático e social para argumentar que os direitos sociais devem ser concebidos e valorados como direitos prestacionais de natureza subjetiva naquilo que decorre diretamente do *princípio da dignidade humana*, caso em que assumem a forma de direito de defesa, ainda que se traduzam num direito a prestações positivas. Além disso, pelo menos os mais básicos, como saúde, trabalho, segurança social e educação, devem ter o *status* constitucional de bens juridicamente protegidos não apenas no que concerne à garantia de um *mínimo de existência digna*.

---

[160] NOVAIS, Jorge Reis. *Direitos Sociais:* teoria jurídica dos direitos sociais enquanto direitos fundamentais. Coimbra: Coimbra Editora, 2010, p. 271.

[161] NOVAIS, Jorge Reis. *Direitos Sociais:* teoria jurídica dos direitos sociais enquanto direitos fundamentais. Coimbra: Coimbra Editora, 2010, p. 307-311.

[162] QUEIROZ, Cristina M.M. *Direitos fundamentais sociais:* funções, âmbito, conteúdo, questões interpretativas e problemas de justiciabilidade. Coimbra: Coimbra, 2006, p. 155-156.

Para Canotilho,[163] da dignidade humana decorre o direito à obtenção de prestações que assegurem *condições de subsistência mínimas* com a mesma densidade jurídico-subjetiva dos direitos de defesa. Em estudo posterior, Canotilho adere a uma *reinvenção do Estado Social* para assegurar a sua *sustentabilidade normativa* mediante uma análise *neoinstitucionalista*, mantendo, ao que parece, o entendimento de que o *nível essencial de prestações sociais* pode ser concretizado pelos juízes, mas recuando no que se refere à dignidade da pessoa humana. Sua preocupação reside, essencialmente, no risco de uso e abuso da dignidade da pessoa humana.[164]

Rodolfo Arango[165] apresenta a *tese cognitiva de direitos*, com a qual defende o reconhecimento *objetivo* de direitos sociais pelos juízes[166] para corrigir situações extremas de discriminação, marginalização e desvantagem material, quando em risco a *dignidade da pessoa humana* (daí o nome que lhe atribuiu: *modelo de caso extremo*), o que considera ser mais apropriado a países com profundas desigualdades econômicas e sociais. Os princípios objetivos que autorizam o juiz a agir são a importância e a urgência, que devem ser aferidos no caso concreto, de modo que são consideradas as diferenças de capacidades e condições daquele que postula a proteção judicial. Vale observar que, para Arango, o direito subjetivo[167] é uma posição normativa baseada em argumentos válidos e suficientes[168] e cujo não reconhecimento injustificado[169] causa dano iminente ao detentor do

---

[163] CANOTILHO, Joaquim José Gomes. Tomemos a sério os direitos econômicos, sociais e culturais. In: CANOTILHO, Joaquim José Gomes. *Estudos sobre direitos fundamentais*. 2. ed. Coimbra: Coimbra Editora, 2008, p. 35-68.

[164] CANOTILHO, Joaquim José Gomes. O direito constitucional como ciência de direcção: o núcleo essencial de prestações sociais ou a localização incerta da socialidade (contributo para a reabilitação da força normativa da "Constituição social"). In: CANOTILHO, Joaquim José Gomes; CORREIA, Marcus Orione Gonçalves; CORREIA, Érica Barcha (Coord.). *Direitos fundamentais sociais*. São Paulo: Saraiva, 2010, p. 11-31.

[165] ARANGO, Rodolfo. Direitos fundamentais sociais, justiça constitucional e democracia. *Revista do Ministério Público do Rio Grande do Sul*, Porto Alegre, n. 56, p. 89-103, set./dez. 2005.

[166] Segundo o autor, a decisão constitucional se diferencia da política porque se baseia em fundamentos objetivos, ao passo que a decisão política é produto da vontade da maioria temporalmente situada, cf. ARANGO, Rodolfo. Direitos fundamentais sociais, justiça constitucional e democracia. *Revista do Ministério Público do Rio Grande do Sul*, Porto Alegre, n. 56, p. 89-103, set./dez. 2005, p. 94.

[167] A que chama de *conceito bem desenvolvido de direito subjetivo*, cf. ARANGO, Rodolfo. *El concepto de derechos sociales fundamentales*. Bogotá: Legis, 2005, p. 298-299.

[168] Os sentimentos, interesses ou necessidades são elevados a posições normativas quando há razões válidas para tanto. A validade das razões. Em virtude do caráter moral e da consagração no plano do direito internacional, os direitos humanos *de lege ferenda* exigem um reconhecimento como direitos constitucionais fundamentais. A suficiência dos argumentos é determinada pelo balanceamento entre as razões a favor e contra em cada caso concreto de acordo com o método do princípio da proporcionalidade, cf. ARANGO, Rodolfo. *El concepto de derechos sociales fundamentales*. Bogotá: Legis, 2005, p. 301-309.

[169] O não reconhecimento pelo Estado (que é apenas subsidiariamente obrigado, já que se parte dos princípios da autonomia da pessoa e da subsidiariedade) é injustificado quando se cumprem duas

direito.[170] Na esfera dos direitos sociais, é necessário garantir certo *grau mínimo de realização*, sem o qual o exercício de outros direitos fundamentais se torna faticamente impossível, o que, de todo modo, está abarcado na tese da urgência.[171]

Esse *minimalismo judicial* (ao qual adere) é, a seu ver, a única postura que se compatibiliza com a democracia. Primeiro, porque evita uma disputa contraproducente entre Estado e Poder Judiciário em que o resultado seria a desvalorização do discurso dos direitos humanos ou a mudança na orientação social do Estado. E, segundo, porque a autodeterminação política é expressão do pluralismo, portanto fórum adequado para o *maximalismo político* (com o qual concorda).

Paulo Gilberto Cogo Leivas[172] parte das teorias de Robert Alexy e Rodolfo Arango, às quais agrega a *teoria das necessidades*, para defender um *ponto de equilíbrio* entre as posições extremadas. Para o autor, os direitos que visam à satisfação das necessidades básicas do indivíduo, como é o caso dos direitos ao mínimo existencial e à alimentação, devido à sua importância, qualificam-se como direitos fundamentais sociais definitivos. Contudo, mesmo esses direitos poderão não se tornar direitos definitivos se houver extrema afetação de princípios colidentes.

Como se vê, entre propostas mais e menos ambiciosas quanto à amplitude do conteúdo material do direito, e entre métodos mais ou menos sofisticados, há sempre uma constante: a coercibilidade judicial das *prestações existenciais*, ou seja, das prestações necessárias para garantir uma vida com dignidade, o que remete ao *mínimo existencial*. As opiniões convergem no sentido de ser este o limiar mínimo de realização aquém do qual resta comprometida a *dignidade da pessoa humana*, configurando uma inconstitucionalidade por omissão a autorizar o controle judicial.

Essa constante, a do mínimo de existência condigna, também aparece na doutrina de Vieira de Andrade e José de Melo Alexandrino, não mais como parâmetro mínimo e, sim, como único parâmetro para o reco-

---

condições: o principal obrigado (o titular do direito e a sua família) não tem condições de cumprir suas obrigações, impedindo a realização do direito; e o Estado se nega a cumprir dita obrigação, em que pese a possibilidade fática e jurídica de fazê-lo, cf. ARANGO, Rodolfo. *El concepto de derechos sociales fundamentales*. Bogotá: Legis, 2005, p. 313-317.

[170] A iminência do dano individual, segundo Arango, é a *chave* para resolver o problema da indeterminação do conteúdo do direito sem que seja necessário recorrer a uma teoria abstrata de bens básicos (Rawls) ou a uma primazia ideal dos direitos de liberdade (Habermas), haja vista a objetividade do critério da urgência, cf. ARANGO, Rodolfo. *El concepto de derechos sociales fundamentales*. Bogotá: Legis, 2005, p. 312.

[171] ARANGO, Rodolfo. *El concepto de derechos sociales fundamentales*. Bogotá: Legis, 2005, p. 337.

[172] LEIVAS, Paulo Gilberto Cogo. *Teoria dos direitos fundamentais sociais*. Porto Alegre: Livraria do Advogado, 2006.

nhecimento de um direito subjetivo à prestação em matéria de direitos sociais.[173]

A superficial confluência de posicionamentos, entretanto, está longe de resolver o problema da judiciabilidade dos direitos sociais. Com efeito, questões cruciais permanecem em aberto: por que se deve outorgar a força jurídica plena ao direito às prestações ligadas ao mínimo existencial e não ao direito às prestações que realizem o direito social como um todo? Ou seja, por que, na seara do mínimo existencial, o princípio da separação dos Poderes, o princípio democrático e os limites materiais da reserva do possível perdem força? Ademais, o mínimo existencial também se situa em um contexto relacional e circunstancial, logo não está imune a juízos de razoabilidade e ponderação. Surge, então, um novo problema: como determinar o conteúdo do mínimo existencial?

A resposta a todas essas perguntas é simples: a dignidade da pessoa humana. A simplicidade da resposta, todavia, não espelha o tortuoso caminho que leva à solução. Afinal, o que é dignidade da pessoa humana?

Partindo-se do pressuposto de que a dignidade da pessoa humana e o mínimo existencial não são meras alegorias no jogo argumentativo, tampouco são conceitos vazios, despidos de significado, e considerando a crucial importância que assumem como critério material de justiciabilidade dos direitos sociais prestacionais, faz-se mister uma investigação mais aprofundada dessas figuras.

---

[173] ANDRADE, José Carlos Vieira de. *Os direitos fundamentais na Constituição portuguesa de 1976.* 4. ed. Coimbra: Almedina, 2009; ALEXANDRINO, José de Melo. Controlo jurisdicional das políticas públicas: regra ou excepção? Disponível em: <http://icjp.pt/system/files/Controlo%20Jurisdiciona l%20de%20Pol%C3%ADticas_Prof%20JMApdf.pdf> Acesso em: 30 mar. 2011.

2. A dignidade da pessoa humana

2.1. Conteúdo e significado da dignidade da pessoa humana

A ideia de que os seres humanos são dotados de uma inerente dignidade tem se tornado senso comum nos dias de hoje,[174] havendo um concerto teórico universal acerca da noção de dignidade em si.[175] A despeito disso, um acordo sobre o conteúdo da dignidade da pessoa humana está longe de ser alcançado. "After all, there would seem to be a kind of platitudinous kinship between 'human rights' and 'human dignity': it is impossible to be against either or to explain in any kind of satisfactorily specific sense what they mean".[176] Há quem afirme, não sem razão, que para a sua cabal caracterização se impõe a confluência de várias disciplinas, como a filosofia geral, em particular a ética, a antropologia, a política e o direito.[177]

No presente estudo, busca-se uma definição jurídica de dignidade. Porém não se pode olvidar que a dignidade da pessoa humana não é uma criação constitucional, tampouco são as Constituições que a definem, e sim um princípio de base filosófica.[178] Daí ser imprescindível trazer as principais contribuições da filosofia, e algumas da teologia, sem pretender fazer um exame detalhado a respeito, por fugir ao escopo da pesquisa.

---

[174] Para Michael Perry, nem todo mundo concorda que a dignidade seja inerente a todos os seres humanos, havendo quem acredite ou age como se acreditasse que nenhum ser humano tem dignidade ou que apenas alguns a tem, razão por que, a seu ver, faz-se necessário que essa ideia seja defendida, cf. PERRY, Michal. *Toward a Theory of Human Rights*: Religion, Law, Courts. Cambridge: Cambridge University Press, 2008, p. 8.

[175] MAURER, Béatrice. Notas sobre o respeito da dignidade da pessoa humana... ou pequena fuga incompleta em torno de um tema central. Tradução de Rita Dostal Zanini. In: SARLET, Ingo Wolfgang (Org.). *Dimensões da dignidade*: ensaios de filosofia do direito e direito constitucional. 2. ed. rev. e ampl.Porto Alegre: Livraria do Advogado, 2009, p. 119.

[176] GEARTY, Conor. *Principles of Human Rights Adjudication*. Oxford: Oxford University Press, 2004, p. 84-85

[177] MARÍN CASTÁN, María Luisa. La dignidad humana, los derechos humanos y los derechos constitucionales. *Revista de Bioética y Derecho*, n. 9, ene. 2007. Disponível em: <http://www.bioeticayderecho.ub.es> Acesso em: 02 fev. 2011.

[178] SILVA, José Afonso da. A dignidade da pessoa humana como valor supremo da democracia. *Revista de Direito Administrativo*, Rio de Janeiro, v. 212, p. 125-145, 1998.

Embora a dignidade da pessoa humana tenha recebido a atenção que merecia no cenário jurídico apenas depois das atrocidades vivenciadas no período nacional-socialista na Alemanha e que culminou na Segunda Guerra Mundial, com o holocausto provocado pelos nazistas e fascistas, o estudo dos atributos intrínsecos da pessoa humana remonta à antiguidade.[179] De fato, ao longo da história, teólogos e filósofos têm-se preocupado em desvendar os predicados que diferenciam a pessoa humana dos demais seres vivos, fazendo-a merecedora de consideração e respeito especiais.

E é justamente a partir da fundamentação religiosa e filosófica que a noção de dignidade da pessoa humana, não obstante a sua fluidez e indeterminação, vem ganhando contornos mais precisos no campo do Direito.

2.1.1. Notas sobre a dignidade da pessoa humana na filosofia ocidental

A noção contemporânea que se tem da dignidade da pessoa humana tem raízes religiosas, centrada nos postulados bíblicos[180] de que Deus é amor e de que o homem foi feito à imagem e semelhança de Deus como o centro da criação. Nesse sentido, os seres humanos são dotados de dignidade porque foram criados por um ato de amor para amar uns aos outros. E o conceito de *outros* é deveras inclusivo, abrangendo não apenas os amigos, mas todos os seres humanos, até mesmo os inimigos e aqueles cujas condutas são moralmente abomináveis, afinal, são todos filhos ama-

---

[179] Por outro lado, correta a observação de Marín Castán de que, apesar da presença da noção de dignidade em algumas manifestações do pensamento antigo e medieval, o sentido atual da dignidade começa a se desenhar no trânsito à modernidade e sua visão antropocêntrica do mundo e da vida, cf. MARÍN CASTÁN, María Luisa. La dignidad humana, los derechos humanos y los derechos constitucionales. *Revista de Bioética y Derecho*, n. 9, ene. 2007. Disponível em: <http://www.bioeticayderecho. ub.es> Acesso em: 02 fev. 2011. É deste contexto, do trânsito à modernidade, que surge o conceito de "hombre centrado en el mundo y centro del mundo", cf. PECES-BARBA MARTÍNEZ, Gregorio. *La dignidad de la persona desde la Filosofía del Derecho*. 2. ed. Madrid: Dykison, 2003, p. 21., obra que também trata a dignidade da pessoa humana no pensamento antigo e medieval.

[180] Não se está a afirmar, aqui, que outras religiões, além da cristã, não tenham defendido ideia semelhante. Porém, como bem ressalta Ingo Sarlet, a referência de que o homem foi feito à imagem e semelhança de Deus está presente tanto no Antigo como no Novo Testamento, sendo daí que o cristianismo extraiu a consequência de que todos os seres humanos são dotados de um valor intrínseco, cf. SARLET, Ingo Wolfgang. *Dignidade da pessoa humana e direitos fundamentais na Constituição Federal de 1988*. 8. ed. rev. atual. e ampl. Porto Alegre: Livraria do Advogado, 2010, p. 32. Além disso, considerando que a civilização ocidental é fortemente influenciada pelo cristianismo, lembra Christian Starck, é natural que se busque no cristianismo as origens da garantia da dignidade humana, cf. STARCK, Christian. Dignidade humana como garantia constitucional: o exemplo da Lei Fundamental alemã. Tradução de Rita Dostal Zanini. In: SARLET, Ingo Wolfgang (Org). *Dimensões da dignidade*: ensaios de filosofia do direito e direito constitucional. 2. ed. rev. e ampl. Porto Alegre: Livraria do Advogado, 2009, p. 202.

dos de Deus; logo, irmãos e iguais.[181] A ideia de uma dignidade pessoal atribuída a cada indivíduo foi concebida, pela primeira vez, com o cristianismo.[182]

A par dessa perspectiva teológica, tem-se a relação entre dignidade e o *status* social alcançado pelo indivíduo, defendida no pensamento da antiguidade clássica (*dignitas*) e que ensejava a coexistência de pessoas mais e menos dignas. A dignidade, portanto, era um predicado acidental[183] e, do mesmo modo que era conferida a alguém, poderia ser retirada.[184] Mas, no Estoicismo, a dignidade já é considerada uma qualidade inerente aos seres humanos e o traço que os distinguem das demais criaturas. Assim, todos são dotados de idêntica dignidade,[185] uma vez que compartilham o atributo da razão.[186]

Com o humanismo renascentista, é progressivamente superada a concepção de dignidade vinculada à posição social, surgindo a dignidade autônoma e própria, derivada da própria condição humana.[187] Inicia-se, também, um processo de secularização na defesa da igual condição humana, embora sem o abandono das ideias cristãs. Sob a influência do antropocentrismo então reinante, Pico della Mirandola defende, em seu *Oratio de hominis dignitate*, a grandeza e a superioridade do homem sobre os demais animais em virtude de sua racionalidade,[188] capaz de tomar consciência de sua dimensão como ser livre.[189] O homem, segundo Pico

---

[181] PERRY, Michal. *Toward a Theory of Human Rights*: Religion, Law, Courts. Cambridge: Cambridge University Press, 2008, p. 8-13.

[182] MORAES, Maria Celina Bodin de. O conceito da dignidade humana: substrato axiológico e conteúdo normativo. In. SARLET, Ingo (Org.). *Constituição, direitos fundamentais e direito privado*. 3. ed. rev. e amp. Porto Alegre: Livraria do Advogado, 2010, p. 115.

[183] VALLS, Ramón. El concepto de dignidad humana. *Revista de Bioética y Derecho*, n. 5, dic. 2005. Disponível em: <http://www.bioeticayderecho.ub.es> Acesso em: 02 fev. 2011.

[184] MAURER, Béatrice. Notas sobre o respeito da dignidade da pessoa humana... ou pequena fuga incompleta em torno de um tema central. Tradução de Rita Dostal Zanini. In: SARLET, Ingo Wolfgang (Org.). *Dimensões da dignidade*: ensaios de filosofia do direito e direito constitucional. 2. ed. rev. e ampl.Porto Alegre: Livraria do Advogado, 2009, p. 122.

[185] SOARES, Ricardo Maurício Freire. *O princípio constitucional da dignidade da pessoa humana*. São Paulo: Saraiva, 2010, p. 131-132.

[186] HÄBERLE, Peter. A dignidade humana como fundamento da comunidade estatal. Tradução de Ingo Wolfgang Sarlet e Pedro Scherer de Mello Aleixo. In: SARLET, Ingo Wolfgang. *Dimensões da dignidade*: ensaios de filosofia do direito e direito constitucional. 2. ed. rev. e ampl. Porto Alegre: Livraria do Advogado, 2009, p. 71.

[187] PECES-BARBA MARTÍNEZ, Gregorio. *La dignidad de la persona desde la Filosofía del Derecho*. 2. ed. Madrid: Dykison, 2003, p. 28.

[188] SARLET, Ingo Wolfgang. *Dignidade da pessoa humana e direitos fundamentais na Constituição Federal de 1988*. 8. ed. rev. atual. e ampl. Porto Alegre: Livraria do Advogado, 2010, p. 34.

[189] ALEXANDRINO, José de Melo. Perfil constitucional da dignidade da pessoa humana: um esboço traçado a partir da variedade de concepções. *Direitos Fundamentais & Justiça*, Porto Alegre, ano 4, n. 11, p. 13-38, abr./jun. 2010, p. 20.

della Mirandola, foi colocado no centro do mundo, tendo sido criado com o fim de que, como árbitro e soberano criador de si mesmo, conduzisse a sua vida de acordo com sua própria vontade.[190] Acerca da dignidade do homem no Renascimento, Peces-Barba Martínez sintetiza: "Razón, superioridad sobre los demás animales, y diferencias como el lenguaje, la capacidad de decidir y de elegir, la obtención del conocimiento y la construcción de conceptos generales, son los elementos que en aquella incipiente laicidad les sitúa como seres creados a la imagen y semejanza de Dios".[191]

No século XVII, dando continuidade ao processo de laicização da dignidade, tem-se a contribuição dos jusnaturalistas racionalistas, destacando-se Samuel Pufendorf – primeiro jusnaturalista a construir uma concepção de direito natural baseada na razão[192] –, que acrescentou à noção de dignidade como liberdade e compartilhamento da razão a ideia de igualdade de todos os homens.[193] Para o jurista alemão, os homens são superiores aos animais porque têm como "principio las luces del entendimiento y la determinación de la voluntad",[194] repetindo-se, portanto, os elementos diferenciadores do homem em relação aos demais animais já apontados pelo humanismo, mas enfatizando a capacidade do homem de agir conforme o próprio entendimento.

No iluminismo, especialmente com Immanuel Kant, completa-se o processo de secularização da dignidade humana.[195] Aliás, a concepção kantiana é seguramente a que mais influenciou o tratamento contemporâneo da dignidade da pessoa humana, razão por que suas considerações demandam especial atenção.

Na *Fundamentação da Metafísica dos Costumes*, o filósofo prussiano sustenta que a autonomia da vontade é a expressão e o fundamento da

---

[190] DELLA MIRANDOLA, Pico. *Discurso sobre la dignidad del hombre*. Traducción de Adolfo Ruiz Diaz. Buenos Aires: Goncourt, 1978, p. 48.

[191] PECES-BARBA MARTÍNEZ, Gregorio. *La dignidad de la persona desde la Filosofía del Derecho*. 2. ed. Madrid: Dykison, 2003, p. 35.

[192] PECES-BARBA MARTÍNEZ, Gregorio. *La dignidad de la persona desde la Filosofía del Derecho*. 2. ed. Madrid: Dykison, 2003, p. 41.

[193] HÄBERLE, Peter. A dignidade humana como fundamento da comunidade estatal. Tradução de Ingo Wolfgang Sarlet e Pedro Scherer de Mello Aleixo. In: SARLET, Ingo Wolfgang. *Dimensões da dignidade*: ensaios de filosofia do direito e direito constitucional. 2. ed. rev. e ampl. Porto Alegre: Livraria do Advogado, 2009, p. 71.

[194] PECES-BARBA MARTÍNEZ, Gregorio. *La dignidad de la persona desde la Filosofía del Derecho*. 2. ed. Madrid: Dykison, 2003, p. 42.

[195] SARLET, Ingo Wolfgang. *Dignidade da pessoa humana e direitos fundamentais na Constituição Federal de 1988*. 8. ed. rev. atual. e ampl. Porto Alegre: Livraria do Advogado, 2010, p. 37.

dignidade da natureza humana.[196] A vontade é compreendida como a "faculdade de se determinar a si mesmo e agir *em conformidade com a representação de certas leis*",[197] faculdade esta que é encontrada apenas nos seres racionais. E autonomia da vontade[198] "é aquela sua propriedade graças à qual ela é para si mesma a sua lei".[199] Somente a razão que se dá a própria lei e que pode querer que a máxima de suas ações se converta em lei universal tem autonomia,[200] isto é, liberdade.

No que designou de *reino dos fins*, ou seja, em um mundo (que, na verdade, é apenas um ideal) aonde todos se submetem ao imperativo categórico, "tudo ou tem um *preço* ou uma *dignidade*. Quando uma coisa tem um preço, pode-se pôr em vez dela qualquer coisa como *equivalente*; mas quando uma coisa está acima de todo o preço, então tem ela dignidade".[201] A dignidade é tida, pois, como um valor incondicional, incomparável.[202] Como consectário desse raciocínio, assevera Kant:

> Ora digo eu: – O homem, e, duma maneira geral, todo o ser racional, *existe* como fim em si mesmo, *não só como meio* para o uso arbitrário desta ou daquela vontade. Pelo contrário, em todas as suas acções, tanto nas que se dirigem a ele mesmo como nas que se dirigem a outros seres racionais, ele tem sempre de ser considerado *simultaneamente como um fim*.
>
> (...)
>
> Os seres cuja existência depende, não em verdade da nossa vontade, mas da natureza, têm contudo, se são seres irracionais, apenas um valor relativo e por isso se chamam *coisas*, ao passo que os seres racionais se chamam pessoas, porque a sua natureza os distingue já como fins em si mesmo, quer dizer como algo que não pode ser empregado como simples meio e que, por conseguinte, limita nessa medida todo o arbítrio (e é um objecto do respeito).[203]

---

[196] KANT, Immanuel. *Fundamentação da metafísica dos costumes*. Tradução de Paulo Quintela. Lisboa: Edições 70, 2008, p. 83.

[197] KANT, Immanuel. *Fundamentação da metafísica dos costumes*. Tradução de Paulo Quintela. Lisboa: Edições 70, 2008, p. 70. Grifos do original.

[198] Em oposição à heteronomia da vontade, que ocorre quando a "vontade busca a lei, que deve determiná-la, em qualquer outro ponto que não seja a aptidão das suas máximas para a sua própria legislação universal", ou seja, quando a vontade é determinada por conteúdos empíricos, cf. KANT, Immanuel. *Fundamentação da metafísica dos costumes*. Tradução de Paulo Quintela. Lisboa: Edições 70, 2008, p. 90.

[199] KANT, Immanuel. *Fundamentação da metafísica dos costumes*. Tradução de Paulo Quintela. Lisboa: Edições 70, 2008, p. 89.

[200] WEBER, Thadeu. Autonomia e dignidade da pessoa humana em Kant. *Direitos Fundamentais & Justiça*, Porto Alegre, ano 3, n. 9, p. 232-259, out./dez. 2009, p. 233.

[201] KANT, Immanuel. *Fundamentação da metafísica dos costumes*. Tradução de Paulo Quintela. Lisboa: Edições 70, 2008, p. 81. Grifos do original.

[202] KANT, Immanuel. *Fundamentação da metafísica dos costumes*. Tradução de Paulo Quintela. Lisboa: Edições 70, 2008, p. 83.

[203] KANT, Immanuel. *Fundamentação da metafísica dos costumes*. Tradução de Paulo Quintela. Lisboa: Edições 70, 2008, p. 71 e 72.

Daí resulta a segunda formulação do imperativo categórico,[204] conhecida como a fórmula do homem como fim em si mesmo: "Age de tal maneira que uses a humanidade, tanto na tua pessoa como na pessoa de qualquer outro, sempre e simultaneamente como fim e nunca simplesmente como meio".[205] Ou seja, a pessoa não pode ser tratada, nem por outra pessoa nem por si mesma, meramente como meio.[206] De acordo com Rawls, a segunda formulação reclama uma interpretação negativa e uma postiva. Ela não apenas impõe limites em relação aos meios que se pode adotar na busca dos fins pretendidos – os seres racionais constituem esses limites – , como conduz à promoção dos fins obrigatórios especificados pelos deveres de virtude, isto é, aqueles que estão intimamente vinculados com o bem dos demais seres racionais.[207] Tratar a humanidade com fim em si mesmo implica, também, o dever de favorecer, tanto quanto possível, o fim de outrem.[208]

Note-se que tal imperativo não sugere que o homem não possa ser utilizado como meio para a realização de fins de terceiros, e sim, que ele nunca deve ser utilizado *simplesmente* como meio, devendo sê-lo *simultaneamente* como fim.[209] E tratar alguém simpesmente como meio diz com

---

[204] De acordo com Kant, existe um único imperativo categórico: "Age apenas segundo uma máxima tal que possas ao mesmo tempo querer que ela se torne lei universal". Deste único imperativo podem derivar todos os imperativos do dever, admitindo-se outras formulações desse mesmo imperativo, cf. KANT, Immanuel. *Fundamentação da metafísica dos costumes*. Tradução de Paulo Quintela. Lisboa: Edições 70, 2008, p. 80. Na interpretação de John Rawls, o objetivo das diversas formulações é olhar para o procedimento do imperativo categórico de diferentes pontos de vista. Na primeira formulação (da lei da natureza), olha-se para a situação moral a partir do ponto de vista do agente; na segunda (da humanidade como fim em si mesma), olha-se do ponto de vista das pessoas afetadas pela ação proposta; na terceira (da autonomia), volta-se ao ponto de vista do agente, porém não como sujeito a exigências morais, mas como legislador da lei universal, cf. RAWLS, John. *História da filosofia moral*. Tradução de Ana Aguiar Cotrim. São Paulo: Martins Fontes, 2005, p. 211.

[205] KANT, Immanuel. *Fundamentação da metafísica dos costumes*. Tradução de Paulo Quintela. Lisboa: Edições 70, 2008, p. 73.

[206] Consoante refere Belloso Martín, partindo da uma análise da história e da fundamentação dos direitos humanos, pode-se concluir que as pessoas são tratadas como meio quando se atenta injustificadamente contra sua autonomia, segurança, liberdade ou igualdade; e são tratadas como um fim quando se criam normas e se estabelecem instituições que fomentam o respeito à garantia dos direitos humanos, cf. BELLOSO MARTÍN, Nuria. El principio de dignidad de la persona humana en la teoría kantiana: algunas contradicciones. *Direitos Fundamentais & Justiça*, Porto Alegre, v. 2, n. 4, p. 40-60, jul./set. 2008, p. 44.

[207] RAWLS, John. *História da filosofia moral*. Tradução de Ana Aguiar Cotrim. São Paulo: Martins Fontes, 2005, p. 219-225.

[208] COMPARATO, Fábio Konder. *A afirmação histórica dos direitos humanos*. 3. ed. rev. e ampl. São Paulo: Saraiva, 2004, p. 23,

[209] Na mesma linha, Dworkin enfatiza que o princípio kantiano de que as pessoas devem ser tratadas como fins e nunca meramente como meios "... does not require that people never be put at disadvantage for the advantage of others, but rather that people never be treated in a way that denies the distinct importance of their own lives", cf. DWORKIN, Ronald. *Life's Dominion:* an Argument about Abortion, Euthanasia, and Individual Freedom. New York: Vintage Books, 1994, p. 236.

o problema do consentimento. Nesse sentido, a pessoa pode ser tratada como meio desde que expresse sua concordância.[210] Sob outra perspectiva, em face da recíproca sujeição inerente ao desempenho das funções sociais em geral, a violação da dignidade é aferida, ao menos em muitas situações, pela intenção de instrumentalizar o outro.[211]

Ligada à essa formulação do imperativo categórico, da qual se extrai o valor absoluto da pessoa humana – a que se dá o nome de dignidade –, tem-se a terceira formulação, que trata da autonomia da vontade: "Age segundo máximas que possam simultaneamente ter-se a si mesmas por objecto como leis universais da natureza".[212] Portanto, considerando que para Kant não há dignidade sem autonomia e que só há autonomia quando o sujeito se submete unicamente à lei da qual é autor, a dignidade do ser racional está na capacidade de fazer a lei universal e de poder obedecer à essa lei, que ele mesmo se dá.[213]

Diante dessa interdependência entre dignidade e autonomia, questiona-se a situação daqueles que, em concreto, não podem exercer o direito de autonomia, como os presos e os doentes mentais, por exemplo. Essa questão não é abordada de forma expressa por Kant. No entanto, ao contrário do que pode parecer à primeira vista, a ética kantiana não admite a possibilidade de perda da dignidade, afinal, para ele, a dignidade é um valor absoluto, incondicional e intrínseco ao ser humano (este é um fim em si mesmo). Desse modo, ela não pode ser perdida.[214] A autonomia é considerada em abstrato, como a capacidade potencial de se autodeterminar, mesmo que isso não seja possível na prática.[215]

Também se vislumbra na filosofia de Kant a dimensão comunitária da dignidade. De fato, como bem pontua Ingo Sarlet,[216] Kant reconhece o caráter intersubjetivo e relacional da dignidade da pessoa humana quando afirma que, embora a humanidade pudesse subsistir sem que nin-

---

[210] WEBER, Thadeu. Autonomia e dignidade da pessoa humana em Kant. *Direitos Fundamentais & Justiça*. Porto Alegre, ano 3, n. 9, out./dez, p. 232-259, 2009, p. 236.

[211] SARLET, Ingo Wolfgang. Dignidade da pessoa humana e direitos fundamentais na Constituição Federal de 1988. 8. ed. rev. atual. e ampl. Porto Alegre: Livraria do Advogado, 2010, p. 60.

[212] KANT, Immanuel. *Fundamentação da metafísica dos costumes*. Tradução de Paulo Quintela. Lisboa: Edições 70, 2008, p. 85.

[213] WEBER, Thadeu. Autonomia e dignidade da pessoa humana em Kant. *Direitos Fundamentais & Justiça*, Porto Alegre, ano 3, n. 9, p. 232-259, out./dez. 2009, p. 238 e 242.

[214] E nem sequer concedida, como adverte WEBER, Thadeu. Autonomia e dignidade da pessoa humana em Kant. *Direitos Fundamentais & Justiça*, Porto Alegre, ano 3, n. 9, p. 232-259, out./dez. 2009, p. 238.

[215] WEBER, Thadeu. Autonomia e dignidade da pessoa humana em Kant. *Direitos Fundamentais & Justiça*, Porto Alegre, ano 3, n. 9, p. 232-259, out./dez. 2009, p. 238.

[216] SARLET, Ingo Wolfgang. *Dignidade da pessoa humana e direitos fundamentais na Constituição Federal de 1988*. 8. ed. rev. atual. e ampl. Porto Alegre: Livraria do Advogado, 2010, p. 61.

guém contribuísse para a felicidade dos outros, se ninguém se esforçasse em contribuir para os fins dos seus semelhantes, "isso seria apenas uma concordância negativa e não positiva com a *humanidade como um fim em si mesma*. Pois que se um sujeito é um fim em si mesmo, os seus fins têm de ser quanto possível *os meus* para aquela ideia de poder exercer em mim *toda* a sua eficácia".[217]

Já no século XIX, impende mencionar a filosofia de Hegel, que, distanciando-se da matriz kantiana, refuta a concepção ontológica de dignidade e sustenta que o homem não nasce digno, sendo a dignidade também uma qualidade a ser conquistada.[218] Além disso, Hegel não aponta a racionalidade como fundamento da dignidade e nem considera o elemento da autofinalidade.[219] Na interpretação de Kurt Seelman, a concepção hegeliana de dignidade da pessoa humana está vinculada a uma "teoria da dignidade como possibilidade de prestação", no sentido de que "a proteção jurídica da dignidade reside na obrigação de reconhecimento de determinadas possibilidades de prestações", a saber, da prestação da defesa de direitos, da prestação de desenvolvimento da individualidade e da prestação do auto-ordenar-se no processo de interação social.[220] Assim sendo, ainda de acordo com Kurt Seelman, não há qualquer dificuldade em se proteger a dignidade dos doentes mentais e dos deficientes físicos, já que proteger as possibilidades de tais prestações não implica que a proteção da dignidade pressuponha a existência em concreto dessas prestações.[221]

Dentre os filósofos contemporâneos, há que se destacar John Rawls e Ronald Dworkin,[222] principalmente porque, não obstante a divergência

---

[217] KANT, Immanuel. *Fundamentação da metafísica dos costumes*. Tradução de Paulo Quintela. Lisboa: Edições 70, 2008, p. 75. Grifos do original.

[218] Presente, de modo especial, na conhecida máxima de que "cada um deve ser pessoa a respeitar os outros como pessoa", cf. SARLET, Ingo Wolfgang. *Dignidade da pessoa humana e direitos fundamentais na Constituição Federal de 1988*. 8. ed. rev. atual. e ampl. Porto Alegre: Livraria do Advogado, 2010, p. 42-43.

[219] SEELMAN, Kurt. Pessoa e dignidade da pessoa humana na filosofia de Hegel. Tradução de Rita Dostal Zanini. In: SARLET, Ingo Wolfgang (Org.). *Dimensões da dignidade*: ensaios de filosofia do direito e direito constitucional. 2. ed. rev. e ampl. Porto Alegre: Livraria do Advogado, 2009, p. 111.

[220] SEELMAN, Kurt. Pessoa e dignidade da pessoa humana na filosofia de Hegel. Tradução de Rita Dostal Zanini. In: SARLET, Ingo Wolfgang (Org.). *Dimensões da dignidade*: ensaios de filosofia do direito e direito constitucional. 2. ed. rev. e ampl. Porto Alegre: Livraria do Advogado, 2009, p. 116.

[221] SEELMAN, Kurt. Pessoa e dignidade da pessoa humana na filosofia de Hegel. Tradução de Rita Dostal Zanini. In: SARLET, Ingo Wolfgang (Org.). *Dimensões da dignidade*: ensaios de filosofia do direito e direito constitucional. 2. ed. rev. e ampl. Porto Alegre: Livraria do Advogado, 2009, p. 117.

[222] Não se pretende, aqui, analisar o pensamento de Rawls e Dworkin, cuja complexidade daria ensejo a uma monografia dedicada exclusivamente ao tema. O que se busca é identificar, na obra de ambos, concepções diretamente relacionadas ao objeto da pesquisa, partindo-se do pressuposto de que as principais ideias dos autores já são conhecidas.

entre os dois autores norte-americanos,[223] ambos defendem a ideia de justiça vinculada à proteção dos direitos fundamentais, consideram a autonomia e a dignidade da pessoa humana fundamentos da concepção de justiça e, ainda, reaproximam a filosofia moral e política ao Direito, movimento que favoreceu a incorporação da dignidade da pessoa humana ao mundo jurídico.[224] Além disso, tanto um quanto o outro consideram, ainda que implicitamente, que a realização da dignidade humana depende do acesso a condições materiais mínimas.

Na construção da sua teoria da justiça, como se sabe, Rawls desenvolve a ideia de justiça como equidade, cuja meta é fornecer uma base filosófica e moral razoável para as instituições democráticas. A ideia central dessa concepção de justiça é a de uma sociedade como um sistema equitativo de cooperação social que se perpetua de uma geração para outra,[225] em que se vislumbra uma sociedade de cidadãos livres, com direitos básicos iguais em um sistema econômico igualitário (uma *sociedade bem ordenada*), a despeito das divergências oriundas das doutrinas religiosas, filosóficas e morais razoáveis (*consenso sobreposto razoável*). Trata-se de uma concepção política e pública de justiça.[226]

Para tanto, Rawls imagina um contrato social hipotético e anistórico cuja finalidade não é inaugurar determinada sociedade e nem eleger alguma forma de governo, e sim estabelecer os princípios de justiça que orientarão a estrutura básica da sociedade e que regerão todos os acordos subsequentes. Ele pressupõe que esses seriam os princípios escolhidos por pessoas livres e racionais interessadas em promover seus próprios interesses se estivessem em uma situação inicial de igualdade. Nessa situação inicial que é equitativa, chamada por Rawls de *posição original*, as partes são privadas de todo o conhecimento acerca de suas características pessoais e das circunstâncias sociais e históricas nas quais se inserem, de sorte que os princípios da justiça são eleitos por trás de um *véu da ignorân-*

---

[223] Sobre os comentários que Dworkin faz ao pensamento de Rawls, confira-se DWORKIN, Ronald. *Taking Rights Seriously*. Cambridge: Harvard University Press, 1999, especialmente capítulo 6; e DWORKIN, Ronald. *Justice in Robes*. Cambridge: Belknap Harvard, 2006, capítulo 9, p. 241-261.

[224] A ideia de dignidade da pessoa humana migra paulatinamente para o mundo jurídico depois da Segunda Guerra Mundial em razão de dois movimentos: o surgimento de uma cultura pós-positivista, que reaproximou o Direito da filosofia moral e da filosofia política; e a inclusão da dignidade da pessoa humana em diferentes documentos internacionais e Constituições de Estados democráticos, cf. BARROSO, Luís Roberto. *A Dignidade da Pessoa Humana no Direito Constitucional Contemporâneo:* Natureza Jurídica, Conteúdos Mínimos e Critérios de Aplicação. Versão provisória para debate público. Mimeografado, dezembro de 2010.

[225] RAWLS, John. *Justiça como equidade:* uma reformulação. Tradução de Claudia Berliner. São Paulo: Martins Fontes, 2003, p. 7.

[226] A teoria da justiça de Rawls sofreu algumas mudanças no decorrer do tempo. Enquanto em *Uma teoria da justiça* predomina o caráter moral, no *Liberalismo Político* é adotada uma concepção estritamente política de justiça.

cia, isso a fim de garantir a imparcialidade do julgamento e assegurar que os princípios sejam o produto de um acordo justo.[227]

Diante de uma lista com as principais concepções de justiça da tradição filosófica, social e política, Rawls supõe que as partes do acordo original adotariam dois princípios: (a) "cada pessoa tem o mesmo direito irrevogável a um esquema plenamente adequado de liberdades básicas iguais que seja compatível com o mesmo esquema de liberdade para todos"; e (b) "as desigualdades sociais e econômicas devem satisfazer duas condições: primeiro, devem estar vinculadas a cargos e posições acessíveis a todos em condições de igualdade eqüitativa de oportunidades; e, em segundo lugar; têm de beneficiar ao máximo os membros menos favorecidos da sociedade (o princípio da diferença)".[228] O primeiro princípio tem precedência sobre o segundo e, neste, a igualdade equitativa de oportunidades tem precedência sobre o princípio da diferença.

Consoante ressalta Rawls, qualquer concepção de justiça exprime uma concepção de pessoa, das relações entre pessoas e da estrutura geral e fins da cooperação social.[229] E, no que interessa ao presente estudo, a pessoa idealizada por Rawls[230] tem, indubitavelmente, inspiração kantia-

---

[227] RAWLS, John. *Uma teoria da justiça.* Tradução de Jussara Simões. São Paulo: Martins Fontes, 2008, p. 13-21. Em RAWLS, John. *Political Liberalism.* Expanded ed. New York: Columbia University Press, 2005, as partes na posição original são representantes de cidadãos da sociedade.

[228] RAWLS, John. *Justiça como equidade:* uma reformulação. Tradução de Claudia Berliner. São Paulo: Martins Fontes, 2003, p. 60. Essa formulação dos princípios da justiça é diferente da que consta em RAWLS, John. *Uma teoria da justiça.* Tradução de Jussara Simões. São Paulo: Martins Fontes, 2008. Rawls explicou os motivos da reformulação em *The Basic Liberties and Their Priority* (uma conferência em *The Tanner Lectures on Human Values,* disponível em: <http//www.tannerlectures.utah.edu/lectures/documents/rawls82.pdf> Acesso em: 25 mai. 2011, posteriormente incorporada à obra *Political Liberalism*), salientando, no entanto, que a estrutura e o conteúdo da justiça como equidade permanecem basicamente os mesmos o que, exceto por uma importante mudança numa frase do primeiro princípio, a formulação dos dois princípios continua inalterada, assim como a prioridade do primeiro princípio sobre o segundo. A mudança no primeiro princípio, explicita Rawls, "is that the words 'a fully adequate scheme" replace the words 'the most extensive total system' which is used in *A Theory of Justice.* This change leads to the insertion of the words 'which is' before 'compatible'", cf. RAWLS, John. The Basic Liberties and their Priority. *The tanner lectures on human values.* The University of Utah. Disponível em: <http//www.tannerlectures.utah.edu/lectures/documents/rawls82.pdf> Acesso em: 25 mai. 2011. O principal motivo da alteração, em apertada síntese, é esclarecer que o critério para estabelecer o melhor esquema de liberdades básicas (ou, pelo menos, um esquema inteiramente adequado) não é o da maior extensão (ou maximização), como parecia ser o adotado em *Uma teoria da justiça,* e sim um que garanta a todos os cidadãos as condições essenciais para o desenvolvimento adequado e para o exercício pleno e informado dos dois poderes (capacidades) morais no que Rawls chama de "dois casos fundamentais". Essa mudança também mostra que as liberdades não são absolutas e que limites muitas vezes são necessários. Sobre a formulação e reformulação dos princípios de justiça, ver, também, WEBER, Thadeu. Justiça e poder discricionário. *Direitos Fundamentais & Justiça,* Porto Alegre, ano 2, n. 2, p. 214-242 jan./mar. 2008.

[229] RAWLS, John. Uma concepção kantiana de igualdade. Tradução de Nythamar de Oliveira. *Veritas,* Porto Alegre, v. 52, n. 1, p. 108-119, mar. 2007.

[230] A concepção de pessoa de Rawls é uma concepção normativa. É uma concepção moral, adaptada à sua teoria da justiça. A pessoa política, com suas duas faculdades morais (capacidade de ter um

na. De fato, os membros da sociedade bem ordenada são pessoas morais livres e iguais neste sentido:

Eles são pessoas morais, na medida em que, uma vez alcançada a idade da razão, cada um tem e vê os outros como tendo um senso realizado de justiça; e este sentimento informa a sua conduta para a maior parte do tempo. Que eles sejam iguais é expresso pela suposição que cada um deles tem e se vêem mutuamente como possuindo um direito ao respeito igual e consideração em determinar os princípios pelos quais os arranjos básicos da sociedade devem ser regulados. Finalmente, exprimimos o fato de serem livres ao estipular que cada um deles tem e se vêem mutuamente como possuindo propósitos fundamentais e interesses de ordem superior (uma concepção do seu bem) em nome dos quais é legítimo fazer reivindicações mútuas quanto ao desígnio de suas instituições.[231]

Basta a capacidade para personalidade moral para que se tenha o direito à justiça igual.[232] Os atributos dessa potencial personalidade moral não emergem do contrato, mas o precedem, constituindo uma condição para que as partes sejam admitidas na posição original. Nessa linha, o direito abstrato à igual consideração e respeito figura como pressuposto básico da justiça como equidade.[233] Cuida-se de um direito natural devido "aos seres humanos como pessoas morais",[234] e não em virtude de outras circunstâncias, como a condição social, méritos ou características pessoais.

Percebe-se, pois, que Rawls é adepto da concepção kantiana de dignidade. Conferindo uma interpretação contratualista à visão de Kant, tanto de dignidade como de autonomia, Rawls afirma que tratar os homens como fins em si mesmo implica, no mínimo, tratá-los segundo os princípios que concordariam numa situação original de igualdade. E, segundo Rawls, os seus dois princípios da justiça, na estrutura básica da sociedade, manifestam justamente o intento dos homens de se tratarem uns aos outros não apenas como meios, mas como fins em si mesmos.[235] Nas palavras do filósofo:

---

senso de justiça e capacidade de ter uma concepção de bem), é essencial na construção da teoria da justiça como equidade, pois somente se pode afirmar que os dois princípios da justiça serão escolhidos e aceitos se as partes do acordo original tiverem aqueles atributos. Registre-se que, enquanto em *Uma teoria da Justiça* Rawls ressalta aspectos da dignidade, no *Political Liberalism* a ênfase está nas faculdades morais da pessoa.

[231] RAWLS, John. Uma concepção kantiana de igualdade. Tradução de Nythamar de Oliveira. *Veritas*, Porto Alegre, v. 52, n. 1, p. 108-119, mar. 2007, p. 109.

[232] RAWLS, John. *Uma teoria da justiça*. Tradução de Jussara Simões. São Paulo: Martins Fontes, 2008, p. 624.

[233] De acordo com Dworkin, o direito abstrato à igual consideração e ao igual respeito deve ser entendido como o conceito fundamental da teoria profunda de Rawls, cf. DWORKIN, Ronald. *Taking Rights Seriously*. Cambridge: Harvard University Press, 1999, p. 180-181.

[234] RAWLS, John. *Uma teoria da justiça*. Tradução de Jussara Simões. São Paulo: Martins Fontes, 2008, p. 631.

[235] RAWLS, John. *Uma teoria da justiça*. Tradução de Jussara Simões. São Paulo: Martins Fontes, 2008, p. 220.

(...) os dois princípios da justiça alcançam esse objetivo, pois todos têm iguais liberdades fundamentais, e o princípio da diferença interpreta a distinção entre tratar os homens apenas como meios e tratá-los também como fins em si mesmos. Considerar as pessoas como fins em si mesmas nos arranjos fundamentais da sociedade significa abdicar de ganhos que não contribuem para as expectativas de todos. Em contraste, considerar as pessoas como meios significa se dispor a impor perspectivas de vida ainda mais baixas às pessoas menos favorecidas, em benefício das expectativas mais altas de outras.[236]

Não por outra razão, a teoria da justiça de Rawls objetiva representar uma alternativa ao pensamento utilitarista. Para o autor, cada um dos membros da sociedade "é visto como possuidor de uma inviolabilidade fundamentada na justiça, ou, como dizem alguns, no direito natural, à qual nem mesmo o bem-estar de todos os outros pode se sobrepor".[237] Desse modo, na sociedade justa imaginada por Rawls, "as liberdades fundamentais são inquestionáveis e os direitos garantidos pela justiça não estão sujeitos a negociações políticas nem ao cálculo dos interesses sociais".[238]

Para garantir a equidade do procedimento de escolha dos princípios da justiça e, desse modo, assegurar as liberdades fundamentais em detrimento do bem comum, é necessário pressupor que as pessoas disponham de um mínimo de condições materiais como requisito prévio. Este mínimo material, que é apresentado por Rawls como *social minimum* (mínimo social), será tratado no próximo capítulo. Por ora, fica o registro de que Rawls, em *Political Liberalism*, afirma que um mínimo social que cubra as necessidades básicas dos cidadãos – a que se poderia chamar de *mínimo existencial rawlsiano* – é um elemento constitucional essencial,[239] assim como o são os direitos e liberdades fundamentais de que trata o primeiro princípio da justiça,[240] havendo uma precedência léxica do mínimo social em relação ao primeiro princípio da justiça, ao menos no que diz com as condições materiais necessárias para que o cidadão entenda e seja capaz de exercer plenamente aqueles direitos e liberdades fundamentais.[241] Sim-

---

[236] RAWLS, John. *Uma teoria da justiça.* Tradução de Jussara Simões. São Paulo: Martins Fontes, 2008, p. 221.

[237] RAWLS, John. *Uma teoria da justiça.* Tradução de Jussara Simões. São Paulo: Martins Fontes, 2008, p. 34.

[238] RAWLS, John. *Uma teoria da justiça.* Tradução de Jussara Simões. São Paulo: Martins Fontes, 2008, p. 34.

[239] Impende ressaltar que o segundo princípio da justiça também requer um mínimo social, porém, no caso, trata-se de um mínimo material que vai além das necessidades humanas básicas essenciais para uma vida decente. Rawls não especificou o conteúdo de nenhum dos dois. Sobre o mínimo social abrangido pelo princípio da diferença, ver RAWLS, John. *Uma teoria da justiça.* Tradução de Jussara Simões. São Paulo: Martins Fontes, 2008, p. 354-365.

[240] RAWLS, John. *Political Liberalism.* Expanded ed. New York: Columbia University Press, 2005, p. 227-230.

[241] RAWLS, John. *Political Liberalism.* Expanded ed. New York: Columbia University Press, 2005, p. 7.

plificando, há, na teoria da Rawls, um princípio lexicamente anterior ao primeiro princípio da justiça (que trata dos direitos e liberdades básicas e iguais): a garantia de satisfação do mínimo existencial.[242]

Dworkin também encampa a doutrina de Kant, notadamente a ideia de dignidade como valor intrínseco e o princípio de que as pessoas devem ser tratadas como fins e não meramente como meios. A partir daí, em *Life's Dominion*, Dworkin refere que a dignidade tem tanto uma voz ativa (autorrespeito) como uma voz passiva (respeito em relação a terceiros),[243] ambas conectadas entre si e ligadas à convicção comum acerca do valor intrínseco – ou seja, a santidade ou a inviolabilidade – da vida humana, a própria e a dos demais.[244] Isso explica por que mesmo aquele que sequer reconhece os insultos à sua dignidade (como no caso dos que sofrem de alguma doença mental) tem direito de ser tratado com dignidade. Afinal, "[t]hat he remains a person, and that the overall value of his life continues to be intrinsically important, are decisive truth in favor of his right to dignity".[245]

O caráter histórico-cultural da dignidade aparece na doutrina de Dworkin quando este afirma que o direito das pessoas de não serem tratadas de forma indigna significa o direito de não serem tratadas de maneira que, na sua cultura ou comunidade, seja considerada desrespeitosa, sendo que toda sociedade civilizada tem os seus padrões e convenções a respeito, o que difere conforme o lugar e a época.[246] Por outro lado, ele adverte que embora os limites entre o que constitui colocar alguém em situação de desvantagem e tratá-lo de forma indigna possam variar, o di-

---

[242] Mostrando que também numa visão comunitarista, tal qual defendida por Michael Walzer, faz-se necessário garantir um mínimo social, não como condição de liberdade apenas, mas como imposição da moralidade mínima, isto é, da própria natureza humana, agindo como pressuposto básico de sua participação em qualquer comunidade, ver BARCELLOS, Ana Paula de. O mínimo existencial e algumas fundamentações: John Rawls, Michael Walzer e Robert Alexy. In TORRES, Ricardo Lobo (Org.). *Legitimação dos direitos humanos*. 2. ed. Rio de Janeiro: Renovar, 2007, p. 97-135.

[243] Dworkin diferencia dois tipos de razões pelas quais as pessoas querem que suas vidas sejam conduzidas de um jeito ao invés de outro: *experiential interests* e *critical interests*. Aqueles estão ligados a experiências futuras específicas; estes representam julgamentos críticos acerca das características e valor da vida como um todo. As pessoas acometidas por alguma demência podem ter perdido o *experiential interest* na medida em que se tornam incapazes de reconhecer os insultos à sua dignidade, mas não o *critical interest*, pois o que acontece a eles afeta o valor ou o sucesso da sua vida como um todo.

[244] DWORKIN, Ronald. *Life's Dominion:* an Argument about Abortion, Euthanasia, and Individual Freedom. New York: Vintage Books, 1994, p. 235-237.

[245] DWORKIN, Ronald. *Life's Dominion:* an Argument about Abortion, Euthanasia, and Individual Freedom. New York: Vintage Books, 1994, p. 237.

[246] DWORKIN, Ronald. *Life's Dominion:* an Argument about Abortion, Euthanasia, and Individual Freedom. New York: Vintage Books, 1994, p. 236.

reito que todas as pessoas têm de que a sociedade em que vivem reconheça a importância da sua vida não é, em si, uma questão de convenção.[247]

Em *Is Democracy Possible Here?*, Dworkin[248] pressupõe que apesar das profundas divergências políticas e ideológicas que separam a sociedade americana – o que pode ser estendido a outras sociedades democráticas, especialmente no Ocidente –, o compartilhamento de dois princípios básicos torna possível o debate político acerca de questões relevantes, como, por exemplo, direitos humanos, justiça social e democracia. São eles: o princípio do valor intrínseco da vida humana, pelo qual cada vida humana tem um tipo especial de valor objetivo, um valor potencial intrínseco;[249] e o princípio da responsabilidade pessoal, no sentido de que cada pessoa tem uma responsabilidade especial para a concretização do sucesso da sua própria vida, isso de acordo com o seu próprio juízo sobre que tipo de vida seria bem sucedida, ou, sintetizando, a responsabilidade de compreender e realizar aquele valor potencial em sua própria vida.[250] Esses dois princípios, juntos, definem as bases e condições da dignidade humana e remetem aos valores políticos da igualdade e da liberdade, respectivamente.

E o direito de ser tratado de acordo com o entendimento de que cada pessoa é um ser humano cuja dignidade importa, na concepção de Dworkin, é o mais básico direito humano,[251] do qual derivam todos os demais direitos, havendo uma espécie de direito moral a que sejam reconhecidos tantos direitos quantos forem necessários para garantir o respeito à igual importância da vida humana e à responsabilidade soberana

---

[247] DWORKIN, Ronald. *Life's Dominion:* an Argument about Abortion, Euthanasia, and Individual Freedom. New York: Vintage Books, 1994, p. 237.

[248] DWORKIN, Ronald. *Is Democracy Possible Here?* Principles for a New Political Debate. Princeton: Princeton University Press, 2006, p. 9-10.

[249] Ao tratar deste princípio, Dworkin reporta-se ao que chama de *Kant's principle*: respeitar a própria humanidade significa respeitar a humanidade como tal, de sorte que não é possível agir de forma que negue a intrínseca importância de qualquer vida humana sem insultar a própria dignidade, cf. DWORKIN, Ronald. *Is Democracy Possible Here?* Principles for a New Political Debate. Princeton: Princeton University Press, 2006, p. 16.

[250] Em *A virtude soberana*, Dworkin fala em princípio da igual importância da vida humana e princípio da responsabilidade especial como dois princípios do individualismo ético e afirma que eles servem como guias fundamentais na construção de uma teoria da moralidade política, cf. DWORKIN, Ronald. *A virtude soberana:* a teoria e a prática da igualdade. Tradução de Jussara Simões. São Paulo: Martins Fontes, 2005.

[251] DWORKIN, Ronald. *Is Democracy Possible Here?* Principles for a New Political Debate. Princeton: Princeton University Press, 2006, p. 35. Em *Justice for Hedgehogs*, Dworkin reafirma: todas as pessoas têm "a right to be treated as a human being whose dignity fundamentally matters". Este direito mais abstrato "is the basic human right", cf. DWORKIN, Ronald. *Justice for Hedgehogs.* Cambridge: Harvard University Press, 2011, p. 335.

que todos têm de conduzir a própria vida.[252] Para além disso, o jusfilósofo sustenta que é o respeito à dignidade que legitima o governo, no sentido de que apenas os governos que demonstram igual consideração e respeito por cada uma das pessoas sob seu domínio – e isso implica atender aos dois princípios da dignidade – podem ser considerados legítimos. Como corolário, os cidadãos somente devem obrigação a uma comunidade política que respeite a dignidade humana.[253]

Finalmente, em *Justice for Hedgehogs* ,[254] Dworkin, retomando muito do que já havia exposto em obras anteriores, eleva ao máximo a dimensão axiológica da dignidade humana, considerando-a o valor supremo que unifica a ética (o que se deve fazer para viver bem) e a moralidade (como se deve tratar os outros),[255] legitima a ordem política e orienta a interpretação de diversas questões que há muito têm preocupado os filósofos, tais como justiça, igualdade e liberdade. Como a ordem jurídica faz parte da ordem política, a dignidade, do mesmo modo, é a referência axiológica

---

[252] Dworkin diferencia *legal rights* e *political rights*. *Political rights* são aqueles direitos morais com especial força e papel: servir de trunfo contra o Estado. Eles protegem certos interesses particulares cuja importância é tal que seria errado (moralmente errado) sacrificá-los em benefício da comunidade. Esses interesses particulares são expressos pelos dois princípios da dignidade. *Legal rights* são aqueles direitos passíveis de exigência e execução através de instituições judiciárias. Um direito legal pode ser concebido para dar efeito a um direito político preexistente, mas nenhuma nação transforma todos os direitos políticos em direitos legais. Isso varia conforme os fatores históricos, econômicos, políticos e culturais (mais uma vez, a dimensão histórico-cultural da dignidade). Nesse sentido, diz Dworkin, os americanos têm um direito político à saúde ou à segurança, mas por longas décadas, até 2010, eles não tinham o correspondente direito legal, de modo que o governo não cumpriu o seu dever para com os seus cidadãos por não transformar os seus direitos políticos em direitos legais, cf. DWORKIN, Ronald. *Is Democracy Possible Here?* Principles for a New Political Debate. Princeton: Princeton University Press, 2006, p. 30-36, 96; e DWORKIN, Ronald. *Justice for Hedgehogs*. Cambridge: Harvard University Press, 2011, p. 327-339 e 405-406.

[253] DWORKIN, Ronald. *Is Democracy Possible Here?* Principles for a New Political Debate. Princeton: Princeton University Press, 2006, p. 90-147.

[254] DWORKIN, Ronald. *Justice for Hedgehogs*. Cambridge: Harvard University Press, 2011. O objeto central da obra é apresentar uma teoria unificada de valor. Em *A virtude soberana*, Dworkin já anunciava esse projeto, argumentando que uma teoria da moralidade política deveria localizar-se dentro de uma teoria mais geral dos valores humanitários da ética e da moralidade, do *status* e da integridade do valor, e do caráter e da possibilidade da verdade objetiva. A seu ver, uma teoria com todos os valores políticos fundamentais (da democracia, da igualdade, da sociedade civil e da igualdade) deve expressar compromissos ainda mais fundamentais com relação ao valor da vida humana e à responsabilidade de cada um de descobrir esse valor em sua própria vida, cf. DWORKIN, Ronald. *A virtude soberana*: a teoria e a prática da igualdade. Tradução de Jussara Simões. São Paulo: Martins Fontes, 2005, p. XIV.

[255] Do ponto de vista da ética, o respeito pela dignidade humana, diz Dworkin, envolve dois princípios éticos: *self-respect* (cada pessoa deve levar sua própria vida a sério) e *authenticity* (cada pessoa tem uma particular responsabilidade pessoal para identificar o que conta como sucesso em sua própria vida e para construir aquela vida através de uma narrativa coerente com isso). Através do que ele chama de *Kant's principle*, percebe-se que o *self-respect* implica respeitar a dignidade de todos os seres humanos da mesma forma, ou seja, reconhecendo a sua importância objetiva. Daí a ponte entre a ética e a moral. Importante mencionar a ressalva feita pelo autor de que, em *A virtude soberana* e *Is Democracy Possible Here?*, os princípios da dignidade são apresentados como princípios políticos, cf. DWORKIN, Ronald. *Justice for Hedgehogs*. Cambridge: Harvard University Press, 2011, p. 203-204 e 255.

Direitos Fundamentais Sociais
DIGNIDADE DA PESSOA HUMANA E MÍNIMO EXISTENCIAL

central daquela, servindo, também, de guia para a interpretação de conceitos normativos.

Embora Dworkin não trate expressamente do tema[256] e entenda que a interpretação sobre quais direitos a dignidade exige sejam reconhecidos pela ordem jurídica varia conforme a cultura de cada país,[257] é possível defender, a partir da sua concepção de dignidade humana, a necessidade de reconhecimento ao menos de um *mínimo* de direitos fundamentais sociais, já que, em diversas circunstâncias, apenas prestações materiais são capazes de garantir a efetiva realização dos dois princípios básicos que, segundo o jusfilósofo, definem a dignidade.[258] Do mesmo modo, uma comunidade que tem igual preocupação com todos os seus cidadãos não pode ignorar as desigualdades sociais existentes, devendo tomar medidas que as minimizem.

2.1.2. A dignidade da pessoa humana na perspectiva jurídica

Como bem lembrado por Antônio Junqueira de Azevedo, a expressão *dignidade da pessoa humana* no mundo do Direito é um fato histórico recente e, considerando que o tema é alvo de discussões teológicas e filosóficas há séculos, pode-se dizer que a sua positivação normativa é tardia.[259] Com efeito, o termo *dignidade* não constava nas paradigmáticas declarações de direitos da França e dos Estados Unidos da América do

---

[256] Sager refere ser um mistério por que Dworkin (com sua visão generosa do conteúdo constitucional e com seu compromisso a um modo de interpretação constitucional que sempre acolheu a orientação do mundo da justiça política) está inclinado a deixar os direitos sociais órfãos ao considerar que tais direitos são uma instância de um elemento importante da moralidade política que não faz o seu caminho no direito constitucional, cf. SAGER, Lawrence. Material Rights: Material Rights, Underenforcement, and the Adjudication Thesis. *Boston University Law Review*, v. 90, n. 2, p. 579-594, Apr. 2010.

[257] Em verdade, Dworkin lembra que os Estados Unidos são criticados por não reconhecer os direitos sociais e econômicos, porém refere que, do seu ponto de vista, a lista de direitos previstos na Constituição americana, como interpretados pelas cortes nas últimas décadas, faz um bom trabalho em identificar e proteger os direitos que fluem dos dois princípios da dignidade, cf. DWORKIN, Ronald. *Is Democracy Possible Here?* Principles for a New Political Debate. Princeton: Princeton University Press, 2006, p. 32 e 33.

[258] Além disso, o artifício do mercado de seguro hipotético (*hypothetical insurance market*) sugere que seria legítimo instituir políticas públicas que garantissem, ao menos, aqueles riscos que normalmente seriam segurados pelas pessoas em um mercado de seguro justo. Sobre o mercado de seguro hipotético, ver DWORKIN, Ronald. *A virtude soberana*: a teoria e a prática da igualdade. Tradução de Jussara Simões. São Paulo: Martins Fontes, 2005.

[259] AZEVEDO, Antônio Junqueira de. Caracterização jurídica da dignidade da pessoa humana. *Revista dos Tribunais*, São Paulo, v. 91, n. 797, p. 11-26, mar. 2002. No mesmo sentido, BELLOSO MARTÍN, Nuria. El principio de dignidad de la persona humana en la teoría kantiana: algunas contradicciones. *Direitos Fundamentais & Justiça*, Porto Alegre, v. 2, n. 4, p. 40-60, jul./set. 2008, p. 57.

final do século XVIII,[260] tampouco em textos posteriores até a metade do século XX.[261]

Porém sobreveio a Segunda Guerra Mundial, e o "desprezo e o desrespeito pelos direitos humanos" manifestados no período nazi-fascista "resultaram em atos bárbaros que ultrajaram a consciência da Humanidade",[262] o que levou a uma mudança de paradigma na concepção dos direitos humanos. Estabeleceu-se, então, a premissa de que há uma lei moral, na qual o ser humano figura como elemento central, acima da lei civil, que deve ser incorporada à ordem jurídica como seu valor máximo. Tomou-se consciência, enfim, de que a sobrevivência da humanidade exige a colaboração de todos os povos no respeito incondicional à dignidade humana.[263]

Os textos internacionais e constitucionais que se seguiram refletem essa mudança, e a dignidade da pessoa humana, de base moral, tornou-se um comando jurídico indissoluvelmente ligado ao conceito de direitos humanos, como fonte e justificação destes e como princípio orientador da atuação estatal. Uma compreensão que "faz da pessoa fundamento e fim da sociedade e do Estado".[264]

---

[260] Nada obstante, a dignidade pode ser considerada um elemento implícito tanto à Declaração de Direitos da Virgínia (1776) como à Declaração dos Direitos do Homem e do Cidadão (1789), pois em ambas consta que todos os homens nascem livres e iguais e são dotados de direitos inatos. Registre-se que a expressão *dignidades*, constante no art. 6º da Declaração de 1789, tem sentido diverso, relacionado à posição social do indivíduo. Eis o teor do art. 6º: "...Tous les citoyens, étant égaux à ses yeux, sont également admissibles à toutes *dignités*, places et emplois publics, selon leur capacité et sans autre distinction que celle de leurs vertus et de leurs talents." (Disponível em: <http://www.textes. justice.gouv.fr> Acesso em: 05 fev 2011).

[261] Vale o registro de que a Constituição da Alemanha de 1919 (art. 151, inciso I), a Constituição de Portugal de 1933 (art. 6º, nº 3) e a Constituição da Irlanda de 1937 (Preâmbulo) faziam menção à dignidade, cf. SARLET, Ingo Wolfgang. *Dignidade da pessoa humana e direitos fundamentais na Constituição Federal de 1988*. 8. ed. rev. atual. e ampl. Porto Alegre: Livraria do Advogado, 2010, p. 72, nota 151.

[262] Conforme expresso na segunda cláusula do preâmbulo da Declaração Universal da ONU, que, ademais, evidencia o intento de resposta ou reação a essas atrocidades: "Considerando que o desprezo e o desrespeito pelos direitos humanos resultaram em atos bárbaros que ultrajaram a consciência da Humanidade...". Como narra Comparato: "Ao dar entrada num campo de concentração nazista, o prisioneiro não perdia apenas a liberdade e a comunicação com o mundo exterior. Não era, tão-só, despojado de todos os seus haveres: as roupas, os objetos pessoais, os cabelos, as próteses dentárias. Ele era, sobretudo, esvaziado do seu próprio ser, da sua personalidade, com a substituição altamente simbólica do nome por um número, freqüentemente gravado no corpo, como se fora a marca de propriedade de um gado. O prisioneiro já não se reconhecia como ser humano, dotado de razão e sentimentos: todas as suas energias concentravam-se na luta contra a fome, a dor e a exaustão", cf. COMPARATO, Fábio Konder. *A afirmação histórica dos direitos humanos*. 3. ed. rev. e ampl. São Paulo: Saraiva, 2004, p. 23.

[263] COMPARATO, Fábio Konder. *A afirmação histórica dos direitos humanos*. 3. ed. rev. e ampl. São Paulo: Saraiva, 2004, p. 210.

[264] MIRANDA, Jorge. *Manual de direito constitucional*. Tomo IV, 4. ed. rev. e actual. Coimbra: Coimbra Editora, 2008, p. 197.

A concepção kantiana de dignidade, centrada na autonomia e na fórmula do homem como fim em si mesmo, foi adotada pela Declaração Universal dos Direitos Humanos da Organização das Nações Unidas (ONU) de 1948, que, no seu preâmbulo, parte do reconhecimento da dignidade inerente a todos os membros da família humana como fundamento da liberdade, da justiça e da paz no mundo e, no artigo 1º, estabelece que "Todas as pessoas nascem livres e iguais em dignidade e direitos. São dotadas de razão e consciência e devem agir em relação umas às outras com espírito de fraternidade".[265] Como decorrência, mas vinculantes do ponto de vista jurídico, o Pacto Internacional sobre Direitos Civis e Políticos (PIDCP) e o Pacto Internacional sobre Direitos Econômicos, Sociais e Culturais (PIDESC), de 1966, no preâmbulo, reconhecem que os direitos humanos iguais e inalienáveis decorrem da dignidade inerente à pessoa humana e que o pleno exercício dessa dignidade depende da criação de condições que permitam a cada um dos seres humanos gozar de seus direitos civis e políticos, assim como de seus direitos econômicos, sociais e culturais.[266]

No plano supranacional, não se pode deixar de citar a Carta dos Direitos Fundamentais da União Europeia, promulgada em 2000, em que o primeiro capítulo é intitulado *dignidade* e cujo artigo 1º dispõe: "A dignidade do ser humano é inviolável. Deve ser respeitada e protegida". Mais do que um valor, a dignidade, aqui, é enunciada de maneira autônoma, como bem que deve ser respeitado e protegido.

As Constituições do segundo pós-guerra, de meros documentos regulatórios da estrutura e funcionamento do Estado, abriram-se aos princípios e valores, e a constitucionalização da dignidade também tem sido a tendência, a exemplo, no Ocidente, das Constituições da Alemanha (art. 1º, inciso I), Portugal (art. 1º), Espanha (Preâmbulo e art. 10.1),[267] Grécia

---

[265] Segundo Perry, a Declaração Internacional de Direitos deixa claro que a moralidade dos direitos humanos consiste em uma exigência dúplice: todo ser humano tem uma dignidade que lhe é inerente; essa inerente dignidade tem uma força normativa sobre todos, no sentido de que se deve viver de modo a respeitar a inerente dignidade de cada ser humano. Em uma fórmula mais simples: "Todo o ser humano tem inerente dignidade e é 'inviolável': não deve ver violado". PERRY, Michael. Protegendo direitos humanos constitucionalmente entrincheirados: que papel deve a Suprema Corte desempenhar?: (com especial referência à pena de morte, aborto e uniões entre pessoas do mesmo sexo). Tradução de André Ramos Tavares e Carla Osmo. In: TAVARES, André Ramos (coord.) *Justiça Constitucional:* pressupostos teóricos e análises concretas. Belo Horizonte: Editora Fórum, 2007, p. 85 e 86.

[266] Assim também a Carta Africana de Direitos do Homem e dos Povos, de 1981, cujo art. 5º dispõe: "Every individual shall have the right to the respect of the dignity inherent in a human being and to the recognition of his legal status...". In: HAYDEN, Patrick. *The Philosophy of Human Rights.* St. Paul: Paragon House, 2001, p. 359-366.

[267] Acerca da dignidade da pessoa humana na Constituição espanhola, sobretudo em favor da tese de que a dignidade não é, em si, um direito fundamental, e sim a fonte de todos os direitos, confira-se

78   *Karine da Silva Cordeiro*

(art. 2°, inciso I), Irlanda (Preâmbulo), Itália (art. 3°),[268] Bélgica (art. 23), Paraguai (Preâmbulo), Cuba (art. 8°), Venezuela (Preâmbulo), Peru (art. 4°), Chile (art. 1°), Guatemala (art. 4°), Suíça (art. 7°) e Finlândia (art. 2°).[269] A Constituição brasileira de 1988 seguiu caminho similar ao prever que a dignidade da pessoa humana constitui fundamento da República Federativa do Brasil, alicerce do Estado Democrático de Direito (art. 1°, inciso III).[270]

Os documentos internacionais e as Constituições não definem o conteúdo da dignidade ou delimitam o seu âmbito de proteção jurídica. E nem seria desejável que o fizessem, afinal se está diante de uma categoria axiológica de textura aberta, cuja densificação é um processo em construção permanente à vista da evolução histórico-cultural da sociedade.[271] [272] Assim, tem sido tarefa da doutrina e da jurisprudência delinear as balizas de uma concepção jurídica de dignidade, ou seja, definir os contornos daquilo que é protegido pelo Direito, sem a pretensão de fazê-lo de forma definitiva, absoluta e abstrata.

FERNÁNDEZ SEGADO, Francisco. La dignidad de la persona como fundamento de sus derechos. *Revista de Derecho Público*, n. 6, p. 13-45, jun. 1996.

[268] Sobre o conceito de dignidade da pessoa humana na Constituição e jurisprudência constitucional italianas, ver RUOTOLO, Marco. Appunti sulla dignità umana. *Direitos Fundamentais & Justiça*, Porto Alegre, ano 4, n. 11, p. 123-162, abr./jun. 2010.

[269] SARLET, Ingo Wolfgang. *Dignidade da pessoa humana e direitos fundamentais na Constituição Federal de 1988*. 8. ed. rev. atual. e ampl. Porto Alegre: Livraria do Advogado, 2010, p. 72-73; e MARÍN CASTÁN, María Luisa. La dignidad humana, los Derechos Humanos y los Derechos Constitucionales. *Revista de Bioética y Derecho*, n. 9, enero 2007. Disponível em: <http://www.bioeticayderecho.ub.es> Acesso em: 02 fev. 2011.

[270] A dignidade ainda foi contemplada nos arts. 170, *caput*, 226, § 7°, 227, *caput*, e 230, *caput*.

[271] "Metaphorically resembling members of the society in which they must operate, conceptions of human dignity are born, grow, and die, their influence sometimes enduring for generations, but occasionally being cast off well before death by a different brand of dignity". (…) "[In the West (…), over the past 200 years] we have noticed people more as people, and connected more to the (different) needs of those we might already have seen but never bothered to understand. First, in the nineteenth century it was locally destitute and women. Then in the twentieth century, our hitherto blinkered view of what it meant to be human widened sufficiently to catch sight of person of different colour to ourselves, and then later to see those with different sexual orientation and then (even more recently) to confront the desires of those with physical impediments to lead a full life. In the 1980's, a great surge of moral energy reflected the Western public's realization that the poor and starving of the developing world were, after all, people like us. So successful has this process been that new movements such as those campaigning for animal or environmental rights have also tried to jump abroad the moving wagon of human dignity, sometimes successfully. The story so far would appear largely a happy one, with ever-widening circles of persons being brought within the warm embrace of our dynamic perception of what it means to respect the dignity of the person. But it has been accompanied by continuing high level of brutality, of genocide on occasion, in a not insignificant number of countries". Cf. GEARTY, Conor. *Principles of Human Rights Adjudication*. Oxford: Oxford University Press, 2004, p. 85-86.

[272] O reconhecimento de que fatores históricos e culturais são decisivos para a definição do âmbito de proteção jurídica da dignidade não significa que não seja possível considerar atentatórios à dignidade de atos considerados legítimos, tanto do ponto de vista social como jurídico, em determinados países, a exemplo das mutilações genitais.

Não se pretende, aqui, analisar os diversos posicionamentos doutrinários e jurisprudenciais a respeito da definição jurídica da dignidade.[273] Busca-se, apenas, trazer as principais contribuições para a demarcação de conteúdos mínimos que viabilizem a sua aplicabilidade como categoria jurídica que é, rejeitando-se, desde logo, a tese de que o conceito de dignidade somente poderia ser construído em sentido negativo ou mediante a enumeração de atos que a violem.[274] Como se verá a seguir, a compreensão jurídica não se afasta da filosófica, havendo predominante inspiração na matriz kantiana, que continua a valer como axioma do mundo ocidental.[275]

Pois bem, já presente no pensamento clássico, e passando pela Declaração Universal da ONU, tem-se como ponto de partida, também para a doutrina jurídica majoritária, a noção de que a dignidade é um atributo intrínseco de todos os seres humanos,[276] sem exceção, e, desse modo, não se há falar em concessão ou perda de dignidade, mesmo diante de condutas tidas como indignas.[277] É uma qualidade individual, no sentido de que se reporta à pessoa concreta,[278] e impede sacrifícios da dignidade indivi-

---

[273] Como já referido, o consenso teórico sobre o valor essencial do ser humano não impede o grande desacordo quanto ao conteúdo jurídico da dignidade. Há quem sustente, inclusive, que a "dignidade da pessoa humana é normativamente vazia", a exemplo de PARREIRAS, Rodrigo Moraes Lamounier. A dignidade de todos e de ninguém. *Direito Público*, ano V, n. 26, p. 7-17, mar./abr. 2009.

[274] Consoante expõe Stephan Kirste, as teorias que negam a possibilidade de uma definição positiva da dignidade humana pecam porque, primeiro, elas pressupõem experiências ocorridas no passado e, assim, não são úteis às novas ameaças à dignidade; segundo, porque pressupõem uma compreensão positiva daquilo que a dignidade humana significa, ao menos inconscientemente, e, como não se tem uma noção clara a respeito, não há como saber que critérios essa concepção teria para justificar uma violação à dignidade; e, terceiro, porque carecem de critérios nítidos e coesos para avaliar qual comportamento desrespeitoso infringe e qual não infringe a dignidade, cf. KIRSTE, Stephan. A dignidade humana e o conceito de pessoa de direito. Tradução de Luís Marcos Sander. In: SARLET, Ingo Wolfgang (Org.). *Dimensões da dignidade*: ensaios de filosofia do direito e direito constitucional. 2. ed. rev. e ampl. Porto Alegre: Livraria do Advogado, 2009, p. 175-198, p. 181.

[275] Como refere BARCELLOS, Ana Paula de. *A eficácia jurídica dos princípios constitucionais:* o princípio da dignidade da pessoa humana. Rio de Janeiro: Renovar, 2002, p. 107.

[276] Não se adota a tese defendida, entre outros, por Niklas Luhmann, de dignidade como prestação, no sentido de que o homem ganha a sua dignidade na medida em que determina autonomamente o seu comportamento. Lembre-se que, de acordo com Hasso Hofmann, distinguem-se a teoria da dádiva, para qual a dignidade é concedida ao indivíduo pelo seu criador ou pela natureza, e a teoria da prestação, em que a dignidade é um produto do próprio agir do homem. Ambas as teorias, contudo, baseiam-se no princípio da personalidade do homem e no princípio da autonomia do indivíduo. Hofmann, então, propõe um terceiro modelo dogmático, em que a dignidade funda-se no reconhecimento social, sendo um conceito de relação ou de comunicação, e não de substância, de qualidade ou de prestação, cf. ALEXANDRINO, José de Melo. Perfil constitucional da dignidade da pessoa humana: um esboço traçado a partir da variedade de concepções. *Direitos Fundamentais & Justiça*, Porto Alegre, ano 4, n. 11, p. 13-38, abr./jun. 2010.

[277] Nesse sentido, dentre outros, SARLET, Ingo Wolfgang. *Dignidade da pessoa humana e direitos fundamentais na Constituição Federal de 1988*. 8. ed. rev. atual. e ampl. Porto Alegre: Livraria do Advogado, 2010, p. 49-50.

[278] MIRANDA, Jorge. *Manual de direito constitucional*. Tomo IV, 4. ed. rev. e actual. Coimbra: Coimbra Editora, 2008, p. 199.

dual em favor do bem geral. É, ainda, algo inegociável e indisponível,[279] de sorte que nem mesmo o próprio sujeito pode a ela renunciar.

Esta premissa, de dignidade da pessoa humana como aquilo que existe de irredutivelmente humano, também engloba a ideia de ser humano que reclama respeito[280] e proteção[281] quaisquer que sejam as circunstâncias, já que, como valor objetivo, a dignidade implica que o homem não seja funcionalizado a projetos alheios (homem como fim em si mesmo). Na Alemanha, a conhecida *fórmula-objeto*, elaborada pela primeira vez por Günter Dürig,[282] é recorrente na jurisprudência do Tribunal Constitucional Federal, sendo, na visão de Peter Häberle, a construção teórica mais convincente do princípio da dignidade da pessoa humana.[283] Assim, a dignidade humana é violada quando a pessoa é reduzida à condição de objeto,[284] como quando é humilhada, estigmatizada, perseguida ou proscrita.[285]

---

[279] BELLOSO MARTÍN, Nuria. El principio de dignidad de la persona humana en la teoría kantiana: algunas contradicciones. *Direitos Fundamentais & Justiça*, Porto Alegre, v. 2, n. 4, p. 40-60, jul./set. 2008, p. 41.

[280] MAURER, Béatrice. Notas sobre o respeito da dignidade da pessoa humana... ou pequena fuga incompleta em torno de um tema central. Tradução de Rita Dostal Zanini. In: SARLET, Ingo Wolfgang (Org.). *Dimensões da dignidade*: ensaios de filosofia do direito e direito constitucional. 2. ed. rev. e ampl.Porto Alegre: Livraria do Advogado, 2009, p. 136.

[281] Inclusive a proteção do sujeito em face de si mesmo, o que decorre do caráter irrenunciável da dignidade pessoal. Lembre-se do famoso caso do lançamento de anão, em que o Conselho de Estado francês decidiu ser legítima a interdição administrativa da atividade conhecida como *lancer de nain*, por considerar que tal entretenimento é atentatório à dignidade da pessoa humana, sendo irrelevante o fato de os anões participarem voluntariamente.

[282] KIRSTE, Stephan. A dignidade humana e o conceito de pessoa de direito. Tradução de Luís Marcos Sander. In: SARLET, Ingo Wolfgang (Org.). *Dimensões da dignidade*: ensaios de filosofia do direito e direito constitucional. 2. ed. rev. e ampl. Porto Alegre: Livraria do Advogado, 2009, p. 186, nota 44.

[283] A *fórmula-objeto* é o primeiro passo para a determinação dos contornos da dignidade. Num segundo momento, acrescenta Häberle, a dignidade humana é "concretizada jurídico-pragmaticamente de modo científico-experimental e com base nos exemplos recolhidos da casuística dos casos concretos". Cf. HÄBERLE, Peter. A dignidade humana como fundamento da comunidade estatal. Tradução de Ingo Wolfgang Sarlet e Pedro Scherer de Mello Aleixo. In: SARLET, Ingo Wolfgang (Org.). *Dimensões da dignidade*: ensaios de filosofia do direito e direito constitucional. 2. ed. rev. e ampl. Porto Alegre: Livraria do Advogado, 2009, p. 75 e 101.

[284] Consoante decidiu o Tribunal Federal Constitucional da Alemanha (BverfGE 30, 1), a formulação geral de que não se pode reduzir a pessoa humana a um simples objeto não é suficiente, embora indique uma direção. Mais do que isso, para que reste configurada uma violação da dignidade da pessoa humana, "o atingido precisa ser submetido a um tratamento que coloque em xeque, de antemão, sua qualidade de sujeito [de direitos], ou haver no caso concreto um desrespeito arbitrário à sua dignidade". Cf. MARTINS, Leonardo (Org.). *Cinqüenta anos de jurisprudência do Tribunal Constitucional Federal Alemão*. Montevideo: Fundación Konrad-Adenauer, 2005, p. 180-181. Essa decisão é criticada por Häberle justamente por ter apresentado objeções à fórmula-objeto, cf. HÄBERLE, Peter. A dignidade humana como fundamento da comunidade estatal. Tradução de Ingo Wolfgang Sarlet e Pedro Scherer de Mello Aleixo. In: SARLET, Ingo Wolfgang (Org.). *Dimensões da dignidade*: ensaios de filosofia do direito e direito constitucional. 2. ed. rev. e ampl. Porto Alegre: Livraria do Advogado, 2009, p. 56).

[285] ALEXY, Robert. Tradução de Virgílio Afonso da Silva. *Teoria dos direitos fundamentais*. São Paulo: Malheiros, 2008, p. 355.

A mesma linha foi seguida pelo Supremo Tribunal Federal na decisão do HC 85327.[286] Em seu voto, o Ministro Gilmar Mendes destacou que o princípio da dignidade da pessoa humana, na sua acepção originária, "proíbe a utilização ou transformação do homem em objeto dos processos e ações estatais" ao mesmo tempo em que vincula o Estado "ao dever de respeito e proteção do indivíduo contra exposições e ofensas ou humilhações".

Invocando expressamente a filosofia de Kant, José Afonso da Silva assinala que a dignidade é uma propriedade intrínseca, "da essência, da pessoa humana, único ser que compreende um valor interno, superior a qualquer preço, que não admite substituição equivalente". A dignidade, prossegue o autor, "entranha e se confunde com a própria natureza do ser humano".[287] No mesmo sentido, com razão Ricardo Soares[288] ao afirmar que a dignidade da pessoa humana identifica "um núcleo de integridade física e moral a ser assegurado a todas as pessoas por sua existência no mundo, relacionando-se tanto com a satisfação espiritual quanto com as condições materiais de subsistência do ser humano, vedando-se qualquer tentativa de degradação ou coisificação do ser humano em sociedade".

A razão e a consciência[289] seguem sendo apontadas como os elementos que identificam e diferenciam os homens dos demais seres,[290] donde sobressaem a autonomia e a autodeterminação como as principais características humanas.[291] Francisco Segado, depois de referir que o homem, enquanto dotado de razão, liberdade e responsabilidade, é diferente e

---

[286] HC 85327, Segunda Turma, Relator Ministro Gilmar Ferreira Mendes, DJ 20/10/2006.

[287] SILVA, José Afonso da. A dignidade da pessoa humana como valor supremo da democracia. *Revista de Direito Administrativo*, Rio de Janeiro, v. 212, p. 125-145, 1998, p. 91.

[288] SOARES, Ricardo Maurício Freire. *O princípio constitucional da dignidade da pessoa humana*. São Paulo: Saraiva, 2010, p. 142.

[289] Na lição de Rocha: "Dignidade é o pressuposto da idéia de justiça humana, porque ela é que dita a condição superior do homem como ser de razão e sentimento. Por isso é que a dignidade humana independe de merecimento pessoal ou social. Não se há de ser mister ter de fazer merecê-la, pois ela é inerente à vida e, nessa contingência, é um direito pré-estatal". Cf. ROCHA, Cármen Lúcia Antunes. O princípio da dignidade da pessoa humana e a exclusão social. *Interesse Público*, São Paulo, ano 1, n. 4, p. 23-48, out./dez. 1999, p. 26.

[290] Não se ignora a discussão atual sobre a dignidade dos animais e demais seres vivos. A Constituição da Suíça, por exemplo, faz menção à "dignidade da criatura" (art. 120). Porém, sem entrar nesse debate, a dignidade de que se trata neste estudo é somente a da pessoa humana, que certamente não se confunde com eventuais outras dignidades que venham a ser reconhecidas pelos ordenamentos jurídicos.

[291] Em defesa de uma concepção "própria de uma nova ética, fundada no homem como ser integrado à natureza", cuja nota específica não está na razão e na vontade mas na autoconsciência, mas "na capacidade do homem de sair de si, reconhecer o outro como igual, usar a linguagem, dialogar e, ainda, principalmente, na sua vocação para o amor, como entrega espiritual a outrem", ver AZEVEDO, Antônio Junqueira de. Caracterização jurídica da dignidade da pessoa humana. *Revista dos Tribunais*, São Paulo, v. 91, n. 797, p.11-26, mar. 2002.

superior a todos os animais, assevera que "la dignidad, en cuanto calidad ínsita a todo ser humano y exclusiva del mismo, se traduce primordialmente en la capacidad de decidir libre y racionalmente cualquier modelo de conducta, con la consecuente exigencia de respeto por parte de los demás".[292]

Ressalte-se que a autonomia é considerada em abstrato,[293] como capacidade potencial da pessoa de eleger o seu projeto de vida, dirigir a sua conduta nessa direção e desenvolver livremente sua personalidade, não pressupondo uma capacidade concreta (psicológica) de autodeterminação.[294] Portanto "também aquele que para a 'construção da sua identidade' for incapaz de manifestar sua vontade de agir, como o criminoso anômalo, o nascituro, o doente mental ou o deficiente por ocasião do nascimento, possui dignidade",[295] já que nele estão igualmente presentes todas as faculdades da humanidade.

Para Jorge Miranda,[296] o fato de serem dotados de razão e consciência é o denominador comum a todos os homens em que consiste a sua igualdade, é o que justifica o reconhecimento, a garantia e a promoção dos direitos fundamentais, independentemente das diferenciações econômicas, culturais e sociais, e é o que explica por que os direitos fundamentais, ou os que estão no seu cerne, não podem desprender-se da consciência jurídica dos homens e dos povos.

Naquilo que interessa mais diretamente ao presente estudo, a autonomia,[297] como elemento da dignidade, pressupõe condições materiais

---

[292] FERNÁNDEZ SEGADO, Francisco. La dignidad de la persona como fundamento de sus derechos. *Revista de Derecho Público*, n. 6, p. 13-45, jun. 1996, p. 25.

[293] Assim é irrelevante se o indivíduo é consciente da sua dignidade ou mesmo se a compreende, conforme realça KLOEPFER, Michael. Vida e dignidade da pessoa humana. Tradução de Rida Dostal Zanini. In: SARLET, Ingo Wolfgang (Org.). *Dimensões da dignidade*: ensaios de filosofia do direito e direito constitucional. 2. ed. rev. e ampl. Porto Alegre: Livraria do Advogado, 2009, p. 152.

[294] MIRANDA, Jorge. *Manual de direito constitucional*. Tomo IV, 4. ed. rev. e actual. Coimbra: Coimbra Editora, 2008, p. 209.

[295] HÄBERLE, Peter. A dignidade humana como fundamento da comunidade estatal. Tradução de Ingo Wolfgang Sarlet e Pedro Scherer de Mello Aleixo. In: SARLET, Ingo Wolfgang (Org.). *Dimensões da dignidade*: ensaios de filosofia do direito e direito constitucional. 2. ed. rev. e ampl. Porto Alegre: Livraria do Advogado, 2009, p. 75.

[296] MIRANDA, Jorge. *Manual de direito constitucional*. Tomo IV, 4. ed. rev. e actual. Coimbra: Coimbra Editora, 2008, p. 199.

[297] "Os indivíduos expressam sua autonomia por referência a sua capacidade de formular objetivos e estratégias consistentes que considerem como adequados a seus interesses e suas intenções de pô-los em prática nas atividades que empreendem. São três as variáveis que afetam os níveis de autonomia individual: o grau de *compreensão* que uma pessoa tem de si mesma, de sua cultura e do que se espera dela como indivíduo dentro da mesma; a *capacidade psicológica* que possui para formular opções para si mesma e as *oportunidades* objetivas que lhe permita atuar em conseqüência". Cf. LEIVAS, Paulo Gilberto Cogo. *Teoria dos direitos fundamentais sociais*. Porto Alegre: Livraria do Advogado, 2006, p. 125. Grifos do original.

mínimas para o seu exercício, justificando e exigindo o reconhecimento dos direitos fundamentais sociais. Com efeito, para o pleno exercício de sua autonomia, o indivíduo precisa ter satisfeitas as necessidades essenciais à sua existência física e psíquica.[298] Certamente, assevera Belloso Martín, "no se puede hablar de dignidad de la persona si esto no se materializa en sus propias condiciones de vida". Como se pode falar em dignidade, indaga o mesmo autor, "sin derecho a la salud, al trabajo, en fin, sin derecho de participar en la vida en sociedad con un mínimo de condiciones?".[299] Daí o direito a um mínimo de subsistência, não apenas na sua dimensão negativa, mas, inclusive e sobretudo, na dimensão positiva.[300]

Além da dimensão ontológica, a dignidade apresenta, concomitantemente, uma dimensão comunitária, intersubjetiva, pois o ser humano não pode ser apartado da comunidade em que vive, onde todos possuem igual dignidade. Cuida-se da compreensão da pessoa em relação com as demais, o elemento social da dignidade. A dignidade de cada pessoa é "incindível da de todas as outras e envolve responsabilidade".[301] Nessa perspectiva, a dignidade impõe uma obrigação geral de respeito pela pessoa e pelo seu *florescimento humano* e reclama o reconhecimento e proteção da ordem jurídica na garantia de que todos recebam igual respeito e consideração por parte do Estado e da comunidade.[302] É a noção da dignidade "como produto do reconhecimento da essencial unicidade de cada

---

[298] BARROSO, Luís Roberto. *A Dignidade da Pessoa Humana no Direito Constitucional Contemporâneo: Natureza Jurídica, Conteúdos Mínimos e Critérios de Aplicação*. Versão provisória para debate público. Mimeografado, dezembro de 2010.

[299] BELLOSO MARTÍN, Nuria. El principio de dignidad de la persona humana en la teoría kantiana: algunas contradicciones. *Direitos Fundamentais & Justiça*, Porto Alegre, v. 2, n. 4, p. 40-60, jul./set. 2008, p. 56.

[300] MIRANDA, Jorge. *Manual de direito constitucional*. Tomo IV, 4. ed. rev. e actual. Coimbra: Coimbra Editora, 2008, p. 211. Comentando sobre a possibilidade de serem deduzidos conteúdos prestacionais jurídico-subjetivos do art. 1º, inciso I, da Lei Fundamental da Alemanha, Kloepfer releva que o "alcance da responsabilidade social do Estado depende, em certa medida, dos *standards* e também da capacidade prestacional de uma sociedade, e que, de forma correspondente, as prestações estatais concretas devem ser determinadas considerando os desenvolvimentos sociais em sua globalidade", cf. KLOEPFER, Michael. Vida e dignidade da pessoa humana. Tradução de Rida Dostal Zanini. In: SARLET, Ingo Wolfgang (Org.). *Dimensões da dignidade*: ensaios de filosofia do direito e direito constitucional. 2. ed. rev. e ampl. Porto Alegre: Livraria do Advogado, 2009, p. 161.

[301] MIRANDA, Jorge. *Manual de direito constitucional*. Tomo IV, 4. ed. rev. e actual. Coimbra: Coimbra Editora, 2008, p. 206.

[302] SARLET, Ingo Wolfgang. As dimensões da dignidade da pessoa humana: construindo uma compreensão jurídico-constitucional necessária e possível. In: SARLET, Ingo Wolfgang (Org.). *Dimensões da dignidade*: ensaios de filosofia do direito e direito constitucional. 2. ed. rev. e ampl. Porto Alegre: Livraria do Advogado, 2009, p. 25.

pessoa e do fato de esta ser credora de um dever de igual respeito e proteção no âmbito da comunidade humana".[303]

Há que se destacar, ainda, a dimensão histórico-cultural da dignidade.[304] Como anunciado anteriormente, a fixação dos contornos jurídicos da dignidade jamais pode ser definitiva,[305] exercendo papel fundamental nessa construção a história e a cultura de cada povo, sem descurar das condições econômicas e políticas.[306] É a dignidade como construção.[307]

Por esse prisma, o respeito pela dignidade humana é um conceito culturalmente dependente e eminentemente maleável, sendo particularmente difícil se obter um consenso, ainda mais em sociedades pluralistas, em que não predomina uma única versão de pessoa e, por conseguinte, diferentes versões de dignidade, elaboradas a partir de diferentes tradições históricas, competem entre si. Não obstante, é importante que haja um esforço em direção a um consenso mínimo, porque, do contrário, perder-se-á uma das bases do respeito mútuo.[308] Na lição de Peter Häberle, "a

---

[303] SARLET, Ingo Wolfgang. As dimensões da dignidade da pessoa humana: construindo uma compreensão jurídico-constitucional necessária e possível. In: SARLET, Ingo Wolfgang (Org.). *Dimensões da dignidade*: ensaios de filosofia do direito e direito constitucional. 2. ed. rev. e ampl. Porto Alegre: Livraria do Advogado, 2009, p. 27.

[304] Propugnando que a dignidade é um ideário sempre sujeito à evolução do processo civilizatório, em cada tempo e lugar, GOMES, Magno Federici; FREITAS, Frederico Oliveira. Os direitos fundamentais e o princípio da dignidade da pessoa humana no Estado Democrático de Direito. *Revista IOB de Direito Administrativo*, ano V, n. 55, p. 113-137, jul. 2010, p. 131.

[305] A história da humanidade ainda não se encerrou. Na verdade, a "humanidade ainda engatinha sobre a construção das experiências que marcam seus princípios e valores centrais". Assim, apesar da universalidade do princípio da dignidade da pessoa humana, "sua construção não é fruto de uma dedução da razão, mas sim um construto histórico, e, como tal, (...) deverá ser submetido à ampliação do uso de seu sentido a contextos históricos os mais variados, nos jogos de realidade e de linguagem", cf. BITTAR, Eduardo C. B. Hermenêutica e Constituição: a dignidade da pessoa humana como legado à pós-modernidade. In: FERRAZ, Ana Cândida da Cunha; BITTAR, Eduardo C. B. (Org.). *Direitos humanos fundamentais*: positivação e concretização. Osasco: EDIFIEO, 2006, p. 50.

[306] Afirma Boaventura de Sousa Santos, com razão, que "todas as culturas têm versões diferentes de dignidade humana, algumas mais amplas do que outras, algumas com um círculo de reciprocidade mais largo do que outras, algumas mais abertas a outras culturas do que outras". Nessa linha, defende o reconhecimento da dimensão multicultural dos direitos humanos, em oposição à ideia de universalidade, esta predominante no pensamento ocidental. Ele propõe a adoção de uma hermenêutica diatópica, em que um dos imperativos consiste em escolher, dentre as diferentes versões de direitos humanos de uma dada cultura, "aquela que representa o círculo mais amplo de reciprocidade dentro dessa cultura, a versão que vai mais longe no reconhecimento do outro", cf. SANTOS, Boaventura de Sousa. Por uma concepção multicultural dos direitos humanos. *Revista Crítica de Ciência Sociais*, n. 48, jun. 1997. Disponível em: <http://www.boaventuradesousasantos.pt/media/pdfs/Concepcao_multicultural_direitos_humanos_RCCS48.PDF> Acesso em: 13 jan. 2011.

[307] SARLET, Ingo Wolfgang. As dimensões da dignidade da pessoa humana: construindo uma compreensão jurídico-constitucional necessária e possível. In: SARLET, Ingo Wolfgang (Org.). *Dimensões da dignidade*: ensaios de filosofia do direito e direito constitucional. 2. ed. rev. e amp. Porto Alegre: Livraria do Advogado, 2009, p. 27.

[308] Conforme GEARTY, Conor. *Principles of Human Rights Adjudication*. Oxford: Oxford University Press, 2004, p. 86, apoiado nas lições David Feldman.

dignidade humana possui uma referência cultural relativa, ela se situa no contexto cultural, possuindo, contudo, também feições tendencialmente universais".[309]

Por fim, Ingo Sarlet aponta a dupla dimensão – negativa e prestacional – da dignidade, apresentando-se, simultaneamente, como limite e tarefa dos poderes estatais e da comunidade em geral:

> Como limite, a dignidade implica não apenas que a pessoa não pode ser reduzida à condição de mero objeto da ação própria e de terceiros, mas também o fato de [que] a dignidade gera direitos fundamentais (negativos) contra atos que a violem ou a exponham a graves ameaças. Como tarefa, da previsão constitucional (explícita ou implícita) da dignidade da pessoa humana, dela decorrem deveres concretos de tutela por parte dos órgãos estatais, no sentido de proteger a dignidade de todos, assegurando-lhe também por meio de medidas positivas (prestações) o devido respeito e promoção.[310]

Vê-se daí, em suma, que a definição jurídica de dignidade, apesar das diferenças culturais predominantes em dado tempo e espaço, contém, como elementos essenciais, o valor intrínseco da pessoa humana, a autonomia e a intersubjetividade.[311]

2.1.3. Conceito jurídico de dignidade da pessoa humana

A expressão dignidade da pessoa humana é familiar a diversos ramos do conhecimento.[312] Não obstante, e também por isso, é impossível se obter um consenso sobre o que exatamente ela significa. Como bem lembrado por Christian Starck,[313] a dignidade humana é definida de modo diverso a depender da doutrina filosófica, havendo conceitos cristãos, humanístico-iluminista, teórico-sistemáticos e behavioristas. No campo jurídico, a divergência não é menos significativa.

---

[309] HÄBERLE, Peter. A dignidade humana como fundamento da comunidade estatal. Tradução de Ingo Wolfgang Sarlet e Pedro Scherer de Mello Aleixo. In: SARLET, Ingo Wolfgang (Org.). *Dimensões da dignidade*: ensaios de filosofia do direito e direito constitucional. 2. ed. rev. e ampl. Porto Alegre: Livraria do Advogado, 2009, p. 80.

[310] SARLET, Ingo Wolfgang. As dimensões da dignidade da pessoa humana: construindo uma compreensão jurídico-constitucional necessária e possível. In: SARLET, Ingo Wolfgang (Org.). *Dimensões da dignidade:* ensaios de filosofia do direito e direito constitucional. 2. ed. rev. e amp. Porto Alegre: Livraria do Advogado, 2009, p. 32.

[311] BARROSO, Luís Roberto. *A Dignidade da Pessoa Humana no Direito Constitucional Contemporâneo:* Natureza Jurídica, Conteúdos Mínimos e Critérios de Aplicação. Versão provisória para debate público. Mimeografado, dezembro de 2010.

[312] Sobre a origem etimológica da palavra dignidade, confira-se RUOTOLO, Marco. Appunti sulla dignità umana. *Direitos Fundamentais & Justiça*, Porto Alegre, ano 4, n. 11, p. 123-162, abr./jun. 2010.

[313] STARCK, Christian. Dignidade humana como garantia constitucional: o exemplo da Lei Fundamental alemã. Tradução de Rita Dostal Zanini. In: SARLET, Ingo Wolfgang (Org.) *Dimensões da dignidade*: ensaios de filosofia do direito e direito constitucional. 2. ed. rev. e ampl. Porto Alegre: Livraria do Advogado, 2009, p. 199-224.

Sem embargo, para fins deste trabalho, adota-se o conceito formulado por Ingo Sarlet. Não é demais reiterar que, como o próprio autor reconhece, é impossível alcançar uma fórmula abstrata e genérica que expresse, em definitivo, tudo o que constitui o conteúdo da dignidade da pessoa humana. Por outro lado, a busca de uma definição minimamente objetiva se impõe tanto por razões de segurança jurídica como para evitar que a dignidade sirva de argumento meramente retórico ou que continue a embasar teses diametralmente opostas.[314]

Em face disso, optou-se pelo conceito abaixo justamente porque, nele, foi considerado o caráter multidimensional, aberto e inclusivo da dignidade, sem abrir mão de certa objetividade. Eis o seu teor:

> Assim sendo, temos por dignidade da pessoa humana a qualidade intrínseca e distintiva reconhecida em cada ser humano que o faz merecedor do mesmo respeito e consideração por parte do Estado e da comunidade, implicando, neste sentido, um complexo de direitos e deveres fundamentais que assegurem a pessoa tanto contra todo e qualquer ato de cunho degradante e desumano, como venham a lhe garantir as condições existenciais mínimas para uma vida saudável, além de propiciar e promover sua participação ativa e co-responsável nos destinos da própria existência e da vida em comunhão com os demais seres humanos, mediante o devido respeito aos demais seres que integram a rede da vida.[315]

2.2. A dignidade da pessoa humana na ordem jurídico-constitucional brasileira

2.2.1. A positivação da dignidade da pessoa humana na Constituição de 1988

A Constituição Federal de 1988, de forma inédita no constitucionalismo brasileiro, contemplou expressamente a dignidade da pessoa humana. E assim o fez no título dedicado aos princípios fundamentais, já no artigo de abertura da Constituição, de acordo com o qual a República Federativa do Brasil, formada pela união indissolúvel dos Estados e Municípios e do Distrito Federal, constitui-se em Estado Democrático de

---

[314] Como exemplifica Fachin, o princípio da dignidade da pessoa humana é apresentado como argumento tanto para negar a possibilidade legal e ética da pesquisa científica de células-tronco embrionárias como para afirmar a liberdade científica na área, cf. FACHIN, Luiz Edson. The Constitutional Debate on Stem Cell Research, Human Rights and Dignity: the Law and a Recent Court Ruling in Brazil. *Direitos Fundamentais & Justiça*, Porto Alegre, ano 3, n. 6, p. 131-149, jan./mar. 2009.

[315] SARLET, Ingo Wolfgang. *Dignidade da pessoa humana e direitos fundamentais na Constituição Federal de 1988*. 8. ed. rev. atual. e ampl. Porto Alegre: Livraria do Advogado, 2010, p. 70.

Direito e tem como fundamento, dentre outros, a dignidade da pessoa humana (art. 1º, inciso III).[316]

A consagração da dignidade do homem como fundamento do Estado brasileiro bem demonstra a assimilação da ideia, então reinante desde o fim dos períodos ditatoriais do século XX, ao menos nos países ocidentais, de que o Estado deve servir de meio para o bem-estar do homem, assegurando-lhe condições políticas, sociais, econômicas e jurídicas para tanto,[317] e não fim em si mesmo ou meio para outros fins.[318] E o fato de constar no título destinado aos princípios fundamentais – e, portanto, entre as normas que embasam e informam toda a ordem constitucional – evidencia a intenção do constituinte de erigir a dignidade da pessoa humana à condição de valor fundamental que se irradia por todo o sistema jurídico, servindo, também, como critério e parâmetro de valoração a orientar a interpretação do sistema constitucional.[319]

Uma Constituição, como é o caso da Constituição brasileira, que parte da dignidade da pessoa humana e sua proteção, disciplinando-a em seus artigos inaugurais, lança, como refere Häberle, "os contornos de sua compreensão de Estado e do Direito e estabelece uma premissa antropológico-culutral". Respeito e proteção da dignidade humana como dever (jurídico) fundamental do Estado constitucional, prossegue Häberle, "constitui a premissa para todas as questões jurídico-dogmáticas particulares. Dignidade humana constitui a norma fundamental do Estado, porém é mais do que isso: ela fundamenta também a sociedade constituída e eventualmente a ser constituída".[320]

Diante disso, não há dúvidas de que a dignidade da pessoa humana, no Brasil, não é apenas um princípio moral. Ao revés, ela faz parte do direito positivo constitucional vigente. E, mais do que isso, ela é o seu núcleo axiológico central.

---

[316] A Constituição também estabelece que a ordem econômica tem por fim assegurar a todos existência digna (art. 170, *caput*); que o planejamento familiar é fundado no princípio da dignidade da pessoa humana (art. 226, § 7º); e que é dever da família, da sociedade e do Estado assegurar à criança, ao adolescente e ao jovem o direito à dignidade (art. 227, *caput*), bem como defender a dignidade das pessoas idosas (art. 230, *caput*).

[317] ROCHA, Cármen Lúcia Antunes. O princípio da dignidade da pessoa humana e a exclusão social. *Interesse Público*, São Paulo, ano 1, n. 4, p. 23-48, out./dez. 1999, p. 34.

[318] BARCELLOS, Ana Paula de. *A eficácia jurídica dos princípios constitucionais:* o princípio da dignidade da pessoa humana. Rio de Janeiro: Renovar, 2002, p. 25-26.

[319] PIOVESAN, Flávia. Justiciabilidade dos direitos sociais e econômicos: desafios e perspectivas. In: CANOTILHO, Joaquim José Gomes; CORREIA, Marcus Orione Gonçalves; CORREIA, Érica Barcha (Coord.). *Direitos fundamentais sociais*. São Paulo: Saraiva, 2010, p. 54.

[320] HÄBERLE, Peter. A dignidade humana como fundamento da comunidade estatal. Tradução de Ingo Wolfgang Sarlet e Pedro Scherer de Mello Aleixo. In: SARLET, Ingo Wolfgang (Org.). *Dimensões da dignidade*: ensaios de filosofia do direito e direito constitucional. 2. ed. rev. e ampl. Porto Alegre: Livraria do Advogado, 2009, p. 81.

2.2.2. Natureza jurídica da dignidade da pessoa humana

No âmbito do direito comparado, o enquadramento jurídico da dignidade da pessoa humana vem sendo objeto de estudo. Discute-se, mais precisamente, se a dignidade da pessoa humana, além de norma constitucional objetiva, é, em si, um direito fundamental.[321] Isso se deve precipuamente à forma como a dignidade é positivada em cada Constituição.

Na Alemanha, por exemplo, a dignidade foi positivada no capítulo destinado aos direitos fundamentais (art. 1º, inciso I). Por isso, naquele país, a doutrina majoritária e o Tribunal Constitucional Federal partem do caráter jusfundamental da garantia da dignidade conjugado com a sua condição de princípio fundamental da ordem de valores objetiva.[322] Em prol da qualidade jusfundamental, sustenta-se, ainda, que o texto do art. 1º, inciso I, da Lei Fundamental de Bonn contém uma proposição jurídica vinculativa em consequência da qual o Estado fica obrigado a respeitar e proteger a dignidade e que não é sistemático considerar que justamente a norma fundamental estrutural da Constituição seja interpretada somente como preceito jurídico objetivo.[323]

Na Constituição espanhola, a dignidade também está prevista no título relativo aos direitos e deveres fundamentais, mas à margem dos cinco capítulos em que dito título se estrutura. Sem embargo, o Tribunal Constitucional daquele país entende que a dignidade da pessoa, em si, não pode ser considerada um direito fundamental.[324] Corroborando esse entendimento, Fernandez Segado sustenta que dignidade e direitos não estão no mesmo plano. Aquela é um valor absoluto e um princípio orientador do sistema jurídico como um todo, constituindo-se em fonte de todos os direitos da pessoa, independentemente da sua natureza.[325]

---

[321] Consoante referido anteriormente, adota-se o entendimento de que a dignidade é um atributo intrínseco à pessoa humana, não podendo ser concedida ou retirada. Desse modo, não se há falar propriamente em direito à dignidade, mas em direito à proteção, respeito e promoção da dignidade.

[322] O Tribunal Constitucional Federal jamais justificou sua posição; e Dürig e Dreier negam que a dignidade constitua um direito fundamental, cf. STARCK, Christian. Dignidade humana como garantia constitucional: o exemplo da Lei Fundamental alemã. Tradução de Rita Dostal Zanini. In: SARLET, Ingo Wolfgang (Org). *Dimensões da dignidade*: ensaios de filosofia do direito e direito constitucional. 2. ed. rev. e ampl. Porto Alegre: Livraria do Advogado, 2009, p. 217-219.

[323] KLOEPFER, Michael. Vida e dignidade da pessoa humana. Tradução de Rida Dostal Zanini. In: SARLET, Ingo Wolfgang (Org.). *Dimensões da dignidade*: ensaios de filosofia do direito e direito constitucional. 2. ed. rev. e ampl. Porto Alegre: Livraria do Advogado, 2009, p. 155.

[324] Conforme FERNÁNDEZ SEGADO, Francisco. La dignidad de la persona como fundamento de sus derechos. *Revista de Derecho Público*, n. 6, p. 13-45, junio de 1996, p. 32.

[325] FERNÁNDEZ SEGADO, Francisco. La dignidad de la persona como fundamento de sus derechos. *Revista de Derecho Público*, n. 6, p. 13-45, jun. 1996, p. 32-34.

No Brasil, o constituinte optou pela positivação da dignidade da pessoa humana como princípio jurídico fundamental, em título próprio destinado aos princípios dessa natureza (Título I), e não no rol dos direitos e garantias fundamentais. Por conseguinte, o caráter jurídico-normativo da dignidade é inegável, assim como o é a sua condição de princípio fundamental da ordem de valores objetiva,[326] como, aliás, já foi destacado neste trabalho.

De acordo com Ingo Sarlet,[327] no que segue a doutrina de Robert Alexy,[328] a norma contida no artigo 1º, inciso III, da Carta de 1988 tem dupla estrutura,[329] de princípio e de regra,[330] além de ser fundamento de posições jurídico-subjetivas, outorgando direitos subjetivos de cunho negativo e positivo, inclusive de feição prestacional.[331] O conteúdo da regra da dignidade é determinado pelo sopesamento do princípio da dignidade humana com outros princípios. Enquanto o princípio da dignidade, tal quais os demais princípios, pode ser realizado em diferentes medidas e, por conseguinte, é passível de relativização e restrição; a regra da dignidade é absoluta.

Estas são as palavras de Alexy:

> (...) é necessário que se pressuponha a existência de duas normas da dignidade humana: uma regra da dignidade humana e um princípio da dignidade humana. A relação de prefe-

---

[326] Consoante ilustra Ingo Sarlet, o Supremo Tribunal Federal tem afirmado, reiteradamente, que a dignidade é o valor-fonte que conforma e inspira o ordenamento constitucional, cf. SARLET, Ingo Wolfgang. Notas sobre a dignidade da pessoa humana na jurisprudência do Supremo Tribunal Federal. In: SARMENTO, Daniel; SARLET, Ingo Wolfgang (Coord.). *Direitos fundamentais no Supremo Tribunal Federal*: balanço e crítica. Rio de Janeiro: Lumen Juris, 2011, p. 53.

[327] SARLET, Ingo Wolfgang. *Dignidade da pessoa humana e direitos fundamentais na Constituição Federal de 1988*. 7. ed. Porto Alegre: Livraria do Advogado, 2009, p. 74-84.

[328] ALEXY, Robert. *Teoria dos direitos fundamentais*. Tradução de Virgílio Afonso da Silva. São Paulo: Malheiros, 2008, p. 110-114.

[329] Para Alexandrino, a dignidade pode ser apreendida como valor (cujo caráter é absoluto), princípio (relativizável) e regra (caso em que dá a *aparência de absoluto* ao resolver sem apelo certos casos-limite). Em ALEXANDRINO, José de Melo. Perfil constitucional da dignidade da pessoa humana: um esboço traçado a partir da variedade de concepções. *Direitos Fundamentais & Justiça*, Porto Alegre, ano 4, n. 11, p. 13-38, abr./jun. 2010, p. 34.

[330] Em sentido contrário, Virgílio Afonso da Silva sustenta que a estrutura normativa da dignidade é de princípio e, como tal, tende a ter um conteúdo essencial relativo, a não ser nos casos em que a própria Constituição, em normas com estrutura de regra, define condutas absolutamente vedadas, a exemplo do artigo 5º, inciso III, que veda a tortura e o tratamento degradante, cf. SILVA, Virgílio Afonso da. *Direitos fundamentais*: conteúdo essencial, restrições e eficácia. São Paulo: Malheiros, 2009, p. 201-202.

[331] No mesmo sentido, Ricardo Soares aponta a dimensão subjetiva da dignidade, correspondente tanto a um *status* negativo, pelo qual o titular tem o direito de resistir à intervenção estatal na sua esfera de liberdade individual, como um *status* positivo, consubstanciado em uma liberdade positiva que pressupõe a obrigação do Estado de agir para implementar uma condição mínima de subsistência aos seus cidadãos, cf. SOARES, Ricardo Maurício Freire. *O princípio constitucional da dignidade da pessoa humana*. São Paulo: Saraiva, 2010, p. 144.

rência do princípio da dignidade humana em face de outros princípios determina o conteúdo da regra da dignidade. Não é o princípio que é absoluto, mas a regra, a qual, em razão de sua abertura semântica, não necessita de limitação em face de alguma possível relação de precedência. O princípio da dignidade humana pode ser realizado em diferentes medidas. O fato de que, dadas certas condições, ele prevalecerá com maior grau de certeza sobre outros princípios não fundamenta uma natureza absoluta desse princípio, significando apenas que, sob determinadas condições, há razões jurídico-constitucionais praticamente inafastáveis para uma relação de precedência em favor da dignidade humana.[332]

Sem ingressar na controvérsia que gira em torno deste ponto, até por fugir aos escopos deste trabalho, impende registrar que se considera mais correta a posição daqueles que defendem a possibilidade de relativização do princípio da dignidade da pessoa humana. A tese contrária, de que a dignidade é infensa a qualquer tipo de afetação, não consegue resolver a hipótese real de conflito entre a dignidade de sujeitos diversos, ou, até mesmo, entre a dignidade e a vida de um único sujeito. Do mesmo modo, ninguém nega que alguns aspectos da dignidade podem ser atingidos em favor de outros valores agasalhados pela Constituição, como se dá no caso da pena de prisão, só para citar um dos mais comuns.[333] É evidente, por outro lado, que a dignidade, como valor intrínseco a todos os seres humanos, não pode ser sacrificada; e que, quando necessária a ponderação, o princípio da dignidade tem um peso abstrato elevado na perspectiva de uma hierarquização axiológica, ocupando posição especial em face de outros preceitos constitucionais.[334]

Como princípio e valor fundamental,[335] a dignidade da pessoa humana confere unidade de sentido e legitimidade à ordem constitucional; atua como elemento fundante e informador dos direitos e garantias fun-

---

[332] ALEXY, Robert. *Teoria dos direitos fundamentais*. Tradução de Virgílio Afonso da Silva. São Paulo: Malheiros, 2008, p. 113-114.

[333] Alexy cita decisão do Tribunal Constitucional Federal da Alemanha sobre a prisão perpétua, na qual se afirma que a dignidade humana "não é violada se a execução da pena for necessária em razão da permanente periculosidade do preso e se, por essa razão, for vedada a graça", cf. ALEXY, Robert. *Teoria dos direitos fundamentais*. Tradução de Virgílio Afonso da Silva. São Paulo: Malheiros, 2008, p. 113. A decisão citada é a BVerfGE, 45, 187 (242).

[334] Considerando-se, é claro, a escala triádica da lei de ponderação alexyana. Como ensina Gilmar Mendes, embora não haja hierarquia absoluta entre diferentes direitos individuais, a existência de normas constitucionais de diferentes pesos não é incompatível com a unidade da Constituição, cf. MENDES, Gilmar Ferreira; BRANCO, Paulo Gustavo Gonet. *Curso de direito constitucional*. 6. ed. São Paulo: Saraiva, 2011, p. 268-269. A respeito dos pesos abstratos dos princípios, ver interessante proposta de Thomas Bustamante sobre a classificação dos princípios jurídicos considerando o grau de restringibilidade (restringibilidade excepcional, ocasional e ordinária) conforme critérios de coerência do sistema jurídico, de ligação com direitos individuais e de precedência *prima facie* dos princípios da liberdade e da igualdade, cf. BUSTAMANTE, Thomas. Princípios, regras e a fórmula de ponderação de Alexy: um modelo funcional para a argumentação jurídica? *Revista de Direito Constitucional e Internacional*, São Paulo, ano 14, n. 54, p. 76-107, jan./mar. 2006.

[335] SARLET, Ingo Wolfgang. *Dignidade da pessoa humana e direitos fundamentais na Constituição Federal de 1988*. 7. ed. Porto Alegre: Livraria do Advogado, 2009, p. 85-92 e 135.

damentais, embora de modo e intensidade variáveis, já que nem todos os direitos fundamentais positivados na Constituição podem ser reconduzidos de modo direto e igual ao princípio da dignidade da pessoa humana;[336] opera simultaneamente como fator de restrição de direitos fundamentais e como elemento de proteção destes contra medidas restritivas; e, ainda, exerce uma função instrumental integradora e hermenêutica de todo o ordenamento jurídico,[337] e não apenas dos direitos fundamentais e das demais normas constitucionais.[338]

Além disso, a dignidade da pessoa humana orienta o reconhecimento dos direitos fundamentais implícitos de que trata o artigo 5º, § 2º, da Constituição Federal e dos positivados fora do catálogo; serve de parâmetro para a compreensão daqueles direitos humanos previstos em tratados e convenções internacionais que poderão ser considerados hierarquicamente equivalentes às emendas constitucionais, em conformidade com o artigo 5º, § 3º;[339] bem como atua como fonte para a intelecção de direitos materialmente fundamentais autônomos,[340] sem qualquer referência dire-

---

[336] Nesse sentido, e destacando as peculiaridades de algumas normas de direitos fundamentais previstas na Constituição brasileira, como as regras sobre prescrição em matéria de direito do trabalho, a gratificação natalina e a imposição de registro dos estatutos dos partidos políticos no Tribunal Superior Eleitoral, veja-se SARLET, Ingo Wolfgang. *Dignidade da pessoa humana e direitos fundamentais na Constituição Federal de 1988*. 7. ed. Porto Alegre: Livraria do Advogado, 2009, p. 87. Assim também a observação de Häberle: "A maioria dos direitos fundamentais individualmente considerados é marcada por uma diferenciada amplitude e intensidade no que diz com a sua conexão com a dignidade humana", cf. HÄBERLE, Peter. A dignidade humana como fundamento da comunidade estatal. Tradução de Ingo Wolfgang Sarlet e Pedro Scherer de Mello Aleixo. In: SARLET, Ingo Wolfgang (Org.). *Dimensões da dignidade*: ensaios de filosofia do direito e direito constitucional. 2. ed. rev. e ampl. Porto Alegre: Livraria do Advogado, 2009, p. 81. Abordando a discussão sobre se há uma necessária consubstancialidade entre os direitos fundamentais e a dignidade do homem, confira-se TAVARES, André Ramos. Princípio da consubstancialidade parcial dos direitos fundamentais na dignidade do homem. *Revista Brasileira de Direito Constitucional*, n. 4, p. 225-240, jul./dez. 2004.

[337] Nas palavras de Rocha, a Constituição de 1988 "centralizou a dignidade da pessoa humana como ponto de partida e ponto de chegada da interpretação do direito e da aplicação da ação desse direito em qualquer nível e em qualquer seara", cf. ROCHA, Cármen Lúcia Antunes. A dignidade da pessoa humana e o mínimo existencial. *Revista de Direito Administrativo*, p. 15-24, set./dez. 2009, p. 21. Sobre a dignidade humana na interpretação dos direitos econômicos e sociais, ver LIEBENBERG, Sandra. The Value of Human Dignity in Interpreting Socio-Economic Rights. *South African Journal on Human Rights*, v. 2, part 1, p. 18, 2005.

[338] Nessa linha, decidiu o STF: "... o postulado da dignidade da pessoa humana, que representa – considerada a centralidade desse princípio essencial (CF, art. 1º, III) – significativo vetor interpretativo, verdadeiro valor-fonte que conforma e inspira todo o ordenamento constitucional vigente em nosso País e que traduz, de modo expressivo, um dos fundamentos em que se assenta, entre nós, a ordem republicana e democrática consagrada pelo sistema de direito constitucional positivo". (HC 95.464, Segunda Turma, Relator Ministro Celso de Mello, DJ 03/02/2009).

[339] SOARES, Ricardo Maurício Freire. *O princípio constitucional da dignidade da pessoa humana*. São Paulo: Saraiva, 2010, p. 136-137.

[340] Esta a lição de Häberle, plenamente compatível com a norma do artigo 1º, inciso III, da Constituição brasileira: "No processo histórico de novo desenvolvimento estatal-constitucional dos direitos fundamentais, a construção jurisprudencial ou as novas formulações textuais de direitos fundamentais individualmente considerados atuam como novas atualizações do postulado-base de proteção

ta a outro direito fundamental, como, por exemplo, o direito geral ao livre desenvolvimento da personalidade e o direito ao mínimo existencial para uma existência digna.[341]

2.2.3. Dignidade da pessoa humana e mínimo existencial

Conquanto se possa controverter sobre muitos pontos envolvendo este tema, uma coisa é certa: a interdependência entre a dignidade da pessoa humana e os direitos fundamentais. Não por acaso, a doutrina majoritária costuma apontar a dignidade da pessoa humana como a fonte de todos os direitos humanos e, do mesmo modo, de todos os direitos fundamentais.[342] Ao mesmo tempo, não há dúvidas de que é justamente por meio dos direitos fundamentais particularmente considerados que a dignidade é protegida. Daí ser possível afirmar, na esteira de Dworkin,[343] que a consagração da dignidade impõe que sejam reconhecidos tantos direitos quantos forem necessários para garanti-la.

Desse modo, para além dos clássicos direitos de primeira geração, também os assim considerados de segunda geração constituem "imperativos da dignidade humana".[344] Simultaneamente, a dignidade humana constitui o fundamento para a legitimação dos direitos fundamentais sociais.[345] E a conexão entre ambos, dignidade e direitos sociais, será tanto

---

da dignidade humana em face de novas zonas de perigo, por meio de um aperfeiçoamento jusfundamental". Cf. HÄBERLE, Peter. A dignidade humana como fundamento da comunidade estatal. Tradução de Ingo Wolfgang Sarlet e Pedro Scherer de Mello Aleixo. In: SARLET, Ingo Wolfgang (Org.). *Dimensões da dignidade*: ensaios de filosofia do direito e direito constitucional. 2. ed. rev. e ampl. Porto Alegre: Livraria do Advogado, 2009, p. 81-82. Na mesma linha Cristina Queiroz ao destacar o papel da dignidade humana como "motor do desenvolvimento e aperfeiçoamento da ordem jurídico-constitucional. Isso tanto por 'impulso' do legislador político democrático (...) como por parte dos órgãos específicos de controle constitucional, genericamente, os tribunais e o poder judicial", cf. QUEIROZ, Cristina M. M. Direitos fundamentais sociais: questões interpretativas e limites de justiciabilidade. In: SILVA, Virgílio Afonso (Org.). *Interpretação constitucional*. São Paulo: Malheiros, 2007, p. 192.

[341] SARLET, Ingo Wolfgang. *Dignidade da pessoa humana e direitos fundamentais na Constituição Federal de 1988*. 7. ed. Porto Alegre: Livraria do Advogado, 2009, p. 85-92.

[342] Consoante já referido, entende-se que nem todos os direitos fundamentais decorrem diretamente da dignidade, muito embora se possa aceitar como correta a afirmação de que alguma projeção da dignidade se faz presente em cada direito fundamental.

[343] Como visto anteriormente, Dworkin sustenta que existe uma espécie de direito moral a que sejam reconhecidos tantos direitos quantos forem necessários para garantir o respeito à igual importância da vida humana e à responsabilidade soberana que todos têm de conduzir a própria vida.

[344] BARCELLOS, Ana Paula de. *A eficácia jurídica dos princípios constitucionais*: o princípio da dignidade da pessoa humana. Rio de Janeiro: Renovar, 2002, p. 115.

[345] Conforme Neuner, a dignidade humana é o fundamento para a legitimação dos direitos humanos sociais, cf. NEUNER. Jörg. Os direitos humanos sociais. *Direito Público*, ano V, n. 26, p. 18-41, mar./abr. 2009, p. 19.

mais intensa quanto maior a importância destes para que se desfrute de uma vida com dignidade.[346]

Neste aspecto, vale relembrar que os Pactos Internacionais de proteção dos direitos humanos celebrados no âmbito da ONU partem do reconhecimento de que os direitos humanos decorrem da dignidade humana e de que o pleno exercício dessa dignidade depende da criação de condições que permitam a cada um gozar não apenas de seus direitos civis e políticos, mas de seus direitos econômicos, sociais e culturais.

Dentre os direitos de segunda geração, importam, aqui, os direitos sociais na sua dimensão positivo-prestacional. É que o pleno exercício das potencialidades humanas, aí incluída a capacidade de viver em condições de autonomia, pressupõe o acesso a determinados bens considerados básicos e essenciais para uma vida digna, como saúde, educação, trabalho e previdência, por exemplo.[347] Para tanto, há que se garantir um conjunto de prestações materiais aos que não conseguem, por meios próprios, alcançá-las. Somente assim a dignidade destes será respeitada e promovida.[348] Destarte, é (também) a partir da dignidade que se justifica o reconhecimento do direito fundamental a um mínimo existencial, mesmo na ausência de norma constitucional expressa, como é o caso da Constituição brasileira.[349] Sob outro enfoque, a dignidade como valor relacional assume crucial importância na definição dos limites das reivindicações individuais sobre os recursos sociais com referência às necessidades de outras pessoas e aos recursos disponíveis.[350]

---

[346] Conforme Ingo Sarlet, advertindo, de outro lado, que as condições de vida e os requisitos para uma vida com dignidade variam de acordo com o tempo e o lugar, em SARLET, Ingo Wolfgang. *Dignidade da pessoa humana e direitos fundamentais na Constituição Federal de 1988*. 7. ed. Porto Alegre: Livraria do Advogado, 2009, p. 105.

[347] No RE 436996, o Supremo Tribunal Federal decidiu que "o direito à educação [no caso, a educação infantil e o atendimento em creche] – que se mostra redutível à noção dos direitos de segunda geração – exprime, de um lado, no plano do sistema jurídico-normativo, a exigência de solidariedade social, e pressupõe, de outro, a asserção de que a dignidade humana, enquanto valor impregnado de centralidade em nosso ordenamento político, só se afirmará com a expansão das liberdades públicas, quaisquer que sejam as dimensões em que estas se projetem" (RE 410715 AgR, Relator Ministro Celso de Mello, Segunda Turma, julgado em 22/11/2005, DJ 03/02/2006)

[348] A existência de pessoas vivendo em extrema privação representa um fracasso da sociedade no que diz com o respeito da dignidade humana, conforme lembra LIEBENBERG, Sandra. The Value of Human Dignity in Interpreting Socio-Economic Rights. *South African Journal on Human Rights,* v. 2, part 1, p. 18, 2005.

[349] Não obstante, o art. 170, *caput* estabelece que um dos objetivos da ordem econômica é assegurar a todos uma existência digna.

[350] LIEBENBERG, Sandra. The Value of Human Dignity in Interpreting Socio-Economic Rights. *South African Journal on Human Rights,* v. 2, part 1, p. 18, 2005.

Quanto à proteção da dignidade pela via do auxílio material, Christian Starck[351] observa que a jurisprudência do Tribunal Constitucional Federal da Alemanha, inicialmente contrária a esse dever estatal, evoluiu para reconhecer que a pretensão de proteção do artigo 1º, inciso I, da Lei Fundamental impõe ao Estado a obrigação de assegurar os pressupostos mínimos para uma existência digna àqueles que estejam impedidos ou incapacitados de manter a própria subsistência. Foi também com base na dignidade da pessoa humana que o Tribunal Constitucional português reconheceu não apenas a existência de um direito fundamental implícito[352] a um *mínimo de existência condigna*, a ela inerente, como extraiu daí normatividade constitucional direta e imediata, independentemente de intermediação legislativa ou administrativa infraconstitucional, inclusive em sua dimensão positiva.[353]

No Brasil, o Supremo Tribunal Federal, citando a doutrina de Canotilho, reconheceu a existência de um "núcleo essencial da existência mínima inerente ao respeito pela dignidade da pessoa humana",[354] bem como decidiu que a atuação governamental em tema de implementação de políticas públicas há que respeitar "a necessidade de preservação, em favor dos indivíduos, da integridade e da intangibilidade do núcleo consubstanciador do 'mínimo existencial'".[355]

Expressiva parcela da doutrina pátria também radica o direito ao mínimo existencial na dignidade da pessoa humana.[356] Ingo Sarlet, por exemplo, afirma que "a garantia (e direito fundamental) do mínimo existencial independe de expressa previsão constitucional para ser reconhecida, visto que decorrente já da proteção da vida e da dignidade da pessoa

---

[351] STARCK, Christian. Dignidade humana como garantia constitucional: o exemplo da Lei Fundamental alemã. Tradução de Rita Dostal Zanini. In: SARLET, Ingo Wolfgang (Org). *Dimensões da dignidade*: ensaios de filosofia do direito e direito constitucional. 2. ed. rev. e ampl. Porto Alegre: Livraria do Advogado, 2009, p. 222.

[352] Decorrente das disposições conjugadas dos artigos 1º, 2º e 63º, nºs 1 e 3, da Constituição da República portuguesa.

[353] Trata-se do Acórdão nº 509/2002.

[354] Voto do Ministro Celso de Mello na STA 175 AgR, Relator Ministro Gilmar Mendes (Presidente), Tribunal Pleno, julgado em 17/03/2010, DJe-076 Divulg. 29/04/2010.

[355] ADPF 45 MC, Relator Ministro Celso de Mello, julgado em 29/04/2004, publicado em DJ 04/05/2004. Decisão monocrática da lavra do Ministro Celso de Mello. A ação, contudo, foi julgada prejudicada em virtude da perda superveniente de seu objeto.

[356] Vale ressaltar que a dignidade não é o único fundamento apontado para o reconhecimento da garantia constitucional do mínimo existencial, como será visto na seção subsequente.

humana".[357] Eurico Bittencourt Neto[358] refere que o direito ao mínimo para uma existência constitui a "reserva de eficácia da dignidade da pessoa humana". Ana Paula Barcellos,[359] por sua vez, é enfática ao referir que o mínimo existencial "corresponde a uma fração nuclear da dignidade da pessoa humana à qual se deve reconhecer eficácia jurídica positiva ou simétrica". Mesmo Ricardo Lobo Torres, que segue uma tradição mais liberal, entende que o direito ao mínimo existencial está implícito na proclamação constitucional de respeito à dignidade humana.[360]

Embora o presente estudo tenha por objeto este conjunto de prestações materiais indispensáveis à existência humana digna (física, espiritual e intelectual) representado pelo denominado mínimo existencial na sua dimensão positiva, releva destacar, com Jorge Reis Novais,[361] que, no atual Estado de Direito, os direitos sociais em geral são hoje amplamente tidos por direitos fundamentais em razão da sua relevância material enquanto exigências concretizadas, ou a concretizar, da dignidade da pessoa humana e que, nos direitos constitucionais que fizeram esta opção, como no Brasil, também pelo reconhecimento dessa qualidade por parte da Constituição.[362]

---

[357] SARLET, Ingo Wolfgang; FIGUEIREDO, Mariana Filchtiner. Reserva do possível, mínimo existencial e direito à saúde: algumas aproximações. *Direitos Fundamentais & Justiça*, Porto Alegre, ano 1, n. 1, p. 171-231, out./dez., 2007, p. 184.

[358] BITENCOURT NETO, Eurico. *O direito ao mínimo para uma existência digna.* Porto Alegre: Livraria do Advogado, 2010, p. 128.

[359] BARCELLOS, Ana Paula de. *A eficácia jurídica dos princípios constitucionais:* o princípio da dignidade da pessoa humana. Rio de Janeiro: Renovar, 2002, p. 248.

[360] TORRES, Ricardo Lobo. O mínimo existencial e os direitos fundamentais. *Revista de Direito Administrativo*, n. 177, p. 29-49, jul./set. 1989, p. 32.

[361] NOVAIS, Jorge Reis. *Direitos Sociais:* teoria jurídica dos direitos sociais enquanto direitos fundamentais. Coimbra: Coimbra Editora, 2010, p. 32-33.

[362] Em sentido contrário, afirmando que a jusfundamentalidade dos direitos sociais se reduz ao mínimo existencial, confira-se, por todos, TORRES, Ricardo Lobo. O mínimo existencial e os direitos fundamentais. *Revista de Direito Administrativo*, n. 177, p. 29-49, jul./set. 1989; TORRES, Ricardo Lobo. A metamorfose dos direitos sociais em mínimo existencial. In: SARLET, Ingo Wolfgang (Org.). *Direitos fundamentais sociais:* estudos de Direito Constitucional Internacional e Comparado. Rio de Janeiro: Renovar, 2003, p. 1-46; TORRES, Ricardo Lobo. *O direito ao mínimo existencial.* Rio de Janeiro: Renovar, 2009. Não obstante a importância do estudo do referido autor, entende-se que a posição por ele adotada não é compatível com o sistema constitucional brasileiro, na medida em que, como visto anteriormente, o constituinte de 1988 optou por conferir o *status* de direito fundamental aos direitos sociais.

3. O mínimo existencial

Intrinsecamente ligado ao princípio da dignidade da pessoa humana e indissociável dos problemas relacionados à concretização dos direitos sociais, o mínimo existencial vem ganhando espaço cada vez mais destacado na pauta das discussões doutrinárias e jurisprudenciais do constitucionalismo contemporâneo. Do ponto de vista moral, é bastante difundida a compreensão de que a comunidade política deve garantir aos seus membros, pelo menos, um padrão de vida minimamente decente. Entretanto *por que* isso também é um dever legal e *o que* exatamente esse dever significa são assuntos de intensa controvérsia.

3.1. Fundamentação: por que garantir um mínimo existencial?

3.1.1. A contribuição da filosofia

Embora a perspectiva deste estudo seja eminentemente jurídico--constitucional, o mínimo existencial, assim como a dignidade da pessoa humana, não é uma categoria exclusiva do mundo do Direito. Desse modo, não há como se furtar de algumas considerações, ainda que breves, acerca da sua fundamentação filosófica, pois é precipuamente através da filosofia que se busca explicar por que é obrigação do Estado – e da sociedade, portanto – garantir aos seus membros o acesso aos recursos materiais mínimos para suprir as necessidades humanas básicas.

Nesta seara, destacam-se, mais uma vez, Jonh Ralws e a sua teoria da justiça. Conforme mencionado anteriormente, o intento de Rawls é fornecer uma base filosófica e moral razoável para as instituições democráticas que possa ser endossada por todos, mesmo em meio ao pluralismo (*consenso sobreposto razoável*), na busca de uma sociedade bem ordenada, ou seja, uma sociedade de cidadãos livres, com direitos básicos iguais em um sistema econômico igualitário. Para tanto, ele propõe os artifícios do *contrato social* hipotético, da *posição original* e do *véu da ignorância*. Neste contrato social, as partes – que se encontram em uma situação inicial equitativa e desconhecem suas características pessoais e a posição social que ocuparão – escolhem os princípios de justiça que orientarão a estrutura básica da sociedade: um princípio de liberdade (o princípio das liberdades básicas iguais) e um princípio de justiça distributiva (este composto pelo princípio da igualdade equitativa de oportunidades e pelo princípio da diferença propriamente dito).

Rawls explica que há uma relação de prioridade em favor do primeiro princípio sobre o segundo e, neste, em favor da igualdade equitativa de oportunidades sobre o princípio da diferença. Ademais, enquanto o primeiro princípio integra os fundamentos constitucionais[363] e, portanto, aplica-se quando da convenção constitucional; o segundo princípio, ligado a questões de justiça distributiva, não é considerado um elemento constitucional essencial, aplicando-se ao estágio legislativo.[364]

Mas há outra relação de prioridade pressuposta por Rawls: o primeiro princípio da justiça deve ser precedido por um princípio lexicalmente anterior exigindo que as necessidades básicas dos cidadãos sejam atendidas, pelo menos no que seja indispensável para que os cidadãos compreendam e sejam capazes de exercer proveitosamente aqueles direitos e liberdades básicas de que trata o primeiro princípio da justiça.[365] Essas necessidades humanas básicas são cobertas pelo que Rawls chama de *social minimum* (mínimo social), o qual também faz parte dos fundamentos constitucionais,[366] logo tem natureza constitucional, tal quais as tradicionais garantias do direito de liberdade.[367]

---

[363] A ideia de *constitutional essentials* (fundamentos constitucionais ou elementos constitucionais essenciais, conforme a tradução de Cláudia Berliner da obra *Justiça como eqüidade: uma reformulação*), é desenvolvida por Rawls em *Political Liberalism*. Os *constitutional essentials* abrangem dois tipos de princípios de justiça política: os princípios fundamentais que especificam a estrutura geral do governo e do processo político e os que tratam da igualdade de direitos e liberdades básicas de cidadania que as maiorias legislativas devem respeitar, cf. RAWLS, John. *Political Liberalism*. Expanded ed. New York: Columbia University Press, 2005, p. 227.

[364] "Os princípios da justiça são adotados e aplicados numa seqüência de quatro estágios. No primeiro estágio, as partes adotam os princípios por trás de um véu da ignorância. As limitações quanto ao conhecimento disponível para as partes vão sendo progressivamente relaxadas nos três estágios seguintes: o estágio da convenção constitucional, o estágio legislativo em que as leis são promulgadas de acordo com o que a constituição o admite e conforme o exigem e o permitem os princípios da justiça, e o estágio final em que as normas são aplicadas por governantes e geralmente seguidas pelos cidadãos, e a constituição e leis são interpretadas por membros do judiciário. Neste último estágio, todos têm completo acesso a todos os fatos" (RAWLS, John. *Justiça como eqüidade*: uma reformulação. Tradução de Claudia Berliner. São Paulo: Martins Fontes, 2003, p. 67-68).

[365] RAWLS, John. *Political Liberalism*. Expanded ed. New York: Columbia University Press, 2005, p. 7.

[366] RAWLS, John. *Political Liberalism*. Expanded ed. New York: Columbia University Press, 2005, p. 230.

[367] BARCELLOS, Ana Paula de. O mínimo existencial e algumas fundamentações: John Rawls, Michael Walzer e Robert Alexy. In: TORRES, Ricardo Lobo (Org.) Legitimação dos direitos humanos. 2ª ed., Rio de Janeiro: Renovar, 2007, p. 115.

Ou seja, como já referido anteriormente, o sucesso do procedimento proposto por Rawls para se chegar à sociedade bem ordenada que ele idealiza depende da garantia desse *mínimo social*, o *mínimo existencial rawlsiano*. Ocorre que, segundo o filósofo, abaixo de certo nível de bem-estar material e social, de formação e de educação, as pessoas simplesmente não podem participar da vida política e social como cidadãos, menos ainda como cidadãos iguais.[368] Logo, a obrigação do Estado nesta seara se deve à necessidade de se assegurar a liberdade real.

Embora não tenha especificado onde fica a linha divisória e, portanto, qual deve ser o conteúdo do mínimo social, até porque isso está socialmente condicionado, Rawls assevera que o fundamento constitucional em si é perfeitamente claro: é o que é necessário para dar o devido peso à ideia de sociedade enquanto sistema equitativo de cooperação entre cidadãos livres e iguais.[369]

Por outro lado, o segundo princípio da justiça (que regula as questões de desigualdades sociais e econômicas), em particular o princípio da diferença, também exige a satisfação de um mínimo social.[370] No entanto, nas questões ligadas à justiça distributiva, cuida-se de um mínimo material que vai além das necessidades humanas básicas essenciais para uma vida decente, no intuito de maximizar as perspectivas de vida dos menos favorecidos ao longo do tempo.[371] Deve o Estado garantir a satisfação deste mínimo social através de benefícios familiares, transferências especiais em casos de doença ou por meio de dispositivos como a complementação progressiva de renda (denominado imposto de renda negativo).[372]

Ao contrário do mínimo social que cobre as necessidades básicas para uma vida decente, o mínimo social exigido pelo princípio da diferença não é um elemento constitucional essencial, mas uma questão de justiça básica (*basic justice*),[373] cabendo ao legislador ordinário estabelecer

---

[368] RAWLS, John. *Political Liberalism*. Expanded ed. New York: Columbia University Press, 2005, p. 166.

[369] RAWLS, John. *Political Liberalism*. Expanded ed. New York: Columbia University Press, 2005, p. 166.

[370] Em *Uma teoria da justiça*, o mínimo social faz parte apenas do segundo princípio da justiça. Porém, ao desenvolver melhor a sua teoria política de justiça, especialmente em *Political Liberalism*, Rawls passa a diferenciar o mínimo social para a satisfação das necessidades humanas básicas e o segundo princípio de justiça, incorporando aquele aos elementos constitucionais essenciais.

[371] RAWLS, John. *Uma teoria da justiça*. Tradução de Jussara Simões. São Paulo: Martins Fontes, 2008, p. 355 e RAWLS, John. *Justiça como eqüidade*: uma reformulação. Tradução de Claudia Berliner. São Paulo: Martins Fontes, 2003, p. 182.

[372] RAWLS, John. *Uma teoria da justiça*. Tradução de Jussara Simões. São Paulo: Martins Fontes, 2008, p. 343.

[373] RAWLS, John. *Political Liberalism*. Expanded ed. New York: Columbia University Press, 2005, p. 227.

Direitos Fundamentais Sociais
DIGNIDADE DA PESSOA HUMANA E MÍNIMO EXISTENCIAL

o seu conteúdo. Essa diferença é crucial, pois os Tribunais, na visão de Rawls, somente devem ser competentes para avaliar a satisfação ou não dos elementos constitucionais essenciais. A interpretação e aplicação do princípio da diferença, por envolver questões ligadas ao funcionamento da economia, ao revés, não são tarefas que possam ser bem desempenhadas pelos Tribunais.[374] Desse modo, a concessão de condições materiais que vão além das necessidades básicas para a existência humana, para Rawls, está no âmbito de discricionariedade do legislador ordinário, ficando de fora do controle judicial.

A importância da concepção de Rawls sobre o *social minimum* se deve não apenas por romper com a concepção utilitarista da justiça social,[375] mas por influenciar as teses jurídicas que reduzem a jusfundamentalidade dos direitos sociais ao mínimo existencial e que equiparam o direito ao mínimo existencial aos direitos de liberdade, já que estes ficariam esvaziados sem aquele.

Jürgen Habermas, em *Between Facts and Norms: Contribution to a Discourse of Law and Democracy*, desenvolve um sistema de direitos que deve conter precisamente os direitos que os cidadãos têm de reconhecer se quiserem regulamentar legitimamente sua vida em conjunto por meio do direito positivo.[376] Esse sistema, que deve ser adequadamente elaborado por cada regime democrático, delineia as condições gerais necessárias para a institucionalização de processos democráticos do discurso no direito e na política[377] e, noutra perspectiva, intenta garantir a participação dos indivíduos no discurso de fundamentação dos direitos em geral.[378]

Tais direitos são subdivididos em cinco categorias de direitos fundamentais: (1) direitos que resultam do direito à maior medida possível de liberdades individuais iguais; (2) direitos que resultam do *status* de membro de uma comunidade jurídica; (3) direito à proteção jurídica dos direitos individuais; (4) direitos à igual oportunidade de participação no processo político, no qual os cidadãos exercem sua autonomia política e através do qual produzem o direito legítimo; e (5) direitos ao provimento das condições de vida que sejam necessárias para que os cidadãos te-

---

[374] RAWLS, John. *Justiça como eqüidade:* uma reformulação. Tradução de Claudia Berliner. São Paulo: Martins Fontes, 2003, p. 229-230.

[375] TORRES, Ricardo Lobo. *O direito ao mínimo existencial*. Rio de Janeiro: Renovar, 2009, p. 58.

[376] HABERMAS, Jürgen. *Between Facts and Norms:* Contribution to a Discourse of Law and Democracy. Translated by William Rehg. Cambridge Press, 1998, p. 122-123.

[377] HABERMAS, Jürgen. *Between Facts and Norms:* Contribution to a Discourse of Law and Democracy. Translated by William Rehg. Cambridge Press, 1998, p. xxvii.

[378] DIAS, Maria Clara. *Os direitos sociais básicos*: uma investigação filosófica da questão dos direitos humanos. Porto Alegre: EDIPUCRS, 2004, p. 50.

nham iguais oportunidades de usufruir os direitos civis enumerados nas categorias 1 a 4.[379]

As três primeiras categorias garantem a liberdade individual e, assim, a autonomia privada.[380] A quarta garante a autonomia pública, permitindo que os cidadãos se tornem os autores das leis de que são destinatários (autolegislação). Já a quinta categoria, que cuida dos direitos sociais, justifica-se na medida em que o efetivo exercício dos direitos civis e políticos depende de certas condições sociais e materiais. Não obstante todas as categorias sejam indispensáveis ao sistema de direitos arquitetado por Habermas, apenas as quatro primeiras são consideradas absolutamente justificadas (*absolutely justified*). A quinta somente pode ser justificada em termos relativos,[381] no sentido de que esse reconhecimento está indiretamente relacionado com a garantia da autodeterminação pessoal como uma condição necessária para a autodeterminação política,[382] e, assim, tais direitos devem ser definidos através da participação política.

Habermas, portanto, apresenta uma justificativa instrumental[383] para os direitos fundamentais às garantias das condições de vida: proteger os pressupostos da democracia. Com efeito, citando Ulrich Preuss, o filósofo e sociólogo alemão explica que a sociedade democrática como um todo depende da qualidade das decisões tomadas por seus cidadãos. Daí o interesse social em que estes sejam bem informados, tenham capacidade de refletir e considerar as consequências das decisões politicamente relevantes, bem como vontade de formular e fazer valer seus interesses tendo em conta o interesse dos seus concidadãos e das gerações futuras, virtudes cívicas que são enfraquecidas pela desigual distribuição de bens básicos.[384] Mas a *normative key* é a autonomia,[385] isto é, a liberdade, em oposição ao paradigma do Estado Social, que, em virtude do paternalismo,

---

[379] HABERMAS, Jürgen. *Between Facts and Norms:* Contribution to a Discourse of Law and Democracy. Translated by William Rehg. Cambridge Press, 1998, p. 122-123.

[380] Esses direitos formam o *legal code;* sem eles não há direito legítimo, cf. HABERMAS, Jürgen. *Between Facts and Norms:* Contribution to a Discourse of Law and Democracy. Translated by William Rehg. Cambridge Press, 1998, p. 123 e 125.

[381] HABERMAS, Jürgen. *Between Facts and Norms:* Contribution to a Discourse of Law and Democracy. Translated by William Rehg. Cambridge Press, 1998, p. 123.

[382] HABERMAS, Jürgen. *Between Facts and Norms:* Contribution to a Discourse of Law and Democracy.Translated by William Rehg. Cambridge Press, 1998, p. 417.

[383] Mas Habermas adverte que essa interpretação não deve acabar funcionalizando todos os direitos fundamentais ao processo democrático, uma vez que as liberdades negativas também têm um valor intrínseco, cf. HABERMAS, Jürgen. *Between Facts and Norms:* Contribution to a Discourse of Law and Democracy. Translated by William Rehg. Cambridge Press, 1998, p. 418.

[384] HABERMAS, Jürgen. *Between Facts and Norms:* Contribution to a Discourse of Law and Democracy. Translated by William Rehg. Cambridge Press, 1998, p. 417-418.

[385] HABERMAS, Jürgen. *Between Facts and Norms:* Contribution to a Discourse of Law and Democracy. Translated by William Rehg. Cambridge Press, 1998, p. 418.

Direitos Fundamentais Sociais
DIGNIDADE DA PESSOA HUMANA E MÍNIMO EXISTENCIAL

pode prejudicar a autonomia individual, precisamente a autonomia que busca promover através da prestação burocrática de segurança e benefícios sociais.[386]

Consoante ressalta Ricardo Lobo Torres, os direitos que desbordam os aspectos das condições de vida incluídas entre os direitos fundamentais, isto é, os direitos a prestações sociais, são relativos e devem ser realizados segundo o paradigma procedimental, na via do discurso, com base na solidariedade.[387] Como se vê, a distinção que Habermas faz entre direitos fundamentais à garantia das condições de vida e direitos às prestações sociais assemelha-se à construção de Rawls sobre o mínimo social enquanto fundamento constitucional e enquanto questão de justiça básica.

Diversamente de Rawls e Habermas, Ernst Tugendhat[388] considera que o atendimento das necessidades humanas básicas é uma exigência autônoma da justiça, um fim em si mesmo. Para ele, em que pese a liberdade e a autonomia do indivíduo sejam um bem central, é o conceito de necessidade que exerce o papel principal na fundamentação dos direitos humano.[389] O conceito de liberdade, diz Tugendhat, "não pode ser colocado anteriormente à enunciação dos direitos fundamentais", a dignidade da pessoa humana ocupa o seu lugar.[390] E o emprego do termo dignidade de maneira que se possa dizer "eles vivem em relações humanamente dignas" aponta "para um certo nível de satisfação das necessidades".[391]

A partir daí, Tugendhat recorre à doutrina de Henry Shue,[392] que distingue entre *basic rights* e os *direitos restantes*, aqueles formados pela integridade física, um determinado mínimo para a existência e certos direitos

---

[386] HABERMAS, Jürgen. *Between Facts and Norms:* Contribution to a Discourse of Law and Democracy. Translated by William Rehg. Cambridge Press, 1998, p. 407.

[387] TORRES, Ricardo Lobo. *O direito ao mínimo existencial.* Rio de Janeiro: Renovar, 2009, p. 60.

[388] TUGENDHAT, Ernst. *Lições sobre ética.* Tradução de Róbson Ramos dos Reis et al. Petrópolis: Vozes, 1997.

[389] O próprio "lugar da liberdade ficaria no ar se ela não fosse uma das necessidades fundamentais do indivíduo a ser reconhecida moralmente" (TUGENDHAT, Ernst. *Lições sobre ética.* Tradução de Róbson Ramos dos Reis et al. Petrópolis: Vozes, 1997, p. 386).

[390] TUGENDHAT, Ernst. *Lições sobre ética.* Tradução de Róbson Ramos dos Reis et al. Petrópolis: Vozes, 1997, p. 386.

[391] TUGENDHAT, Ernst. *Lições sobre ética.* Tradução de Róbson Ramos dos Reis et al. Petrópolis: Vozes, 1997, p. 391.

[392] Em linhas gerais, Henry Shue afirma que há três *basic rights*, incluindo o direito ao mínimo para subsistência, cuja nota distintiva é o fato de serem essenciais para o gozo de todos os outros direitos. Já na introdução, ele define o que entende por direitos humanos: "First, there is the right to be free from governmental violation of the integrity of the person (...). Second, there is the right to the fulfillment of such vital needs, shelter, health care, and education (...). Third, there is the right to enjoy civil and political liberties". Ele rejeita a dicotomia entre direitos negativos e positivos, afirmando que a diferença relevante é entre deveres. Assim, a cada um dos direitos fundamentais corresponde um conjunto de três tipos de deveres correlatos: não privar (*to avoid depriving*), proteger contra a privação (*to protect from deprivation*) e ajudar os carentes (*to aid the deprived*). Em SHUE, Henry. *Basic Rights:*

de liberdade. O nível desse mínimo é determinado pelo preenchimento das condições mínimas para que o indivíduo possa gozar os seus direitos e para que leve uma existência humanamente digna.[393]

Do exposto, percebe-se que os principais fundamentos morais da obrigação do Estado de eliminar, ou ao menos mitigar, a situação de carência dos indivíduos, fornecendo-lhes um mínimo de condições materiais são: garantir a liberdade real; proteger os pressupostos da democracia; e o fato de o atendimento das necessidades materiais humanas básicas constituir um fim em si mesmo, que se impõe independentemente da sua utilidade para outros fins.[394]

3.1.2. A visão da comunidade jurídica

Não são apenas os filósofos que buscam responder por que a sociedade deve prover aos seus membros as condições materiais que assegurem uma vida com dignidade. Também os juristas o almejam.

E a primeira elaboração dogmática desse direito foi desenvolvida na Alemanha, onde a jurisprudência também se mostrou pioneira.[395] Conquanto a Lei Fundamental de Bonn não contemple, de um modo geral[396] e intencionalmente, direitos sociais de cunho prestacional, o direito subjetivo à garantia do acesso aos recursos mínimos para uma existência digna foi extraído, por Otto Bachof, do princípio da dignidade da pessoa humana, positivado no artigo 1º, inciso I.[397] Igualmente com base na dignidade da pessoa humana, mas, também, no direito geral de liberdade e no direito à vida, o Tribunal Federal Administrativo da Alemanha reconheceu,

---

Subsistence, Affluence, and U.S. Foreign Policy. 2nd ed. Princeton: Princeton University Press, 1996, especialmente p. 5-6, 19 e 52.

[393] TUGENDHAT, Ernst. Lições sobre ética. Tradução de Róbson Ramos dos Reis et al. Petrópolis: Vozes, 1997, p. 391-392.

[394] SARMENTO, Daniel. A proteção judicial dos direitos sociais: alguns parâmetros ético-jurídicos. In: ARRUDA, Paula (Coord.). Direitos Humanos: questões em debate. Rio de Janeiro: Lumen Juris, 2009, p. 574-575.

[395] SARLET, Ingo Wolfgang; SAAVEDRA, Giovani Agostini. Constitucionalismo e democracia: breves notas sobre a garantia do mínimo existencial e os limites materiais de atuação do legislador, com destaque para o caso da Alemanha. Revista da Ajuris, Porto Alegre, ano 37, n. 119, p. 73-94, set. 2010, p. 82; e SARLET, Ingo Wolfgang; FIGUEIREDO, Mariana Filchtiner. Reserva do possível, mínimo existencial e direito à saúde: algumas aproximações. Direitos Fundamentais & Justiça, Porto Alegre, ano 1, n. 1, p. 171-231, out./dez., 2007, p. 178.

[396] O art. 6º, inciso IV, da Lei Fundamental, que estabelece o direito de toda mãe à proteção e assistência da comunidade, é uma exceção.

[397] SARLET, Ingo Wolfgang; FIGUEIREDO, Mariana Filchtiner. Reserva do possível, mínimo existencial e direito à saúde: algumas aproximações. Direitos Fundamentais & Justiça, Porto Alegre, ano 1, n. 1, p. 171-231, out./dez., 2007, p. 178.

em favor dos indivíduos carentes, um direito subjetivo[398] à ajuda material por parte do Estado.[399] Em 1975, o Tribunal Constitucional Federal alemão proferiu decisão no mesmo sentido, afirmando:

> Com certeza a assistência social aos necessitados faz parte dos deveres mais evidentes de um Estado social (...). Isto inclui necessariamente a ajuda social do cidadão que, em razão de deficiência física ou mental, tem seu desenvolvimento pessoal e social impedido, sendo incapaz de prover seu próprio sustento. A sociedade estatal deve, em todo caso, garantir-lhe as condições mínimas para uma existência humanamente digna, e deve, além disso, esforçar-se para, na medida do possível, incluí-lo na sociedade, estimular seu adequado tratamento pela família ou por terceiro, bem como criar as necessárias instituições de cuidado.[400]

A partir daí, consolidou-se, naquele país, o entendimento de que o direito a um mínimo de existência: é um genuíno direito fundamental; é um direito subjetivo a prestações; e está radicado no princípio da dignidade da pessoa humana, no direito à vida[401] e à integridade física, no núcleo essencial do princípio do Estado Social (artigos 20, inciso I, e 28, inciso I) e no princípio da igualdade. A decisão supra também aponta para um caráter subsidiário do dever estatal, no sentido de privilegiar a autorresponsabilidade dos indivíduos.[402] Como se percebe, diante da renúncia deliberada[403] do constituinte alemão do pós-guerra em positivar direitos subjetivos a prestações pelo poder público, a estratégia foi ligar o mínimo existencial a outros direitos fundamentais e princípios constitucionais expressamente positivados.

---

[398] Não expressamente como direito social fundamental, ressalta ARANGO, Rodolfo. *El concepto de derechos sociales fundamentales*. Bogotá: Legis, 2005, p. 213.

[399] BVerwGE 1, 159 (161 e ss.), decisão proferida em 1954, cf. SARLET, Ingo Wolfgang; SAAVEDRA, Giovani Agostini. Constitucionalismo e democracia: breves notas sobre a garantia do mínimo existencial e os limites materiais de atuação do legislador, com destaque para o caso da Alemanha. *Revista da Ajuris*, Porto Alegre, ano 37, n. 119, p. 73-94, set. 2010, p. 82-83 e SARLET, Ingo Wolfgang; FIGUEIREDO, Mariana Filchtiner. Reserva do possível, mínimo existencial e direito à saúde: algumas aproximações. *Direitos Fundamentais & Justiça*, Porto Alegre, ano 1, n. 1, p. 171-231, out./dez., 2007, p. 179.

[400] BVerfGE 40, 121. MARTINS, Leonardo (Org.). *Cinqüenta anos de jurisprudência do Tribunal Constitucional Federal Alemão*. Montevideo: Fundación Konrad-Adenauer, 2005, p. 828.

[401] Como alerta Jörg Neuner, "não faz diferença substancial se um Estado recusa o mínimo existencial aos necessitados ou se implementa outro meio para exterminar a vida" (NEUNER. Jörg. Os direitos humanos sociais. *Direito Público*, ano V, n. 26, p. 18-41, mar./abr. 2009, p. 23).

[402] Na perspectiva do direito internacional, Neuner fala do princípio da subsidiariedade como um dos limites jurídicos dos direitos humanos sociais, cf. NEUNER. Jörg. Os direitos humanos sociais. *Direito Público*, ano V, n. 26, p. 18-41, mar./abr. 2009, p. 31.

[403] O tema foi objeto de debate no meio jurídico da época, porém, em face da experiência negativa vivenciada com a Constituição de Weimar (a qual previa direitos sociais prestacionais, mas não impediu, ao contrário contribuiu com o regime nazista), prevaleceu o entendimento contrário à constitucionalização desses direitos. A doutrina alemã majoritária ainda hoje se mostra avessa à ideia. Mas quase todas as constituições dos *Länder* preveem direitos sociais, cf. KRELL, Andreas Joachim. *Direitos sociais e controle judicial no Brasil e na Alemanha*: os (des)caminhos de um direito constitucional "comparado". Porto Alegre: Fabris, 2002, p. 45-49.

As bases da construção germânica se espalharam pela Europa Ocidental e chegaram à América do Sul,[404] influenciando a doutrina e a jurisprudência, inclusive de países que seguiram caminho diverso do alemão e optaram pela positivação constitucional dos direitos sociais, como é o caso de Portugal e do Brasil, por exemplo, onde há certo consenso em fundar o direito ao mínimo existencial no direito à vida e no princípio da dignidade da pessoa humana.[405]

Em Portugal,[406] onde a constitucionalização de direitos sociais não incluiu uma previsão expressa acerca do direito ao mínimo existencial, o Tribunal Constitucional, no Acórdão n° 509/2002,[407] reconheceu a existência do direito a um mínimo de existência condigna ou a um mínimo de sobrevivência a exigir que o Estado forneça meios materiais àqueles que, encontrando-se transitoriamente em situação de ausência ou insuficiência de recursos econômicos para satisfazer suas necessidades mínimas, precisam do apoio da comunidade estatal.[408] Tal direito foi retirado do princípio do respeito à dignidade humana, proclamado no artigo 1° da Constituição e decorrente do Estado de Direito democrático (artigo 2°), e do artigo 63°, n°s 1 e 3 (que garante a todos o direito à segurança social e comete ao sistema de segurança social a proteção dos cidadãos em todas

---

[404] SARLET, Ingo Wolfgang; FIGUEIREDO, Mariana Filchtiner. Reserva do possível, mínimo existencial e direito à saúde: algumas aproximações. *Direitos Fundamentais & Justiça*, Porto Alegre, ano 1, n. 1, p. 171-231, out./dez., 2007, p. 182; e SARLET, Ingo Wolfgang. *A eficácia dos direitos fundamentais*: uma teoria geral dos direitos fundamentais na perspectiva constitucional. 10 ed. rev. atual. e ampl. Porto Alegre: Livraria do Advogado, 2009, p. 319.

[405] Sobre o mínimo vital na jurisprudência constitucional da Colômbia, veja-se ARANGO, Rodolfo. *El concepto de derechos sociales fundamentales*. Bogotá: Legis, 2005, p. 212-218.

[406] Assinala-se a similaridade entre a Constituição portuguesa de 1976 e a brasileira de 1988, especialmente no que toca à consagração de um extenso rol de direitos sociais, sendo que aquela Constituição serviu de inspiração para a Constituição brasileira de 1988. A respeito da influência recíproca entre o constitucionalismo português e o brasileiro, confira-se BONAVIDES, Paulo. Constitucionalismo luso-brasileiro: influxos recíprocos. In: MIRANDA, Jorge (Org). *Perspectivas constitucionais nos 20 anos da Constituição de 1976*. Coimbra: Coimbra Editora, 1996. v. 1, p. 19-53.

[407] Comentando a decisão, confira-se ANDRADE, José Carlos Vieira de. O "direito ao mínimo de existência condigna" como direito fundamental a prestações estaduais positivas: uma decisão singular do Tribunal Constitucional: Anotações ao Acórdão do Tribunal Constitucional n° 509/02. *Jurisprudência Constitucional*, n. 1, jan./mar. 2004. Disponível em: <http://www.fd.unl.pt/docentes_docs/ma/JJA_MA_4503.pdf> Acesso em: 13 jun. 2009.

[408] Embora não seja objeto deste estudo, vale mencionar que a Corte portuguesa, na aludia decisão, também reconheceu a garantia do direito a um mínimo de sobrevivência na dimensão negativa, consistente no direito a não ser privado do que se considera essencial à conservação de um rendimento indispensável a uma existência minimamente condigna. Mas a dimensão negativa já havia sido reconhecida anteriormente em diversas decisões, a maioria relacionada a restrições de penhora sobre rendimentos. Comentando os precedentes do Tribunal Constitucional Português sobre o mínimo existencial, ver BITENCOURT NETO, Eurico. *O direito ao mínimo para uma existência digna*. Porto Alegre: Livraria do Advogado, 2010, p. 92-96.

Direitos Fundamentais Sociais
DIGNIDADE DA PESSOA HUMANA E MÍNIMO EXISTENCIAL

105

as situações de falta ou diminuição de meios de subsistência ou da capacidade para o trabalho).[409]

Por outro lado, a Corte portuguesa assinalou que o legislador goza de margem de autonomia necessária para escolher os instrumentos adequados a garantir o direito a um mínimo de existência condigna, de modo que a opção adotada deve ser respeitada, salvo se não assegurar, com um mínimo de eficácia jurídica, a garantia desse direito para todos os casos (como na hipótese analisada no Acórdão). Essa *liberdade conformadora*, entendeu o Tribunal, "é uma decorrência do princípio democrático, que supõe a possibilidade de escolhas e de opções que dê significado ao pluralismo e à alternância democrática".[410]

Na doutrina lusitana, seguindo a linha dos que justificam a garantia do mínimo existencial na sua qualidade de precondição para o exercício dos demais direitos, Canotilho fala em um "direito fundamental a um núcleo básico de direitos sociais (*minimum core of economic and social rights*)" como equivalente ao "*standard* mínimo de existência indispensável à fruição de qualquer direito".[411]

No Brasil, a Constituição Federal de 1988 também não proclama, de forma expressa, o direito ao mínimo existencial. Não obstante, o seu preâmbulo anuncia que o Estado democrático então instituído se destina a assegurar, como valores supremos, o exercício dos direitos sociais e individuais, a liberdade, a segurança, o bem-estar, o desenvolvimento, a igualdade e a justiça; o artigo 1º, inciso III, consagra a dignidade da pessoa humana; o *caput* do artigo 170 estabelece que a ordem econômica tem por fim assegurar existência digna a todos; e a erradicação da pobreza, segundo o inciso III do artigo 3º, é um dos objetivos fundamentais da República. Isso sem contar o extenso rol de direitos sociais específicos[412] e a

---

[409] Interessante a observação de Cristina Queiroz acerca da decisão ao aludir que, se o fundamento do então reconhecido direito ao mínimo de existência condigna é a dignidade da pessoa humana, tal "direito encontra-se garantido não a título de direito fundamental social, mas a título de *direito de defesa*, isto é, sujeito ao *regime jurídico específico dos direitos, liberdades e garantias*", cf. QUEIROZ, Cristina M.M. *Direitos fundamentais sociais*: funções, âmbito, conteúdo, questões interpretativas e problemas de justiciabilidade. Coimbra: Coimbra, 2006, p. 113.

[410] A íntegra do acórdão está disponível no sítio eletrônico do Tribunal Constitucional de Portugal (http://www.tribunalconstitucional.pt). Para um apanhado geral da jurisprudência do Tribunal em matéria de direitos econômicos, sociais e culturais, ver ALEXANDRINO, José de Melo. *A estruturação do sistema de direitos, liberdades e garantias na Constituição portuguesa*: a construção dogmática. v. II. Coimbra: Almedina, 2006, p. 594 e ss.

[411] CANOTILHO, José Joaquim Gomes. *Direito constitucional e teoria da Constituição*. 7. ed., 2. reimp. Coimbra: Almedina, 2006, p. 518.

[412] Como lembram Sarlet e Figueiredo, "a previsão de direitos sociais [na Constituição] não retira do mínimo existencial sua condição de direito-garantia fundamental autônomo e muito menos afasta a necessidade de se interpretar os demais direitos sociais à luz do próprio mínimo existencial" (SARLET, Ingo Wolfgang; FIGUEIREDO, Mariana Filchtiner. Reserva do possível, mínimo existen-

previsão de diversos casos de imunidade tributária. Ainda que assim não o fosse, a doutrina mais abalizada vem enfatizando que o mínimo existencial decorre,[413] também, da proteção à vida e se apresenta como exigência da dignidade da pessoa humana, implicando, consoante o conceito de dignidade anteriormente citado, um complexo de direitos fundamentais que garanta a todos as condições existenciais mínimas para uma vida saudável e que lhes propicie a participação ativa nos destinos da própria existência e da vida em sociedade.[414]

Ricardo Lobo Torres[415] afirma que a proteção do mínimo existencial é pré-constitucional e, assim sendo, "está ancorada na ética e se fundamenta na liberdade, ou melhor, nas condições iniciais para o exercício da liberdade, na idéia de felicidade, nos direitos humanos e nos princípios da igualdade e da dignidade da pessoa humana".[416] De acordo com o mesmo autor, "sem o mínimo necessário à existência cessa a possibilidade de sobrevivência do homem e desaparecem as condições iniciais de liberdade".[417] Ingo Sarlet ressalta tratar-se ao mesmo tempo de "condição para democracia e limite dessa mesma democracia".[418] E Daniel Sarmento considera que "uma compreensão correta da idéia de justiça teria de envolver a obrigação moral do Estado e da sociedade de combater o sofrimento e a miséria humanas, através da garantia das condições mínimas de vida

---

cial e direito à saúde: algumas aproximações. *Direitos Fundamentais & Justiça*, Porto Alegre, ano 1, n. 1, p. 171-231, out./dez., 2007, p. 184).

[413] Asseverando tratar-se de um direito adscrito a três normas fundamentais: os princípios da dignidade da pessoa humana, da igualdade material e da solidariedade, ver BITENCOURT NETO, Eurico. *O direito ao mínimo para uma existência digna.* Porto Alegre: Livraria do Advogado, 2010, p. 165-166.

[414] Por todos, confira-se SARLET, Ingo Wolfgang. *A eficácia dos direitos fundamentais*: uma teoria geral dos direitos fundamentais na perspectiva constitucional. 10 ed. rev. atual. e ampl. Porto Alegre: Livraria do Advogado, 2009, p. 317 e ss.; SARLET, Ingo Wolfgang. *Dignidade da pessoa humana e direitos fundamentais na Constituição Federal de 1988.* 8. ed. rev. atual. e ampl. Porto Alegre: Livraria do Advogado, 2010; e SARLET, Ingo Wolfgang; FIGUEIREDO, Mariana Filchtiner. Reserva do possível, mínimo existencial e direito à saúde: algumas aproximações. *Direitos Fundamentais & Justiça*, Porto Alegre, ano 1, n. 1, p. 171-231, out./dez., 2007.

[415] Um dos primeiros, senão o primeiro, autor brasileiro a publicar um artigo científico dedicado ao mínimo existencial: TORRES, Ricardo Lobo. O mínimo existencial e os direitos fundamentais. *Revista de Direito Administrativo*, n. 177, p. 29-49, jul./set. 1989.

[416] TORRES, Ricardo Lobo. *O direito ao mínimo existencial.* Rio de Janeiro: Renovar, 2009, p. 13.

[417] TORRES, Ricardo Lobo. *O direito ao mínimo existencial.* Rio de Janeiro: Renovar, 2009, p. 36.

[418] SARLET, Ingo Wolfgang; SAAVEDRA, Giovani Agostini. Constitucionalismo e democracia: breves notas sobre a garantia do mínimo existencial e os limites materiais de atuação do legislador, com destaque para o caso da Alemanha. *Revista da Ajuris*, Porto Alegre, ano 37, n. 119, p. 73-94, set. 2010, p. 92.

para os necessitados",[419] mesmo que isso não fosse um pressuposto para o gozo das liberdades individuais ou para o exercício da cidadania.[420]

O Supremo Tribunal Federal ainda não desenvolveu com clareza a temática da fundamentação do mínimo existencial, embora tenha mencionado este direito em algumas decisões, a partir das quais se pode inferir[421] que, segundo a Corte, o direito ao mínimo existencial foi acolhido pela ordem constitucional brasileira como direito fundamental e que isso se dá por decorrência do "direito universal à vida com dignidade, à liberdade e à segurança".[422] A conexão com os demais direitos fundamentais, como condição para o exercício destes, também aparece em um dos arestos, em que a Ministra Cármen Lúcia refere ser a garantia do mínimo existencial "o conjunto das condições primárias sócio-políticas, materiais e psicológicas sem as quais não se dotam de conteúdo próprio os direitos assegurados constitucionalmente".[423] Em outra ocasião, a Corte indicou anuir com a tese de que a garantia do mínimo existencial não é meramente instrumental, mas, ao mesmo tempo, é fim em si mesmo, isso quando o Ministro Celso de Mello referiu, amparado na doutrina de Ana Paula de Barcellos, que "a meta central das Constituições modernas, e da Carta de 1988 em particular, pode ser resumida (...) na promoção do bem-estar do homem, cujo ponto de partida está em assegurar as condições de sua

---

[419] SARMENTO, Daniel. A proteção judicial dos direitos sociais: alguns parâmetros ético-jurídicos. In: ARRUDA, Paula (Coord.). *Direitos Humanos:* questões em debate. Rio de Janeiro: Lumen Juris, 2009, p. 533-586, p. 575.

[420] Eurico Bitencourt Neto acrescenta, como fundamento do direito ao mínimo existencial, o princípio da solidariedade social. Embora a solidariedade enquanto princípio jurídico informe, como acentua o autor, a consagração de direitos e deveres fundamentais, "impondo condutas informadas pelo valor da comunhão de esforços e da participação de todos na satisfação das necessidades básicas de todos e de cada um", o que implica, de certa forma, tanto o direito ao mínimo existencial como os direitos sociais em geral, ela não responde à pergunta de por que a sociedade deve garantir aos seus membros as condições materiais que asseguram uma vida com dignidade, pois não é o mínimo existencial que garante a solidariedade, mas o contrário, ou seja, é a ideia de solidariedade que viabiliza a garantia do mínimo existencial. Ademais, como o próprio autor reconhece, "a solidariedade social como princípio é suposta pela noção de dignidade da pessoa humana, em sua dimensão intersubjetiva", é um "instrumento de viabilização do respeito à dignidade humana". Assim, ao menos no sentido ora empregado, a solidariedade não é fundamento do mínimo existencial. Ver BITENCOURT NETO, Eurico. *O direito ao mínimo para uma existência digna.* Porto Alegre: Livraria do Advogado, 2010, p. 107-113.

[421] Como as decisões não tinham por objeto principal o direito ao mínimo existencial, e muitas delas foram proferidas monocraticamente, não é possível afirmar a existência de uma construção jurisprudencial dogmaticamente sólida no âmbito do Supremo Tribunal Federal a respeito do tema.

[422] AI 583.136, Relatora Ministra Cármen Lúcia, julgado em 28/06/2006, DJE 24/11/2008 (decisão monocrática).

[423] ADI 3768, Relatora Ministra Cármen Lúcia, Tribunal Pleno, julgado em 19/09/2007, DJE 25/10/2007.

própria dignidade, que inclui, além da proteção dos direitos individuais, condições materiais mínimas de existência".[424]

Deduz-se daí que a comunidade jurídica, como não poderia deixar de ser, encampa os fundamentos filosóficos do mínimo existencial. Mas, impende destacar, os fundamentos não são, necessariamente, excludentes. Pelo contrário, eles se complementam, e a adoção exclusiva de um deles em detrimento dos demais pode levar a consequências diversas e, inclusive, nocivas para o desenvolvimento humano que as sociedades democráticas devem almejar.

Correr-se-ia o risco, por exemplo, de não propiciar o mínimo existencial aos incapazes sob o argumento de que estes não teriam condições de exercer sua autonomia ou participar do processo democrático ainda que suas necessidades básicas fossem atendidas e sua situação de carência fosse eliminada.[425] Porém é exatamente nesses casos que a intervenção do Estado mais se justifica. Por outro lado, não há como negar o fato de que, sem o mínimo existencial, uma considerável parcela da população seria tolhida da sua potencial capacidade de eleger e dirigir a própria vida. Também é inequívoco que, ao aliviar a situação de carência, o mínimo existencial permite aos cidadãos participarem efetivamente do processo democrático, garantindo que este processo seja, de fato, verdadeiramente democrático.[426]

Entende-se, neste aspecto, que a garantia do mínimo existencial, além de constituir, em si, um ideal de justiça,[427] porquanto diretamente conectado ao valor absoluto da pessoa humana,[428] é, ao mesmo tem-

---

[424] ADPF 45 MC, Relator Ministro Celso de Mello, julgado em 29/04/2004, publicado em DJ 04/05/2004. Decisão monocrática da lavra do Ministro Celso de Mello. A ação foi julgada prejudicada em virtude da perda superveniente de seu objeto.

[425] Uma das críticas à teoria de Habermas refere-se à impossibilidade de fundamentar, com base nela, a atribuição de direitos básicos aos indivíduos que não possuem autonomia e, assim, não são potenciais integrantes de um discurso racional, cf. DIAS, Maria Clara. *Os direitos sociais básicos*: uma investigação filosófica da questão dos direitos humanos. Porto Alegre: EDIPUCRS, 2004, p. 64-65. A mesma crítica se estende aos que fundamentam o mínimo existencial no direito à liberdade.

[426] "[F]amines do not occur in democracies", cf. SEN, Amartya. *Development as Freedom*. New York: Alfred A. Knopf, 2000, p. 51.

[427] Como lembra Eduardo C. B. Bittar, a "justiça não pode ser pensada isoladamente, sem o princípio da dignidade humana". Em BITTAR, Eduardo C. B. Hermenêutica e Constituição: a dignidade da pessoa humana como legado à pós-modernidade. In: FERRAZ, Ana Cândida da Cunha; BITTAR, Eduardo C. B. (Org.). *Direitos humanos fundamentais*: positivação e concretização. Osasco: EDIFIEO, 2006, p. 50.

[428] Em condições de privação, os seres humanos, por certo, conservam sua dignidade, atributo que lhes é intrínseco e, portanto, não pode ser perdido, nem mesmo nas condições mais bárbaras. Porém eles são despojados da oportunidade de *viver com dignidade*, de viver em condições que lhes permitam desenvolver suas capacidades, participar como agentes na formação da sociedade em que vivem. Assim, enquanto sociedade, valorizar a dignidade inerente dos seres humanos significa assegurar condições materiais para que as pessoas possam se desenvolver e viver daquela forma. Nesse

po, requisito essencial para o pleno exercício da liberdade material[429] e para a democracia, cujo êxito é notoriamente dependente da qualidade dos atores que participam da formação da vontade na esfera pública[430] e cuja legitimidade supõe a participação igualitária de todos na formação da vontade comum. Assim sendo, na perspectiva jurídica, acompanha-se Daniel Sarmento no ponto em que o autor sugere uma solução neutra para a controvérsia: "localizar o fundamento normativo do mínimo existencial no princípio da dignidade da pessoa humana, uma vez que tal princípio apela tanto à liberdade material, como à democracia e ao atendimento de necessidades básicas das pessoas".[431]

3.2. Conteúdo do mínimo existencial

Para além das razões que justificam o dever de garantir aos mais necessitados as condições mínimas de existência humana, os juristas estão preocupados com os problemas práticos decorrentes do reconhecimento de que, a um tal dever, corresponde um direito fundamental, o assim designado direito ao mínimo existencial. Uma das principais dificuldades está em definir os contornos desse direito. E o relativo consenso que vigora quanto à necessidade de o Estado disponibilizar o mínimo existencial aos seus cidadãos já não existe quando o assunto é o conteúdo desse mínimo, tanto em termos qualitativos como quantitativos.

Uma vez aceita a responsabilidade do Estado em garantir *os riscos da existência*,[432] a comunidade política deve demarcar, na medida do possí-

---

sentido LIEBENBERG, Sandra. The Value of Human Dignity in Interpreting Socio-Economic Rights. *South African Journal on Human Rights*, v. 2, part 1, p. 18, 2005.

[429] Como exemplifica Ricardo Lobo Torres, a liberdade de expressão somente pode ser exercida se as pessoas souberem ler e escrever, donde se conclui que o ensino da leitura e da escrita é mínimo existencial, cf. TORRES, Ricardo Lobo. A metamorfose dos direitos sociais em mínimo existencial. In: SARLET, Ingo Wolfgang (Org.). *Direitos fundamentais sociais:* estudos de Direito Constitucional Internacional e Comparado. Rio de Janeiro: Renovar, 2003, p. 5.

[430] Em defesa dos valores do republicanismo cívico como fundamento dos direitos sociais nos Estados Unidos, Michaels anota: "We must recognize that individuals lacking the basic socioeconomic resources necessary for effective political engagement cannot approach, let alone meet, our ideal of republican citizenship. Without some base level of education, health care, housing, and financial security, citizens cannot possibly be expected to vote, to deliberate, and to serve on juries as effectively as our system asks and expects. I argue therefore that we must view welfare rights through the lens of civic republicanism". Cf. MICHAELS, Jon D. To Promote the General Welfare: the Republican Imperative to Enhance Citizenship Welfare Rights. *The Yale Law Journal*, v. 111, p. 1457-1498, Apr. 2002, p. 1458.

[431] SARMENTO, Daniel. A proteção judicial dos direitos sociais: alguns parâmetros ético-jurídicos. In: ARRUDA, Paula (Coord.). *Direitos Humanos:* questões em debate. Rio de Janeiro: Lumen Juris, 2009, p. 576.

[432] Expressão de TORRES, Ricardo Lobo. *O direito ao mínimo existencial*. Rio de Janeiro: Renovar, 2009, p. 40.

vel, a extensão e os limites desse encargo. A tarefa não é fácil, sobretudo em sociedades pluralistas, em que coexistem diversas visões de mundo e, portanto, acentuam-se as divergências. Com efeito, deve o Estado garantir apenas a sobrevivência física de seus membros ou deve propiciar um determinado *standard* de vida? Caso se entenda que a mera sobrevivência física não é suficiente, qual *standard* de vida o mínimo existencial deve afirmar? Qual o nível e o tipo de prestações são necessários para proporcionar esse *standard* de vida? Até onde a comunidade política está disposta a ir para proporcioná-lo?

3.2.1. Mínimo existencial, conteúdo essencial e minimum core obligation

Antes de prosseguir, é necessário fazer algumas considerações sobre a relação – às vezes, fungibilidade – que se estabelece entre três categorias cruciais na dogmática dos direitos fundamentais sociais: o *mínimo existencial*, o *conteúdo (ou núcleo) essencial* e o *minimum core*.

Há quem identifique o mínimo existencial com o *conteúdo essencial* dos direitos sociais.[433] Embora não se compartilhe do entendimento de que tais figuras são equivalentes,[434] o fato é que, na expressiva maioria dos casos, o núcleo essencial dos direitos fundamentais sociais, sobretudo os prestacionais, integrará o conteúdo do mínimo existencial, já que este é composto justamente daquelas prestações materiais destinadas a garantir as condições indispensáveis para uma vida digna (ou para a sobrevivência, segundo alguns), congregando, assim, as frações tidas por essenciais de alguns daqueles direitos.

---

[433] Como Ricardo Lobo Torres, para quem o "mínimo existencial não pode ser ponderado e vale definitivamente porque constitui o *conteúdo essencial dos direitos fundamentais, que é irredutível* por definição e *insuscetível de sopesamento*", embora o autor ressalte que "não é qualquer conteúdo essencial que se transforma em mínimo existencial, se lhe falta a nota específica do direito à existência digna", cf. TORRES, Ricardo Lobo. *O direito ao mínimo existencial.* Rio de Janeiro: Renovar, 2009, p. 84 e 89, grifos do original.

[434] Consoante referido anteriormente, entende-se que nem todos os direitos fundamentais podem ser reconduzidos de modo direto e igual ao princípio da dignidade da pessoa humana, embora todos eles tenham um núcleo essencial. Com os direitos fundamentais sociais não é diferente. Ou seja, como alertam Ingo Sarlet e Marina Figueiredo, nem todos os direitos fundamentais sociais têm um conteúdo que possa ser diretamente reconduzido à dignidade da pessoa humana ou ao mínimo existencial. Nesse sentido, e destacando as peculiaridades de algumas normas de direitos fundamentais previstas na Constituição brasileira, como as regras sobre prescrição em matéria de direito do trabalho, a gratificação natalina e a imposição de registro dos estatutos dos partidos políticos no TSE, veja-se SARLET, Ingo Wolfgang. *Dignidade da pessoa humana e direitos fundamentais na Constituição Federal de 1988.* 7. ed. Porto Alegre: Livraria do Advogado, 2009, p. 87. Especificamente sobre os direitos fundamentais sociais, SARLET, Ingo Wolfgang; FIGUEIREDO, Mariana Filchtiner. Reserva do possível, mínimo existencial e direito à saúde: algumas aproximações. *Direitos Fundamentais & Justiça*, Porto Alegre, ano 1, n. 1, p. 171-231, out./dez., 2007, p. 185.

A correlação entre os institutos conta com a vantagem de trazer para o debate todo o arcabouço teórico e prático já desenvolvido pela doutrina e pela jurisprudência, sobretudo na Europa, na tentativa de estabelecer os contornos do núcleo essencial dos direitos fundamentais.[435] E muito daquilo que, hoje, considera-se fazer parte do âmbito de proteção do mínimo existencial é fruto de conquistas que foram sedimentadas no seio daquele debate, até porque, como afirma Borowski, o "objeto típico de los derechos sociales es el mínimo existencial".[436]

Mas a desvantagem é que também são trazidas as controvérsias que, a despeito dos esforços já empreendidos, não foram dissipadas. Assim, a discussão ainda intensa na doutrina constitucional quanto à forma de determinação e quanto ao objeto de proteção do núcleo essencial – que surgiu na lógica dos direitos de liberdade, mas que, com as devidas adaptações, migrou para o campo dos direitos sociais[437] – acaba sendo reproduzida na busca por critérios para a delimitação do conteúdo do mínimo existencial.

A ideia central parece simples: é possível identificar, dentro de cada direito fundamental, uma parcela de conteúdo sem a qual o direito deixa de ser reconhecido enquanto tal,[438] formada por "um conjunto de bens qualitativamente diferenciado, absolutamente removido do processo de ponderação".[439] Se nos direitos negativos o conteúdo essencial representa o último reduto contra intervenções estatais restritivas, nos direitos positivos ele conjuga aquele feixe de pretensões materiais que o Estado tem a obrigação, em tese incondicional, de satisfazer. Aquilo que se encontra na área não nuclear integra o espaço da deliberação democrática.

---

[435] Não obstante o silêncio da Constituição brasileira, a garantia do conteúdo essencial dos direitos fundamentais restou acolhida pelo STF, consoante, dentre outros, os seguintes precedentes: ADI 4467, RE 511961, ADI 3540, HC 89959 e AC 1225. Na doutrina pátria, em monografia dedicada ao tema, SILVA, Virgílio Afonso da. *Direitos fundamentais:* conteúdo essencial, restrições e eficácia. São Paulo: Malheiros, 2009.

[436] BOROWSKI, Martin. *La estructura de los derechos fundamentales.* Traducción de Carlos Bernal Pulido. Bogotá: Universidad Externado de Colombia, 2003, p. 145.

[437] O núcleo essencial de cada direito fundamental, além de constituir uma barreira contra medidas restritivas, reportando-se, assim, aos deveres de abstenção do Estado, também serve para evidenciar os deveres de proteção e de promoção ou realização, estes especialmente relevantes no caso dos direitos sociais. Questionando a reprodução da ideia de conteúdo essencial no domínio dos direitos sociais, NOVAIS, Jorge Reis. *Direitos Sociais:* teoria jurídica dos direitos sociais enquanto direitos fundamentais. Coimbra: Coimbra Editora, 2010, p. 199 e ss.

[438] SARLET, Ingo Wolfgang. *A eficácia dos direitos fundamentais:* uma teoria geral dos direitos fundamentais na perspectiva constitucional. 10 ed. rev. atual. e ampl. Porto Alegre: Livraria do Advogado, 2009, p. 402.

[439] MACHADO, Jónatas E. M. *Liberdade de expressão:* dimensões constitucionais da esfera pública no sistema social. Coimbra: Coimbra, 2002, p. 741.

A simplicidade, contudo, é apenas aparente, tanto que a doutrina continua dividida entre as teorias absoluta e relativa, objetiva e subjetiva. Fundamentalmente, no que toca à forma de determinação, os adeptos da *teoria absoluta* defendem que o núcleo essencial deve ser entendido como unidade substancial autônoma, preestabelecida abstratamente; isto é, existem, em cada direito, duas partes desde sempre distintas: um núcleo (conteúdo essencial) e uma parte acessória (não essencial). Já a *teoria relativa* preconiza que o núcleo essencial é definido para cada caso, mediante um processo de ponderação; ou seja, a esfera nuclear do direito fundamental é aquilo que resulta da aplicação da máxima da proporcionalidade, com a peculiaridade de que, no caso dos direitos positivos, lança-se mão da proibição de proteção deficiente.

As teorias *objetiva* e *subjetiva* estão ligadas ao objeto da proteção em si, ou seja, se o núcleo essencial visa, respectivamente, a uma proteção objetiva, no sentido de que é o texto constitucional em si que resta protegido[440] ("eficácia de um direito fundamental na sua globalidade"[441]); ou à proteção singular de cada indivíduo em especial ("posição jurídica concreta do particular"[442]).

A disputa não termina aí. Há quem aponte o caminho do meio, uma espécie de teoria conciliadora entre os dois extremos, ou, *teoria mista*.[443] É que, de uma forma ou de outra, o conteúdo essencial, quando fixado, acaba por representar um valor absoluto, seja quando isso é feito *a priori*, seja quando o é *a posteriori*, no caso concreto. Ademais, a proteção do texto constitucional e a proteção do direito subjetivo não são excludentes, mas complementares, de sorte que nenhum dos dois pode ser atingido (positiva ou negativamente) a ponto de o direito restar descaracterizado.[444] E também não falta quem questione a própria funcionalidade do instituto.[445]

Se transposta essa lógica para o mínimo existencial, ou o conteúdo deste seria reduzido a um objeto fixo, previamente determinado e imune

---

[440] PEREIRA, Jane Reis Gonçalves. *Interpretação constitucional e direitos fundamentais.* Rio de Janeiro: Renovar, 2006, p. 369.

[441] CANOTILHO, José Joaquim Gomes. *Direito constitucional e teoria da Constituição.* 7. ed., 2. reimp. Coimbra: Almedina, 2006, p. 459-460.

[442] CANOTILHO, José Joaquim Gomes. *Direito constitucional e teoria da Constituição.* 7. ed., 2. reimp. Coimbra: Almedina, 2006, p. 459-460.

[443] CANOTILHO, José Joaquim Gomes. *Direito constitucional e teoria da Constituição.* 7. ed., 2. reimp. Coimbra: Almedina, 2006, p. 461.

[444] Nesse sentido, embora no âmbito dos direitos negativos, HESSE, Konrad. *Elementos de direito constitucional da República Federal da Alemanha.* Porto Alegre: Fabris, 1998, p. 268.

[445] NOVAIS, Jorge Reis. *As restrições aos direitos fundamentais não expressamente autorizadas pela constituição.* Coimbra: Coimbra Editora, 2003, p. 779-798.

a qualquer condicionamento (teoria absoluta), ou seria o produto de um juízo de ponderação que se renova a cada caso concreto (teoria relativa). Sob o ângulo do objeto de proteção, ou se consideraria o direito como instituição objetiva do sistema jurídico,[446] tendo em conta a vida comunitária (teoria objetiva), ou se acautelariam situações individuais (teoria subjetiva).

Na perspectiva da ordem jurídica internacional, a intuitiva associação entre o mínimo existencial e o assim designado *minimum core approach* em matéria de direitos econômicos, sociais e culturais suscita semelhantes considerações, na medida em que a ideia subjacente a este – assegurar a eficácia daqueles direitos mediante a identificação de um conteúdo legal mínimo em cada direito que o governo é obrigado a realizar imediatamente – é igualmente cercada de controvérsias. Ganha-se de um lado, perde-se de outro. Porém o saldo é positivo, já que novos argumentos sempre enriquecem o debate.

A gênese da ideia é atribuída[447] ao Comitê dos Direitos Econômicos, Sociais e Culturais (CDESC) das Nações Unidas,[448] que, no Comentário Geral n° 3, declarou ser incumbência dos Estados signatários do Pacto Internacional sobre Direitos Econômicos Sociais e Culturais (PIDESC) cumprir o que chamou de *minimum core obligation*, consistente na satisfação de, pelo menos, níveis essenciais mínimos (*minimum essential levels*) de cada um dos direitos enumerados no Pacto. O Comentário trata da natureza das obrigações dos Estados-Partes (artigo 2°, § 1°, do Pacto). Segundo o CDESC, além de prever a realização progressiva dos direitos e de reconhecer o obstáculo da limitação de recursos disponíveis, o Pacto também impõe várias obrigações com efeito imediato, e uma delas é assegurar os níveis essenciais mínimos dos direitos.[449] Se fosse interpretado de forma a não estabelecer tal *minimum core obligation*, o Pacto, afirma o CDESC, "seria amplamente esvaziado de sua *raison d'être*".

---

[446] BOROWSKI, Martin. *La estructura de los derechos fundamentales*. Traducción de Carlos Bernal Pulido. Bogotá: Universidad Externado de Colombia, 2003, p. 97.

[447] LEHMANN, Karin. In Defense of the Constitutional Court: Litigating Economic and Social Rights and the Myth of the Minimum Core. *American University International Law Review*, v. 22, n. 1, p. 163-197, 2006, p. 183.

[448] O CDESC, que é formado por um grupo independente de *experts*, foi instituído para monitorar a implementação do Pacto Internacional sobre Direitos Econômicos, Sociais e Culturais pelos Estados-Partes. O CDESC também tem a atribuição de esclarecer a interpretação dos termos do Pacto, fazendo-o por meio dos Comentários Gerais. Em dezembro de 2008, a Assembleia Geral adotou um Protocolo Opcional prevendo a competência do Comitê para receber e considerar comunicações individuais. Os Comentários Gerais estão disponíveis em: <http://www2.ohchr.org/english/bodies/cescr/comments.htm> Acesso em 15 abr. 2011.

[449] Outra diz respeito à adoção de meditas de caráter regressivo (questão que refoge ao tema desta pesquisa).

Desde então, o CDESC vem articulando o conceito de *minimum core obligation* para contornar o caráter programático do Pacto e a limitação de recursos e para reafirmar a obrigação imediata – e por vezes inderrogável[450] – dos Estados em assegurar, ao menos, o *core content* dos respectivos direitos. Com isso, intenta-se oferecer um padrão objetivo de proteção válido para todos os Estados-Partes, independentemente do nível de desenvolvimento econômico,[451] da disponibilidade de recursos ou de outros fatores e dificuldades.[452]

No nível constitucional, o conceito de *minimum core* refere-se ao conteúdo dos direitos, e não das obrigações estatais, encontrando correspondência no *conteúdo essencial* de que tratam, principalmente, os europeus.[453] Com aquela designação, e também com o escopo de superar o relativismo que é próprio das previsões constitucionais de realização progressiva dos direitos sociais, a ideia vem sendo desenvolvida, por exemplo, na África do Sul, para citar uma das experiências de maior destaque nos últimos tempos. De um lado, alguns sustentam a necessidade de definição do conteúdo do *minimum core* dos direitos sociais,[454] de outro, o Tribunal Constitucional da África do Sul tem-se recusado a

---

[450] No Comentário Geral nº 14, que trata do direito ao mais elevado nível possível de saúde (art. 12 do Pacto), o CDESC declarou que as *core obligations* (estabelecidas no parágrafo 43 do Comentário) são inderrogáveis, de sorte que os Estados-Partes não podem, sob nenhuma circunstância, justificar o seu descumprimento (§ 47). As *core obligations* incluem obrigações relacionadas à saúde, alimentação, habitação e água. No *Substantive Issues Arising in the Implementation of the International Covenant on Economic, Social And Cultural Rights: Poverty and the International Covenant on Economic, Social and Cultural Rights*, o CDESC reafirmou o caráter inderrogável das *core obligations* e enfatizou que, em virtude da inderrogabilidade, elas continuam a existir mesmo em situações de conflito, emergência e desastres naturais (§§ 17 e 18). Texto disponível em: <http://www.unctad.org/en/docs/aconf191bp_7.en.pdf> Acesso em: 03 mai. 2011.

[451] Nesse sentido já previa *The Limburg Principles on the Implementation of the International Covenant on Economic, Social and Cultural Rights* (1987), parágrafo 25: "States parties are obligated, regardless of the level of economic development, to ensure respect for minimum subsistence rights for all" (Disponível em: <http://www.unhchr.ch/tbs/doc.nsf/0/6b748989d76d2bb8c125699700500e17/$FILE/G0044704.pdf> Acesso em: 03 mai. 2011).

[452] Nesse sentido, *The Maastricht Guidelines on Violations of Economic, Social and Cultural Rights* (1997), parágrafo 9: "Such minimum core obligations apply irrespective of the availability of resources of the country concerned or any other factors and difficulties" (Disponível em: <http://www.unhchr.ch/tbs/doc.nsf/0/6b748989d76d2bb8c125699700500e17/$FILE/G0044704.pdf> Acesso: em 03 mai. 2011)

[453] O conceito de *minimum core* herdou sua estrutura da Lei Fundamental da Alemanha, em que o *core* ou "conteúdo essencial" encontra-se fora do alcance das limitações permissíveis, cf. YOUNG, Katharine G. The Minimum Core of Economic and Social Rights: A Concept in Search of Content. *The Yale Journal of International Law*, v. 33, p. 113-175, 2008, p. 124.

[454] Como os *amici curiae* nos casos *Government of the RSA v Grootboom* (2000) e *Minister of Health e South Africa v Treatment Action Campaign* (2002). No primeiro caso, defendia-se uma concepção relativa de *minimum core* e, no segundo, uma concepção absoluta, cf. LEHMANN, Karin. In Defense of the Constitutional Court: Litigating Economic and Social Rights and the Myth of the Minimum Core. *American University International Law Review*, v. 22, n. 1, p. 163-197, 2006, p. 179.

determinar este *minimum*,[455] preferindo recorrer a juízos de razoabilidade (*reasonableness test*) para controlar, caso a caso, a constitucionalidade da ação ou omissão imputada ao Estado.

Mais uma vez, uma das principais contendas envolvendo o *minimum core* diz com a delimitação de seu conteúdo material. As posições se dividem, fundamentalmente, entre a fixação desse conteúdo com base na identificação de um mínimo essencial de cada direito (a partir dos valores liberais da dignidade humana, igualdade e liberdade, ou das necessidades básicas), por meio de um consenso mínimo (a partir de um amplo acordo, do acúmulo de práticas estatais e/ou da síntese da jurisprudência) ou transferindo a perspectiva para o conteúdo das obrigações criadas pelo direito. E uma das mais contundentes críticas àquele conceito refere-se justamente à impossibilidade de se estabelecer um conteúdo predeterminado e absoluto, com o que a própria ideia de *minimum core* ficaria comprometida.[456]

Sem entrar nesses embates – não apenas por desbordar o objeto deste trabalho, mas porque tais teorias, todas elas, apresentam fragilidades –, firma-se aqui a posição de que mesmo em organizações políticas e sistemas constitucionais similares, e ainda que, hipoteticamente, sejam compartilhados idênticos princípios éticos e morais, não seria possível fixar em abstrato e de modo definitivo o exato objeto do *conteúdo essencial*, do *minimum core* e, de igual forma, do *mínimo existencial* (que, vale repetir, são categorias independentes entre si, em que pese se entrecruzem numa relação de continência). Ocorre que outros fatores, muitos deles alheios à vontade política, são decisivos. Daí ser correta a constatação de que o mínimo existencial não é uma categoria universal,[457] tampouco uniforme. O conjunto de prestações indispensáveis para assegurá-lo varia ao longo

---

[455] Vale notar que, no caso *Minister of Health e South Africa v Treatment Action Campaign* (2002), a Corte afirmou: "This minimum core might not be easy to define, but includes at least the minimum decencies of life consistent with human dignity. No one should be condemned to a life below the basic level of dignified human existence." Mais adiante, contudo, a Corte reafirmou que "the courts are not institutionally equipped to make the wide-ranging factual and political enquiries necessary for determining what the minimum-core standards (...) should be". (Disponível em: <http://www.lrc.Org.za/images/stories/Judgments/tacfinaljudgment.pdf> Acesso em: 05 mai. 2011).

[456] Sobre cada uma dessas posições e respectivas críticas, ver YOUNG, Katharine G. The Minimum Core of Economic and Social Rights: A Concept in Search of Content. *The Yale Journal of International Law*, v. 33, p. 113-175, 2008.

[457] SCAFF, Fernando Facury. Reserva do possível, mínimo existencial e direitos humanos. *Interesse Público*, Porto Alegre, ano VI, n. 32, p. 213-226, jul./ago. 2005, p. 217.

do tempo[458] e conforme o lugar, inclusive dentro de um mesmo país,[459] e está sujeito a oscilações influenciadas não apenas por aspectos econômicos, mas, também, pelas expectativas e necessidades do momento[460] e, até, pelas condições específicas de cada indivíduo.[461]

Essa constatação, todavia, não implica que se deva abdicar de alguns parâmetros que auxiliem na concretização do mínimo existencial, e nem que se deva abrir mão de um conteúdo predeterminado – numa feição quase absoluta, porém sempre suscetível à expansão –, composto daquelas prestações cuja essencialidade para a vida humana é, hoje, amplamente reconhecida. Do contrário, haveria ou o completo esvaziamento normativo do direito em causa, ou a subjetivação excessiva quando de sua aplicação ao caso concreto.

De outra banda, convém sublinhar que não se tem a ambição de resolver os problemas teóricos e práticos que gravitam em torno do tema. Também não cabe, aqui, dados os limites do presente estudo, analisar todas as possibilidades aventadas na literatura, tampouco apontar a melhor solução. O que se pretende é expor algumas propostas dogmáticas que se mostrem razoavelmente adequadas e, acima de tudo, úteis para o desenvolvimento do debate – inclusive oriundas das teorizações do *conteúdo essencial* e do *minimum core* –, partindo dos pressupostos estabelecidos até então. Nesse desiderato, assume-se que o mínimo existencial não é um objeto certo e perene; e que a comunidade política em questão optou por um Estado Democrático e Social de Direito, pela consagração (expressa ou implícita) da dignidade da pessoa humana como valor máximo da ordem jurídica, bem como por garantir a todos um mínimo existencial fundado na dignidade humana, no direito à liberdade e na democracia.

---

[458] Na teoria de Alex Honneth, a luta por reconhecimento pode ser "compreendida como uma espécie de pressão social, a partir da qual novas dimensões de um mínimo existencial devem ser, permanentemente, pensadas e repensadas", cf. SARLET, Ingo Wolfgang; SAAVEDRA, Giovani Agostini. Constitucionalismo e democracia: breves notas sobre a garantia do mínimo existencial e os limites materiais de atuação do legislador, com destaque para o caso da Alemanha. *Revista da Ajuris*, Porto Alegre, ano 37, n. 119, p. 73-94, set. 2010, p. 79.

[459] STARCK, Christian. Dignidade humana como garantia constitucional: o exemplo da Lei Fundamental alemã. Tradução de Rita Dostal Zanini. In: SARLET, Ingo Wolfgang (Org). *Dimensões da dignidade*: ensaios de filosofia do direito e direito constitucional. 2. ed. rev. e ampl. Porto Alegre: Livraria do Advogado, 2009, p. 199-224.

[460] SARLET, Ingo Wolfgang. *A eficácia dos direitos fundamentais*: uma teoria geral dos direitos fundamentais na perspectiva constitucional. 10 ed. rev. atual. e ampl. Porto Alegre: Livraria do Advogado, 2009, p. 321.

[461] No que toca à condição individual do pretenso titular do direito, Daniel Sarmento cita o exemplo do fornecimento de medicamento, que integrará o mínimo existencial apenas para o indivíduo que dele necessite para sobrevier e que não disponha de meios próprios para adquiri-lo, cf. SARMENTO, Daniel. A proteção judicial dos direitos sociais: alguns parâmetros ético-jurídicos. In: ARRUDA, Paula (Coord.). *Direitos Humanos*: questões em debate. Rio de Janeiro: Lumen Juris, 2009, p. 577.

3.2.2. Mínimo existencial e mínimo de sobrevivência

Estabelecida a estreita relação entre o direito ao mínimo existencial e a dignidade da pessoa humana, resta evidente que a definição dos contornos daquele deve guardar sintonia com a concepção de dignidade que se venha a adotar. Assim, e diante do conceito de dignidade anteriormente citado, tem-se que as prestações abrangidas pelo mínimo existencial devem assegurar os recursos materiais necessários a que o indivíduo leve "uma vida saudável, além de propiciar e promover sua participação ativa e co-responsável nos destinos da própria existência e da vida em comunhão com os demais seres humanos".[462] Do mesmo modo, considerando tratar-se o mínimo existencial de pressuposto para o exercício da liberdade real e para o funcionamento e legitimidade da democracia, devem ser garantidos meios efetivos que propiciem a plena fruição da autonomia e da cidadania democrática.

É notório que isso não é bastante para se especificar o alcance do conteúdo concreto do mínimo existencial. No entanto, trata-se de um primeiro passo. A partir daí, já é possível concluir que o mínimo existencial deve garantir mais do que a mera sobrevivência física dos indivíduos, afinal, a noção de uma vida condigna exige mais do que a singela existência,[463] demandando, também, condições que permitam o pleno desenvolvimento da personalidade.[464] Como acentua Rodolfo Arango, a "vida humana não é apenas subsistência. Ela é uma existência que se dignifica em situações onde um indivíduo pode atingir o seu máximo potencial".[465]

O elo entre mínimo existencial, dignidade humana e vida condigna foi bem explicitado pela Corte Constitucional colombiana nestes termos:

---

[462] SARLET, Ingo Wolfgang. *Dignidade da pessoa humana e direitos fundamentais na Constituição Federal de 1988*. 8. ed. rev. atual. e ampl. Porto Alegre: Livraria do Advogado, 2010, p. 70.

[463] No sentido de que o próprio direito à vida significa mais do que a mera existência física, confira-se o caso *S v Makwanyane* (1995), da Corte Constitucional da África do Sul, em que o *Justice* Kate O'Regan afirmou: "... the right to life was included in the Constitution not simply to enshrine the right to existence. It is not life as mere organic matter that the Constitution cherishes, but the right to human life: the right to live as a human being, to be part of a broader community, to share in the experience of humanity. This concept of human life is at the centre of our constitutional values. The constitution seeks to establish a society where the individual value of each member of the community is recognised and treasured. (...) The right to life is more than existence, it is a right to be treated as a human being with dignity: without dignity, human life is substantially diminished." (Disponível em: <http://www.saflii.org/za/cases/ZACC/1995/3.html> Acesso em: 05 mai. 2011).

[464] Ressaltando, ainda, que não cabe ao mínimo existencial assegurar todos os requisitos necessários para uma existência digna, não obstante seja um dos instrumentos para tanto, veja-se BITENCOURT NETO, Eurico. *O direito ao mínimo para uma existência digna*. Porto Alegre: Livraria do Advogado, 2010, p. 118.

[465] ARANGO, Rodolfo. Direitos fundamentais sociais, justiça constitucional e democracia. *Revista do Ministério Público do Rio Grande do Sul*, Porto Alegre, n. 56, p. 89-103, set./dez. 2005, p. 101.

El objeto del derecho fundamental al mínimo vital abarca todas las medidas positivas o negativas constitucionalmente ordenadas con el fin de evitar que la persona se vea reducida en su valor intrínseco como ser humano debido a que no cuenta con las condiciones materiales le permitan llevar una existencia digna. Este derecho fundamental busca garantizar que la persona, centro del ordenamiento jurídico, no se convierta en instrumento de otros fines, objetivos, propósitos, bienes o intereses, por importantes o valiosos que ellos sean. Tal derecho protege a la persona, en consecuencia, contra toda forma de degradación que comprometa no sólo su subsistencia física sino por sobre todo su valor intrínseco.

(...)

El derecho fundamental al mínimo vital presenta una dimensión positiva y una negativa. La dimensión positiva de este derecho fundamental presupone que el Estado, y ocasionalmente los particulares, cuando se reúnen las condiciones de urgencia, y otras señaladas en las leyes e en la jurisprudencia constitucional, están obligados a suministrar a la persona que se encuentre en una situación en la cual ella misma no se puede desempeñar autónomamente y que compromete las condiciones materiales de su existencia, las prestaciones necesarias e indispensables para sobrevivir dignamente y evitar su degradación o aniquilamiento humano. Por su parte, respecto de la dimensión negativa, el derecho fundamental al mínimo vital se constituye en un límite o cota inferior que no puede ser traspasado por el Estado, en materia de disposición de los recursos materiales que la persona necesita para llevar una existencia digna. Es por ello que instituciones como la inembargabilidad de parte del salario, la prohibición de la confiscación, la indisponibilidad de los derechos laborales o el amparo de pobreza, entre otros, constituyen ejemplos concretos del mencionado límite inferior que excluye ciertos recursos materiales de la competencia dispositiva del Estado o de otros particulares.[466]

Uma estratégia minimalista, focada na sobrevivência, certamente encontraria menos resistência. Mas essa não é uma alternativa em uma sociedade que reverencia a dignidade de todos e de cada um, o que implica conferir sentido próprio e especial ao conceito de vida humana. De outro modo, poderiam ficar excluídos da esfera de proteção do mínimo existencial os idosos e os doentes terminais,[467] por exemplo, hipótese que sequer poderia ser cogitada. Ou, o que é ainda mais grave, a linha divisória seria desenhada em um nível tão baixo que ficaria na fronteira entre a morte e a *quase vida*, pois, como já ficou demonstrado pelas experiências nos campos de concentração nazistas e nos *gulags* soviéticos, o animal humano consegue sobreviver em situações de extrema privação.

Por essas razões, o mínimo existencial não pode ser reduzido ao que se tem denominado de *mínimo vital*[468] ou a um *mínimo de sobrevivência*,

---

[466] Sentença C-776, de 2003, em ARANGO, Rodolfo. *El concepto de derechos sociales fundamentales*. Bogotá: Legis, 2005, p. 214-215.

[467] Como ocorreu no caso *Soobramoney v Minister of Health* (que será comentado na parte final da pesquisa), em que a Corte Constitucional da África do Sul entendeu que, num quadro de escassez de recursos, é legítimo negar tratamento médico a pacientes que sofrem de doenças terminais.

[468] A Corte Constitucional da Colômbia atribui à expressão *mínimo vital* sentido bastante similar ao significado que se atribui, neste trabalho, a *mínimo existencial*.

caso essas expressões signifiquem a garantia da vida humana sem necessariamente abranger as condições para uma vida com certa qualidade.[469] Há de se garantir, em suma, um *standard* de vida que corresponda às exigências do princípio da dignidade da pessoa humana. Atingido esse padrão, certamente estarão atendidas as condições materiais necessárias para que os indivíduos entendam e sejam capazes de exercer plenamente os direitos e liberdades fundamentais.

Ainda, retomando a compreensão de dignidade como limite e tarefa dos poderes estatais e da comunidade em geral, tem-se que o mínimo existencial (como, aliás, todos os direitos fundamentais) apresenta dupla dimensão, uma positiva e outra negativa. Embora não seja o objeto deste trabalho, insta referir que, na dimensão negativa, o mínimo existencial opera como um limite, impedindo que o indivíduo seja despojado das condições materiais indispensáveis para uma vida digna. Na dimensão positiva, que é a que importa aqui, o mínimo existencial implica a disponibilização, por parte do Estado, de um conjunto de prestações básicas que propiciem ao indivíduo alcançar as aludidas condições materiais.

No entanto, se é certo que o escopo do mínimo existencial é a existência digna, não é menos certo que a dignidade humana atendida não significa "satisfação das querências individuais (ou idiossincrasias)", e sim, "de um *minimum* exigível socialmente, capaz, por seus recursos, meios e técnicas, de alcançar justiça social".[470] Diante disso, reiteram-se as perguntas: qual o nível e o tipo de prestações são necessários para proporcionar esse mínimo? Até onde a comunidade política está disposta a ir, no que toca ao comprometimento de recursos públicos, para prestá-las?

3.2.3. Parâmetros gerais para delimitação do conteúdo do mínimo existencial

Diversas são as tentativas de sistematizar as prestações materiais indispensáveis para a sobrevivência física e moral dos indivíduos, nenhu-

---

[469] Nesse sentido, SARLET, Ingo Wolfgang; FIGUEIREDO, Mariana Filchtiner. Reserva do possível, mínimo existencial e direito à saúde: algumas aproximações. *Direitos Fundamentais & Justiça*, Porto Alegre, ano 1, n. 1, p. 171-231, out./dez., 2007, p. 181.

[470] BITTAR, Eduardo C. B. Hermenêutica e Constituição: a dignidade da pessoa humana como legado à pós-modernidade. In: FERRAZ, Ana Cândida da Cunha; BITTAR, Eduardo C. B. (Org.). *Direitos humanos fundamentais*: positivação e concretização. Osasco: EDIFIEO, 2006, p. 48. Assim, também, Mantouvalou: "Social rights are rights to meeting of basic needs that are essential for human welfare. (...) are entitlements to the avoidance of severe deprivation, not rights to satisfaction of individual preferences more generally. They incorporate a safeguard against poverty, not the provision of a life luxury (...) but they are preconditions for pursuit o a good life", cf. MANTOUVALOU, Virginia. In Support of Legislation. In: GEARTY, Conor; MANTOUVALOU, Virginia. *Debating Social Rights*. Oxford/Portland: Hart Publishing, 2011, p. 90.

ma delas imune a críticas. Mas, como já referido, não se almeja eleger a melhor proposta, e sim apresentar algumas alternativas que, de um modo ou de outro, agreguem considerações relevantes para avanço do debate e, assim, auxiliem na concretização do direito pelos poderes públicos em geral e pelo Poder Judiciário em particular.

Uma das alternativas pode ser construída tomando emprestada a ideia de *bens primários*, em particular na forma como desenvolvida por Rawls em *Political Liberalism*,[471] porém com algumas cautelas. Primeiro, o mínimo existencial rawlsiano tende a se aproximar mais do mínimo de sobrevivência do que do mínimo existencial defendido neste trabalho. E, segundo, Rawls pressupõe que o mínimo existencial já foi atendido quando da escolha e distribuição dos bens primários. Explicando melhor, a questão dos bens primários integra o primeiro princípio de justiça, repercutindo no segundo princípio de justiça, e o princípio que exige o atendimento de um grau mínimo das necessidades básicas do cidadão, como visto alhures, é lexicamente anterior ao primeiro.[472] Os bens primários incorporam, de certa forma, o mínimo existencial.

Os *bens primários*, simplificando, são as *coisas* essenciais para que as pessoas realizem o seu projeto racional de vida, aí incluídos direitos, liberdades, oportunidades, condições sociais, assim como meios que sirvam de instrumento para qualquer fim (*all-purpose means*), tudo suportado pelas mesmas bases sociais do autorrespeito e considerando as exigências sociais e as circunstâncias normais da vida humana numa sociedade democrática.[473] Rawls supõe que, uma vez aceitos os pressupostos e as ideias subjacentes à sua concepção política de justiça, é possível chegar a um entendimento político sobre o que deveria ser publicamente reconhecido como as necessidades básicas dos cidadãos.[474] A lista de Rawls (que pode ser ampliada) é composta de cinco categorias de bens primários: direitos

---

[471] RAWLS, John. *Political Liberalism*. Expanded ed. New York: Columbia University Press, 2005. Ver, especialmente, as Conferências V (*Priority of Right and Ideas of the Good*) e VIII (*The Basic Liberties and Their Priority*).

[472] Respondendo às críticas de Amartya Sen e Keneth J. Arrow sobre a injustiça em se garantir o mesmo índice de bens primários a pessoas com capacidades básicas diversas, Rawls esclarece: "I have assume throughout, and I shall continue assume, that while citizens do not have equal capacities, they do have, at least to the essential minimum degree, the moral, intellectual, and physical capacities that enable them to be fully cooperating members of society over a complete life" (RAWLS, John. *Political Liberalism*. Expanded ed. New York: Columbia University Press, 2005, p. 183).

[473] RAWLS, John. *Political Liberalism*. Expanded ed. New York: Columbia University Press, 2005, p. 307.

[474] RAWLS, John. *Political Liberalism*. Expanded ed. New York: Columbia University Press, 2005, p. 179. Rawls ressalva que a ideia de necessidade usada no texto se refere às necessidades relativas à concepção política de pessoa, seu papel e *status*; e que necessidades são diferentes de desejos, vontades e gostos, cf. RAWLS, John. *Political Liberalism*. Expanded ed. New York: Columbia University Press, 2005, p. 189, nota de rodapé n. 20.

Direitos Fundamentais Sociais
DIGNIDADE DA PESSOA HUMANA E MÍNIMO EXISTENCIAL

e liberdades básicas (também dados por uma lista, incluindo liberdade de pensamento, liberdade de consciência e assim por diante); liberdade de movimento e livre escolha de ocupação entre diversas oportunidades; poderes e prerrogativas de cargos e posições de responsabilidade em instituições políticas e econômicas da estrutura básica; renda e riqueza (que são os tais *meios para todos os fins*); e as bases sociais de autorrespeito.[475] Uma sociedade justa e boa, na visão de Rawls, promove uma distribuição equitativa de quinhões de bens primários entre seus membros.

Equivoca-se Rawls, no entanto, ao não considerar a variabilidade individual na distribuição dos bens primários, deixando a questão para os estágios posteriores ao da convenção constitucional.[476] Ele supõe, é verdade, que um grau mínimo das necessidades humanas já foi atendido[477] (é o princípio lexicamente anterior ao primeiro princípio de justiça, ou seja, o mínimo existencial rawlsiano propriamente dito), e, assim, nenhuma diferença pessoal geraria injustiça.[478] Mas essa conclusão somente seria válida se o mínimo existencial rawlsiano fosse menos estreito. Como ele não é, para que a liberdade positiva (ou liberdade real, assim entendida a efetiva possibilidade de exercício da autonomia) seja garantida, as diferenças entre as capacidades pessoais deveriam ser levadas em conta no mínimo existencial ou na distribuição dos bens primários, ainda que a questão pudesse ser resolvida mais concretamente nos estágios legislativo e judicial.

Adotadas aquelas cautelas e superado o equívoco apontado no parágrafo anterior, pode-se afirmar que o conteúdo do mínimo existencial, nesse contexto, deve abranger as condições materiais (fáticas) que possibilitem às pessoas o acesso aos *bens primários* a que fazem jus considerando as peculiaridades da sociedade na qual se inserem e, mais do que isso, que garantam o efetivo aproveitamento desses bens para a realização do plano de vida individual, desde que este seja razoável. Trata-se de um pressuposto necessário para que a concepção rawlsiana de pessoa seja posta em prática, com o desempenho adequado e pleno da capacidade – que Rawls supõe ser comum a todos – de ser um membro cooperativo da sociedade ao longo da vida.

---

[475] RAWLS, John. *Political Liberalism.* Expanded ed. New York: Columbia University Press, 2005, p. 181 e 308-309.

[476] Concorda-se, no ponto, com as críticas de Amartya Sen.

[477] RAWLS, John. *Political Liberalism.* Expanded ed. New York: Columbia University Press, 2005, p. 183.

[478] Rawls admite que a sua teoria de bens primários não é adequada quando as variações de capacidades e habilidades físicas decorrentes de doenças e acidentes situam as pessoas abaixo da linha do mínimo essencial, mas, mesmo neste caso, o filósofo acredita ser possível resolver o problema no estágio legislativo, cf. RAWLS, John. *Political Liberalism.* Expanded ed. New York: Columbia University Press, 2005, p. 183-185.

Outro caminho – bastante ambicioso, reconhece-se, porém mais consentâneo com as ideias sustentadas neste trabalho – pode ser trilhado a partir da teoria do economista Amartya Sen, conhecida como *capabilities approach*, que foi idealizada para instituir uma nova ética para o desenvolvimento internacional, mas que vem ganhando bastante destaque no campo dos direitos humanos. De acordo com essa teoria, em linhas genéricas, a qualidade de vida em uma dada sociedade é medida com base nas *capacidades* e *funcionalidades* humanas (*capabilities* e *functionings*[479]), em vez de outros métodos tradicionais, como, por exemplo, aqueles baseados na riqueza, na utilidade ou na satisfação de necessidades básicas. Por conseguinte, o tipo mais relevante da igualdade para fins políticos é a igualdade de capacidades.[480]

O conceito de *functionings* reflete as várias coisas que uma pessoa pode valorizar *ser* ou *fazer*, desde as mais elementares, como ser adequadamente nutrido e estar livre de doenças evitáveis, até realizações e estados pessoais mais complexos, como tomar parte na vida da comunidade, ter autorrespeito e assim por diante.[481] *Capability* se refere à possibilidade real de realizar uma combinação de *functionings*.[482] O foco é a liberdade substantiva, a pessoa deve ser efetivamente capaz (nesse sentido, efetivamente livre) de determinar o que *quer*, o que *valoriza* e, finalmente, o que *decide escolher*, faça ou não uso dessa oportunidade.[483]

Sob essa ótica, a pobreza deve ser vista como a privação de capacidades básicas, e não apenas como baixo rendimento, que é o critério padrão de identificação da pobreza, embora a falta de recursos seja, de fato, uma de suas principais causas, na medida em que pode ser determinante para

---

[479] Não existe uma palavra em português que traduza com exatidão o significado de *functioning*, que expressa determinados estados e atividades valiosas para os seres humanos. A expressão *functionings* geralmente é traduzida para o português como funcionamentos, funcionalidades ou efetividades. Optou-se, aqui, por utilizar funcionalidade. O conceito de *functioning*, de acordo com Amartya Sen tem raízes aristotélicas. A distinção que ele faz entre *commodities* e *functioning* pode auxiliar na compreensão. Para o economista indiano, *commodities* compreende renda em si, coisas que podem ser trocadas por renda e coisas que podem ser consideradas rendas, enquanto *functioning* são "características do estado de existência de uma pessoa", não coisas que a pessoa ou sua família pode possuir ou produzir, cf. SEN, Amartya. *The Standard of Living*. Cambridge: Cambridge University Press, 2001, p. XII.

[480] SEN, Amartya. *Inequality Reexamined*. Cambridge: Harvard University Press, 1998.

[481] SEN, Amartya. *Development as Freedom*. New York: Alfred A. Knopf, 2000, p. 75.

[482] "A functioning is an achievement, whereas a capability is the ability to achieve. Functionings are, in a sense, more directly related to living conditions, since they are different aspects of living conditions. Capabilities, in contrast, are notions of freedom, in the positive sense: what real opportunities you have regarding the life you may lead." Cf. SEN, Amartya. *The Standard of Living*. Cambridge: Cambridge University Press, 2001, p. 36.

[483] SEN, Amartya. *The Idea of Justice*. Cambridge: The Belknap Press of Harvard University Press, 2009, p. 231-232.

furtar a capacidade de uma pessoa.[484] Com efeito, se a qualidade de vida é medida pelas capacidades e pelas funcionalidades, o que importa é a possibilidade de converter a renda naquilo que se valoriza *ser* ou *fazer*, e outros tipos de contingências (variabilidades individuais) além da carência econômica influenciam nesse processo, como as que decorrem das heterogeneidades pessoais, do ambiente físico, das condições sociais e de diferenças culturais (diferenças em perspectiva relacional).[485]

Amartya Sen não explica – e nem se propõe a fazê-lo – quais *functionings* e *capabilities* são essenciais para que as pessoas levem uma vida digna. Em contrapartida,[486] a filósofa Martha Nussbaum, em um projeto universalista, canaliza esforços na elaboração de uma lista de capacidades centrais para qualquer vida humana,[487] assim consideradas aquelas capacidades que as pessoas obrigatoriamente devem ter para que possam levar uma vida verdadeiramente humana, sejam quais forem seus fins últimos.[488] Partindo da ideia de cidadãos como seres humanos dignos e livres, a autora afirma que as políticas públicas devem ter por objetivo promover as capacidades humanas,[489] e não as funcionalidades, ou seja, os governos devem proporcionar aos cidadãos as ferramentas de que eles precisam tanto para escolher como para ter uma opção realista de exercer as funcionalidades mais importantes.[490] Nessa perspectiva, o direito a um padrão de vida decente significa o direito a certo nível de capacidades.

---

[484] SEN, Amartya. *Development as Freedom*. New York: Alfred A. Knopf, 2000, p. 84.

[485] SEN, Amartya. *The Idea of Justice*. Cambridge: The Belknap Press of Harvard University Press, 2009, p. 255.

[486] Tratando das similaridades e diferenças entre as abordagens de Amartya Sen e Martha Nussbaum, confira-se CROCKER, David A. Functioning and Capability: the Foundations of Sen's and Nussbaum's Development Ethic. *Political Theory*, v. 20, n. 4, p. 584-612, Nov. 1992; e CROCKER, David A. Functioning and Capability: the Foundations of Sen's and Nussbaum's Development Ethic, Part 2. In: NUSSBAUM, Martha, C.; GLOVER, Jonathan (Eds.). *Women, Culture and Development*: a Study of Human Capabilities. Oxford: Oxford University Press, 1995, p. 153-198. Uma das diferenças apontadas por David Crocker diz com o sentido de *capabilities* (que, para Sen, significa oportunidades reais ou liberdades efetivas de realizar; e, para Nussbaum, faculdades ou potências que podem e devem ser realizadas) e de *functionings* (o conceito de Nussbaum é um pouco mais estreito: para Sen, *escolha* é uma *functioning* e, para Nussbaum, é apenas a dimensão voluntária ou escolhida de uma *functioning* humana intencional; para Sen, *estado mental de felicidade ou prazer* é uma *functioning* que tem valor intrínseco e pode ser perseguido como tal, e, para Nussbaum, *prazer* ou *satisfação* é superveniente a *functioning*). Para os fins do presente trabalho, contudo, a diferença tem pouca ou nenhuma relevância.

[487] Sobre o método para a elaboração da lista, que parte de uma teorização *essencialista*, ver NUSSBAUM, Martha C. Human Functioning and Social Justice: in Defense of Aristotelian Essentialism. *Political Theory*, v. 20, n. 2, p. 202-246, May 1992.

[488] NUSSBAUM, Martha C. Capabilities and Human Rights. In: HAYDEN, Patrick. *The philosophy of human rights*, St. Paul: Paragon House, 2001, p. 212-240.

[489] Mas especificamente, *combined capabilities* (condições pessoais *mais* condições materiais e sociais para o exercício da funcionalidade valorizada).

[490] NUSSBAUM, Martha C. Capabilities and Human Rights. In: HAYDEN, Patrick. *The philosophy of human rights*, St. Paul: Paragon House, 2001, p. 212-240, p. 228.

A lista de Nussbaum é composta de dez itens principais: 1. *Life*; 2. *Bodily health*; 3. *Bodily integrity*; 4. *Senses, imagination, and thought*; 5. *Emotions*; 6. *Practical Reason*; 7. *Affiliation*: (a) *Friendship*, (b) *Respect*; 8. *Other species*; 9. *Play*; 10. *Control over one's environment*: (a) *Political*, (b) *Material*.[491] Convém referir que não se trata de uma lista fechada. Ao contrário, como a própria autora adverte, a lista deve ser continuamente revisada e ajustada. Além disso, os itens que a compõem são construídos de forma diversa pelas diferentes sociedades, e parte da ideia é justamente dar maior concretude a cada um deles de acordo com as especificidades locais. Na lista elaborada pela filósofa, por exemplo, a capacidade para a existência (*life*) compreende ser capaz de viver pelo tempo correspondente à expectativa normal de vida, de não morrer prematuramente, ou antes que a vida seja tão reduzida a ponto de não valer à pena viver; e a capacidade para a saúde física (*bodily health*), ser capaz de ter boa saúde, incluindo saúde reprodutiva, ser adequadamente nutrido, ter um abrigo adequado.[492]

À luz dessa linha teórica, pode-se dizer que levar uma vida digna significa ter esse conjunto de capacidades básicas. Como decorrência, o mínimo existencial deve contemplar os meios que assegurem aos indivíduos, no contexto da sociedade em que vivem, essas capacidades, ou seja, que lhes propiciem realizar, caso assim o desejem, as funcionalidades correspondentes. A especificação das medidas e prestações aptas a tanto deve ser determinada em concreto, ponderando todas as contingências envolvidas, como as condições pessoais e fatores econômicos, sociais, culturais e até geográficos, na medida em que as prestações adequadas para assegurar as capacidades básicas de um indivíduo nem sempre asseguram as de outro, muito embora as capacidades que definem uma vida digna sejam as mesmas em qualquer sociedade.

Também tendo em conta a qualidade de vida, mas com enfoque diverso, Ingo Sarlet, autor do conceito de dignidade adotado neste trabalho, sugere que os parâmetros estabelecidos pela Organização Mundial da Saúde – quanto a um estado de completo bem-estar físico, mental e social – podem ser utilizados como critério aferidor do que se deva entender por vida saudável e, assim, servir como diretriz mínima a ser assegurada pelos Estados aos seus cidadãos.[493] Adicionalmente, com esteio no debate

---

[491] NUSSBAUM, Martha C. Capabilities and Human Rights. In: HAYDEN, Patrick. *The philosophy of human rights*, St. Paul: Paragon House, 2001, p. 212-240, p. 223-225.

[492] NUSSBAUM, Martha C. Capabilities and Human Rights. In: HAYDEN, Patrick. *The philosophy of human rights*, St. Paul: Paragon House, 2001, p. 212-240, p. 223-224. Em trabalho anterior, o segundo item da lista também abrangia ter oportunidades para satisfação sexual e ser capaz de se mover de um lugar para o outro, cf. NUSSBAUM, Martha C. Human Functioning and Social Justice: in Defense of Aristotelian Essentialism. *Political Theory*, v. 20, n. 2, p. 202-246, May 1992, p. 222.

[493] SARLET, Ingo Wolfgang. *Dignidade da pessoa humana e direitos fundamentais na Constituição Federal de 1988*. 7. ed. rev. e atual., Porto Alegre: Livraria do Advogado, 2009, p. 67, nota 138.

traçado na Alemanha sobre o desdobramento do mínimo existencial em mínimo fisiológico e mínimo sociocultural, e chamando a atenção para a dimensão sociocultural da dignidade, o constitucionalista destaca que prestações básicas em termos de direitos culturais devem sempre compor o mínimo existencial, a exemplo da educação fundamental.[494]

Relacionando o mínimo existencial às necessidades humanas, Paulo Gilberto Cogo Leivas[495] entende que o mínimo existencial corresponde ao direito às necessidades humanas intermediárias, o que compreende "a necessidade de vida física, como a alimentação, vestuário, moradia, assistência de saúde, etc. (mínimo existencial físico) e a necessidade espiritual-cultural, como educação, socialidade, etc." (mínimo existencial cultural).[496] Quanto ao nível de satisfação, o autor afirma que o mínimo existencial deve garantir a máxima satisfação das necessidades básicas e intermediárias em nível *ótimo mínimo*,[497] o qual é atingido quando "a saúde física e a autonomia são tais que o indivíduo é capaz de optar por atividades nas quais deseje tomar parte dentro de sua própria cultura, possui as aptidões cognitivas, anímicas e sociais para fazê-lo e tem acesso aos meios que o permitam adquirir ditas aptidões".[498]

O critério das necessidades humanas reclama algumas precauções para que não se caia em equívocos.[499] Primeiro, há de se ter cuidado com

---

[494] SARLET, Ingo Wolfgang; FIGUEIREDO, Mariana Filchtiner. Reserva do possível, mínimo existencial e direito à saúde: algumas aproximações. *Direitos Fundamentais & Justiça*, Porto Alegre, ano 1, n. 1, p. 171-231, out./dez., 2007, p. 181-184; e SARLET, Ingo Wolfgang; SAAVEDRA, Giovani Agostini. Constitucionalismo e democracia: breves notas sobre a garantia do mínimo existencial e os limites materiais de atuação do legislador, com destaque para o caso da Alemanha. *Revista da Ajuris*, Porto Alegre, ano 37, n. 119, p. 73-94, set. 2010, p. 85-88.

[495] De acordo com o autor, que neste ponto se vale da doutrina Doyal e Gough, as necessidades humanas básicas "estipulam o que as pessoas precisam alcançar se elas querem evitar prejuízos graves"; as necessidades intermediárias ou agentes de satisfação das necessidades são "os objetos, atividades e relações que satisfazem as necessidades universalmente", abarcando "alimentos nutritivos e água limpa, moradia protegida, um ambiente laboral desprovido de riscos, um ambiente físico desprovido de riscos, atenção à saúde apropriada, segurança na infância, relações primárias significativas, segurança física, segurança econômica, educação apropriada, segurança no controle de nascimentos, na gravidez e no parto". Há diferentes padrões de satisfação das necessidades básicas, que vão de um nível ínfimo de satisfação a um nível ótimo, este subdivido em dois, o ótimo mínimo (ou *minopt*) e o ótimo máximo (ou ótimo crítico). Em LEIVAS, Paulo Gilberto Cogo. *Teoria dos direitos fundamentais sociais*. Porto Alegre: Livraria do Advogado, 2006, p. 124-125.

[496] LEIVAS, Paulo Gilberto Cogo. *Teoria dos direitos fundamentais sociais*. Porto Alegre: Livraria do Advogado, 2006, p. 135, citando a definição de Corinna Treisch.

[497] LEIVAS, Paulo Gilberto Cogo. *Teoria dos direitos fundamentais sociais*. Porto Alegre: Livraria do Advogado, 2006, p. 135.

[498] LEIVAS, Paulo Gilberto Cogo. *Teoria dos direitos fundamentais sociais*. Porto Alegre: Livraria do Advogado, 2006, p. 126.

[499] Sobre os méritos e deméritos da visão das necessidades básicas como medida do desenvolvimento, ver SEN, Amartya. *The Standard of Living*. Cambridge: Cambridge University Press, 2001. Para uma abordagem resumida e crítica das objeções feitas por Amartya Sen a esta visão, ver CROCKER,

o minimalismo exacerbado, devendo ser rejeitada a tendência de se definir as necessidades humanas básicas a partir da quantificação mínima do que é necessário para a sobrevivência (calorias, quantidade de água, etc.). Uma interpretação desta ordem leva à redução do mínimo existencial ao mínimo de sobrevivência, o que já foi descartado, além de desconsiderar a individualidade humana. Segundo, o foco há de ser as realizações humanas (ou capacidades de realização, como prefere Amartya Sen), e não os bens de que se necessita.[500] E, terceiro, o parâmetro de avaliação não pode ser subjetivista, no sentido de se considerar o sentimento pessoal de satisfação, pois, dada a capacidade que o ser humano tem de se adaptar ao meio ambiente, ou os grupos constantemente sujeitos a privações seriam prejudicados, ou, se generalizado o padrão, o mínimo existencial seria subestimado, podendo chegar ao extremo de ficar aquém do necessário para a sobrevivência de alguns.[501]

A posição de Paulo Gilberto Cogo Leivas, todavia, parece escapar desses desvios. De fato, como visto acima, o autor correlaciona o mínimo existencial às necessidades humanas intermediárias e, assim, expande a concepção daquele de modo a abranger mais do que as necessidades materiais, biológicas ou de subsistência, comumente apontadas como básicas. A inclusão da *necessidade espiritual-cultural* e o destaque dado ao alcance da autonomia e às *aptidões cognitivas, anímicas e sociais* confirmam a dignidade da pessoa humana como fim último e indicam certa semelhança com a teoria das capacidades.

Em termos mais concretos, Ingo Sarlet apresenta um elenco – meramente ilustrativo, ressalte-se – dos seguintes direitos ligados ao mínimo existencial: "direitos à saúde, educação, moradia, assistência e previdência social, aspectos nucleares do direito ao trabalho e da proteção ao trabalhador, o direito à alimentação, o direito ao fornecimento de serviços existenciais básicos como água e saneamento básico, transporte, energia elétrica (ainda que possam ser reportados a outros direitos fundamentais), bem como o direito a uma renda mínima garantida (que, por sua vez, desde que assegurada uma cobertura completa, pode ser substituído pelos direitos à assistência social, salário mínimo e previdência)".[502]

David A. Functioning and Capability: the Foundations of Sen's and Nussbaum's Development Ethic. *Political Theory*, v. 20, n. 4, p. 584-612, Nov. 1992.

[500] Outro ponto ressaltado por Amartya Sen diz com a tônica da passividade: em vez de distribuir bens a recipientes passivos, o mote deve ser ampliar as escolhas das pessoas e promover suas capacidades, e não somente distribuir bens a recipientes passivos.

[501] SEN, Amartya. *The Idea of Justice*. Cambridge: The Belknap Press of Harvard University Press, 2009, p. 269-280.

[502] SARLET, Ingo Wolfgang. *A eficácia dos direitos fundamentais*: uma teoria geral dos direitos fundamentais na perspectiva constitucional. 10 ed. rev. atual. e ampl. Porto Alegre: Livraria do Advogado, 2009, p. 322.

Ricardo Lobo Torres resume o conteúdo positivo do mínimo existencial aos direitos à seguridade social (saúde, previdência e assistência social), à educação, à moradia e à assistência jurídica.[503] Já Andreas Krell refere que o *padrão mínimo social* sempre incluirá "um atendimento básico e eficiente de saúde, o acesso à uma alimentação básica e vestimentas, à educação de primeiro grau e a garantia de uma moradia".[504]

Focado no contexto brasileiro, Eurico Bitencourt Neto assevera que o conteúdo do mínimo existencial é dado por disposições constitucionais jusfundamentais e pela "identificação das necessidades concretas extraídas de um padrão de vida mais ou menos consolidado em dada sociedade".[505] O autor, então, cita o art. 7º, inciso IV, da Constituição brasileira de 1988 (que consagra o direito ao salário mínimo) como exemplo de parâmetro para a identificação das necessidades que, numa sociedade como a brasileira, compõem o conteúdo do mínimo existencial. São elas: "alimentação, moradia, ensino fundamental, saúde básica, vestuário, além do acesso à Justiça".[506]

Para Ana Paula de Barcellos, o mínimo existencial faz parte do "conteúdo mais essencial" da dignidade da pessoa humana[507] e, desse modo, tem a natureza de regra e o *status* de direito subjetivo. Segundo a autora, além de ser possível chegar a um *consenso lógico*[508] a respeito de quais direitos estão contidos nesse mínimo, o conteúdo concreto do mínimo existencial, na realidade brasileira, pode ser extraído do texto da Constituição Federal de 1988. E ele é composto de três elementos materiais e um instrumental. São eles: a educação fundamental, a saúde básica, a assistência aos desamparados (que envolve alimentação, vestuário e abrigo) e o acesso à Justiça.[509] Também apontando o mínimo existencial como o núcleo no qual a dignidade da pessoa humana opera como regra, Luis Roberto

---

[503] TORRES, Ricardo Lobo. *O direito ao mínimo existencial*. Rio de Janeiro: Renovar, 2009, p. 244.

[504] KRELL, Andreas Joachim. *Direitos sociais e controle judicial no Brasil e na Alemanha*: os (des)caminhos de um direito constitucional "comparado". Porto Alegre: Fabris, 2002, p. 63.

[505] BITENCOURT NETO, Eurico. *O direito ao mínimo para uma existência digna*. Porto Alegre: Livraria do Advogado, 2010, p. 121.

[506] BITENCOURT NETO, Eurico. *O direito ao mínimo para uma existência digna*. Porto Alegre: Livraria do Advogado, 2010, p. 122.

[507] Segundo a autora, também fazem parte desse conteúdo os direitos de liberdade, cf. BARCELLOS, Ana Paula de. *A eficácia jurídica dos princípios constitucionais:* o princípio da dignidade da pessoa humana. Rio de Janeiro: Renovar, 2002, p. 252 e 256.

[508] BARCELLOS, Ana Paula de. *A eficácia jurídica dos princípios constitucionais:* o princípio da dignidade da pessoa humana. Rio de Janeiro: Renovar, 2002, p. 254.

[509] BARCELLOS, Ana Paula de. *A eficácia jurídica dos princípios constitucionais:* o princípio da dignidade da pessoa humana. Rio de Janeiro: Renovar, 2002, p. 258.

Barroso refere haver um razoável consenso de que ele inclui os direitos à renda mínima, saúde, educação fundamental e acesso à justiça.[510]

Sem embargo de alguns desacordos, percebe-se que a doutrina pátria caminha para um ponto de tendencial confluência. O mínimo existencial há de contemplar aspectos dos direitos à saúde, educação, moradia, assistência aos desamparados e previdência social, alimentação, vestuário e acesso à justiça. Este último (acesso à justiça) é de índole meramente instrumental e não será abordado neste trabalho. Podem ser acrescentados, para alguns, serviços existenciais básicos, renda mínima e aspectos nucleares do direito ao trabalho, se bem que os dois primeiros podem ser incluídos no âmbito da assistência, e o último (aspectos do direito do trabalho) dirige-se, na maioria das vezes, a pessoas de direito privado (físicas ou jurídicas), invocando o fenômeno da eficácia dos direitos fundamentais nas relações entre entes particulares, questão que escapa do tema desta pesquisa.[511]

3.2.4. Alguns conteúdos mínimos

Ainda está em aberto a questão de saber o *quanto* de cada um desses direitos é devido. As dificuldades vão aumentando à medida que o nível de abstração vai diminuindo. E pouco se tem escrito a respeito, o que pode ser explicado, ao menos em parte, pelo fato de que a delimitação exata somente será atingida diante do caso concreto. Porém é desejável que se reduza, um pouco mais, o grau de abstração.

Nesse particular, valiosos subsídios são colhidos da prática do CDESC na articulação do *minimum core obligation*. Não é demais lembrar que uma das funções do Comitê é justamente esclarecer a interpretação do PIDESC. Assim, considerando que a adesão ao Pacto implica aceitar a interpretação oficial que lhe for dada pelo órgão competente, bem como tendo em conta a ratificação por 160 países[512] – o que reforça a legitimidade do Pacto e reflete a existência de um amplo consenso –, aquilo que o CDESC identifica como *core content* de cada direito ou que situa sob o

---

[510] BARROSO, Luís Roberto. O começo da história: a nova interpretação constitucional e o papel dos princípios no direito brasileiro. In: BARROSO, Luís Roberto. *Temas de direito constitucional.* v. III, 2. ed. Renovar: Rio de Janeiro, 2008, p. 3-59, p. 52.

[511] No que toca ao direito ao trabalho, é interessante observar, apenas, que o CDESC, no Comentário Geral nº 18, esclarece que tal direito não deve ser entendido como um direito absoluto e incondicional a obter um emprego. As obrigações estatais identificadas pelo Comitê relacionam-se, predominantemente, a aspectos do direito em sua dimensão negativa, como as obrigações de assegurar a não discriminação e a igual proteção do emprego.

[512] Até 17/05/2011, conforme informação disponível em: <http://treaties.un.org/Pages/ViewDetails.aspx?src=TREATY&mtdsg_no=IV-3&chapter=4&lang=en> Acesso em: 17 mai. 2011.

guarda-chuva do *minimum core obligation* provavelmente integrará o mínimo existencial devido pelos países signatários aos seus cidadãos.[513] No caso do Brasil, que incorporou o Pacto ao seu direito interno por meio do Decreto nº 591/92, não há dúvidas de que o *minimum core* deve orientar a judicialização do mínimo existencial no âmbito da jurisdição doméstica, inclusive por referência direta ao Pacto.[514]

No Comentário Geral nº 3, quando veiculou pela primeira vez o conceito de *minimum core obligation*, o CDESC declarou fazer parte daquele conceito a obrigação de prover alimentos essenciais, cuidados essenciais de saúde, abrigo e habitação básicos e formas mais básicas de educação. Trata-se de uma postura um tanto quanto contida, adotada talvez por cautela, ou como estratégia contra eventuais e prováveis resistências à novidade, já que prevalecia o entendimento de que os direitos enumerados no PIDESC estavam sujeitos apenas à realização progressiva e, portanto, não eram previstas obrigações de execução imediata. De toda sorte, pode-se considerar que aquelas prestações constituem uma espécie de *mínimo denominador comum* que, de forma alguma, exaure o conteúdo do mínimo existencial.

Prosseguindo em ordem cronológica, o Comentário Geral nº 12 trata do *direito à alimentação*. De acordo com o CDESC, o conteúdo básico do direito à alimentação compreende a disponibilidade de alimentos em quantidade e qualidade suficientes para satisfazer as necessidades alimentares dos indivíduos (tanto para o desenvolvimento físico, como mental), livre de substâncias adversas e aceitáveis em uma determinada cultura; e a acessibilidade (física e econômica) desses alimentos de forma que sejam sustentáveis e que não interfiram no exercício de outros direitos humanos.

O Comentário Geral nº 13 foi dedicado à *educação*, direito humano com valor intrínseco e, ao mesmo tempo, instrumental, já que meio indispensável para a realização de outros direitos humanos. É o principal veículo de autonomia[515] e emancipação, libertando as pessoas da pobreza e propiciando-lhes meios para o exercício da cidadania. No aludido Comentário, o CDESC estabelece fazer parte do *minimum core obligation*

---

[513] Registre-se que não serão consideradas, aqui, as obrigações de dimensão negativa, como as de não discriminar, e as de caráter unicamente progressivo, como as que estabelecem estratégias ou planos de ação. Aquelas porque fogem ao tema deste trabalho, e estas porque dificilmente geram um direito subjetivo à prestação e, em regra, não fazem parte do mínimo existencial.

[514] Como, aliás, sugere o CDESC, conforme os Comentários Gerais nº 12, 14, 15, 17 e 18.

[515] Destacando o nexo entre a necessidade de educação e o estabelecimento de uma indispensável consciência da dignidade humana, confira-se ALVIM, Márcia Cristina de Souza. A educação e a dignidade da pessoa humana. In: FERRAZ, Ana Cândida da Cunha; BITTAR, Eduardo C. B. (Org.). *Direitos humanos fundamentais*: positivação e concretização. Osasco: EDIFIEO, 2006, p. 182-185.

proporcionar educação primária gratuita a todos, observando-se a disponibilidade (instituições e programas de ensino em quantidade suficiente e com estrutura adequada), a acessibilidade (sem discriminação, fisicamente acessível e gratuita), a aceitabilidade (a forma e o conteúdo devem ser aceitáveis – relevante, culturalmente adequada e de boa qualidade – para os alunos e, nos casos apropriados, para os pais) e a adaptabilidade (ser flexível para que possa se adaptar às necessidades de sociedades e comunidades em transformação e responder às necessidades dos alunos nos seus diversos contextos culturais e sociais).

Para definir *educação primária*, o CDESC segue os parâmetros da Declaração Mundial sobre Educação para Todos: a *educação primária* deve garantir a satisfação das necessidades básicas de aprendizagem, tendo em conta a cultura, as necessidades e as possibilidades da comunidade. Por seu turno, *necessidades básicas de aprendizagem* compreendem as ferramentas essenciais para a aprendizagem (como alfabetização, expressão oral, aritmética e resolução de problemas) e os conteúdos básicos da aprendizagem (como conhecimentos, habilidades, valores e atitudes), necessários para que os seres humanos sejam capazes de sobreviver, desenvolver plenamente suas potencialidades, viver e trabalhar com dignidade, participar plenamente do desenvolvimento, melhorar a qualidade de sua vida, tomar decisões esclarecidas e continuar aprendendo.

O *direito à saúde* é objeto do Comentário Geral n° 14. A complexidade do direito justifica a abordagem compreensiva do CDESC, que, já de início, aponta a estreita vinculação com outros direitos e liberdades, como alimentação, moradia, trabalho, educação, dignidade humana, vida, não discriminação, igualdade, não ser submetido à tortura, vida privada, acesso à informação e liberdade de associação, religião e circulação. Estão abrangidas no *minimum core obligation* as seguintes obrigações, tidas por inderrogáveis: assegurar o acesso à alimentação essencial mínima, que seja nutricionalmente adequada e segura; garantir o acesso a abrigo, habitação e saneamento básicos, bem como um suprimento adequado de água limpa e potável; e fornecer medicamentos essenciais, como os definidos periodicamente no âmbito do Programa de Ação sobre Medicamentos Essenciais da OMS. Sem mencionar a inderrogabilidade, o CDESC elencou outras obrigações tão prioritárias quanto aquelas, a saber: garantir o acesso a cuidados de saúde reprodutiva, materna (pré-natal e pós-natal) e infantil; prestar imunização contra as principais doenças infecciosas que ocorrem na comunidade; tomar medidas para prevenir, tratar e controlar doenças endêmicas e epidêmicas; e prover educação e acesso à informação sobre os principais problemas de saúde na comunidade, incluindo métodos de prevenção e controle.

Direitos Fundamentais Sociais
DIGNIDADE DA PESSOA HUMANA E MÍNIMO EXISTENCIAL

Com relação ao *direito à água*, contemplado no Comentário Geral nº 15, o CDESC identifica estas obrigações de efeito imediato: garantir o acesso à quantidade essencial mínima de água, que seja suficiente e segura para o uso pessoal e doméstico para prevenir doenças; garantir o acesso físico às instalações e serviços de água que proporcionem o fornecimento suficiente e regular de água potável, que tenham um número suficiente de pontos de água para evitar tempos de espera proibitivos e que se encontrem a uma distância razoável de casa; garantir que a segurança pessoal não seja ameaçada quando do acesso à água; adotar programas de água de custo relativamente baixo, direcionados a proteger os grupos vulneráveis e marginalizados; adotar medidas para prevenir, tratar e controlar as doenças associadas à água, em particular a garantia de acesso a saneamento adequado.

Finalmente, no que toca ao direito à *seguridade social*, o CDESC inicia o Comentário Geral nº 19 ressaltando a sua fundamental importância para garantir a dignidade humana a todas as pessoas quando confrontadas com circustâncias que as privem da capacidade de exercer plenamente os demais direitos reconhecidos no Pacto. Faz parte do *minimum core obligation* garantir o acesso a um sistema de seguridade social que ofereça a todas as pessoas e famílias um nível mínimo indispensável de prestações que lhes permita obter ao menos cuidados essenciais de saúde, abrigo e habitação básicos, água e saneamento, alimentos e as formas mais elementares de educação.

Na doutrina brasileira, Ana Paula de Barcellos é uma das poucas que se aventura a deixar a zona de conforto própria das abstrações teóricas.[516] Ainda que não se endosse a proposta de um conteúdo preciso, as prestações materiais que ela aponta na obra *A eficácia jurídica dos princípios constitucionais: o princípio da dignidade da pessoa humana* inserem-se na moldura do mínimo existencial (mas sem esgotá-lo), conforme desenho traçado pela Constituição de 1988. Os elementos principais, já referidos, são: educação fundamental, saúde básica, assistência aos desamparados e acesso à Justiça. Tais elementos são decompostos em outras prestações, conforme se passa a apresentar (à exceção do acesso à Justiça).

O direito à *educação fundamental*, segundo Ana Paula de Barcellos na primeira edição da referida obra, compreende o serviço de educação em si, gratuito e correspondente aos primeiros oito anos de escolaridade, da primeira à oitava série do ensino fundamental; e as condições materiais que propiciem o efetivo aproveitamento do ensino, como a compatibilidade de horário (diurno para crianças e adolescentes, e noturno para

---

[516] BARCELLOS, Ana Paula de. *A eficácia jurídica dos princípios constitucionais:* o princípio da dignidade da pessoa humana. Rio de Janeiro: Renovar, 2002, p. 247-301.

adultos e jovens), material didático, alimentação e prestações básicas de saúde e transporte, quando necessário.[517]

Realmente, a mera prestação do serviço de pouco adianta se os alunos não conseguem frequentar as aulas, não dispõem de material didático ou estão passando fome. Aliás, o art. 208, inciso VII, da Carta brasileira, na redação dada pela Emenda Constitucional nº 59/2009, dispõe que o dever do Estado nesta seara inclui "o atendimento ao educando, em todas as etapas da educação básica, por meio de programas suplementares de material didáticoescolar, transporte, alimentação e assistência à saúde". De outra banda, quanto à compreensão do que seja educação fundamental, nota-se que a autora chancela a forma como os currículos escolares brasileiros eram organizados. No entanto, o art. 32 da Lei nº 9.394/96, que previa a duração de oito anos, foi alterado, e, hoje, vige a redação dada pela Lei nº 11.274/06, que aumentou aquele tempo para nove anos. Isso reforça a tese de que o mínimo existencial não é uma constante. E a adoção de um rol fechado de prestações importaria na exclusão deste último ano do mínimo existencial, o que dificilmente seria sustentado por alguém (inclusive a própria autora, tanto que na 2ª edição de sua obra, publicada em 2008, consta o tempo de nove anos), mesmo que o aumento fosse maior.[518]

No ponto, os parâmetros seguidos pelo CDESC parecem mais adequados, até porque, como consta na Declaração Mundial sobre Educação para Todos (art. 1), a "amplitude das necessidades básicas de aprendizagem e a maneira de satisfazê-las variam segundo cada país e cada cultura, e, inevitavelmente, mudam com o decorrer do tempo".[519] Nos dias de hoje, por exemplo, há de se considerar uma inclusão digital mínima que propicie não apenas o acesso às tecnologias de informação, mas que capacite as pessoas a usufruírem esta ferramenta que se tornou indispensável à disseminação do conhecimento, à qualificação pessoal e profissional e ao desenvolvimento de habilidades essenciais à própria inclusão social.[520]

---

[517] BARCELLOS, Ana Paula de. *A eficácia jurídica dos princípios constitucionais:* o princípio da dignidade da pessoa humana. Rio de Janeiro: Renovar, 2002, p. 260-272.

[518] Para Denise Souza Costa, o conteúdo mínimo constitucionalmente estabelecido do direito à educação identifica-se com o acesso ao conhecimento básico que propicie o desenvolvimento de habilidades e competências suficientes à garantia do direito à igualdade de oportunidades, cf. COSTA, Denise Souza. Desafios para a concretização do direito fundamental à educação. *Revista da Ajuris*, Porto Alegre, v. 37, n. 120, p. 83-115, dez. 2010, p. 105.

[519] O texto da Declaração está disponível em: <http://unesdoc.unesco.org/images/0008/000862/086291por.pdf> Acesso em: 10 mai. 2011.

[520] O Governo Federal vem implantando diversos programas voltados à inclusão digital, tais como a criação de Centros de Inclusão Digital (proporcionar à população menos favorecida o acesso às tecnologias de informação, capacitando-a na prática das técnicas computacionais), o Programa GE-SAC (conexão Internet banda larga para escolas e órgãos públicos, sindicatos, aldeias indígenas, comunidades quilombolas e ribeirinhas, zonas rurais, periferias urbanas, telecentros comunitários e

Recentemente, aliás, a ONU declarou que o acesso à Internet é um direito humano. O Relatório Especial sobre promoção e proteção do direito à liberdade de opinião e expressão,[521] apresentado por Frank Lu Rue, destaca a natureza única e transformadora da Internet não só para capacitar os indivíduos a exercerem seu direito à liberdade, mas também uma gama de outros direitos humanos, bem como para promover o progresso da sociedade como um todo. O direito abrange tanto o acesso ao conteúdo como à infraestrutura física e técnica necessária para se conectar à rede.[522] Em virtude disso, recomenda-se aos Estados que desenvolvam políticas concretas e efetivas para tornar a Internet amplamente acessível a todos os seguimentos da população e que incluam a *alfabetização digital* (*Internet literacy skills*) nos currículos escolares, inclusive no que tange aos benefícios, responsabilidades e riscos do acesso à informação *on-line*.

Além disso, especial relevância há de ser atribuída à educação para a cidadania, capacitando os indivíduos a participar ativamente da vida política, cívica, social e cultural.[523] Como leciona Rawls, a preocupação da sociedade com a educação das crianças reside (também) no papel que elas exercerão como futuros cidadãos. Logo, é essencial que elas adquiram a capacidade de entender a cultura pública e de participar de suas instituições, de atingir a independência econômica, de se tornar um membro autônomo da sociedade e de desenvolver as virtudes políticas.[524]

---

pontos remotos de fronteira, sedes de organizações não governamentais e/ou onde já existam outros projetos de inclusão digital do Governo Federal), o Programa Banda Larga nas Escolas, o ProInfo – Programa Nacional de Informática na Educação (introdução do uso das tecnologias de informação e comunicação nas escolas da rede pública), o Quiosque do Cidadão (instalação de computadores conectados à internet banda larga em bibliotecas públicas, escolas ou em outros espaços públicos), o Projeto UCA – Um Computador Por Aluno (cuja finalidade é promover a inclusão digital, por meio da distribuição de 1 computador portátil para cada estudante e professor de educação básica em escolas públicas), entre outros. Sobre os projetos governamentais, confira-se <http://www.inclusao-digital.gov.br/> Acesso em: 18 jun. 2011.

[521] Disponível em <http://www2.ohchr.org/english/bodies/hrcouncil/docs/17session/AHRC 17.27_en.pdf> Acesso em 25 jul. 2011.

[522] Do Relatório, colhe-se a informação de que o Parlamento da Estônia reconheceu o acesso à internet como direito humano básico em 2000. O Conselho Constitucional da França e a Corte Constitucional da Costa Rica declararam ser um direito fundamental, em 2009 e 2010, respectivamente. E a Finlândia aprovou um decreto em 2009 declarando que a conexão com a Internet precisa ter uma velocidade de, pelo menos, 1 Megabyte por segundo (nível de banda larga). O Relatório ainda registra que, segundo uma pesquisa realizada pela British Broadcasting Corporation em março de 2010, 79% dos entrevistados em 26 países acreditam que o acesso à Internet é um direito humano fundamental.

[523] Essa função instrumental da educação como exigência para o funcionamento eficaz da democracia vem sendo enfatizada no âmbito internacional, conforme ÁLVAREZ, Leonardo Álvarez. La paradoja de la educación: adoctrinar para garantizar la libertad. *Direitos Fundamentais & Justiça*, Porto Alegre, ano 5, n. 14, p. 13-38, jan./mar. 2011, p. 25 e ss.

[524] RAWLS, John. *Political Liberalism*. Expanded ed. New York: Columbia University Press, 2005, p. 200.

Quanto à *saúde básica*,[525] Barcellos aduz que a perspectiva do *mínimo* não é o estado de saúde das pessoas, e sim, as prestações de saúde disponíveis. Para defini-lo, entre um parâmetro em que a preferência é a prestação de saúde capaz de, pelo menor custo, atender de forma eficaz o maior número de indivíduos e outro em que são as prestações de saúde de que todos os indivíduos provavelmente necessitarão em algum momento ao longo de suas vidas, a autora opta pelo segundo, que na sua ótica vai ao encontro das prioridades estabelecidas pela Constituição, quais sejam, serviço de saneamento (arts. 23, inciso IX, 198, inciso II, e 200, inciso IV), atendimento materno-infantil (art. 227, inciso I), ações de medicina preventiva (art. 198, inciso II) e ações de prevenção epidemiológica (art. 200, inciso II).

Que tais prestações fazem parte do mínimo existencial, dificilmente alguém contestaria. No entanto, a definição do que é básico a partir das prestações disponíveis, desconsiderando-se o grau de importância para a vida, pode gerar certo paradoxo, principalmente porque ficam excluídas, já de saída, inúmeras prestações vitais para a sobrevivência (como tratamentos de alta complexidade e medicamentos excepcionais), com o que o direito à vida, sem o qual até a dignidade perde sentido, fica gravemente ameaçado.[526]

Não é à toa que o Supremo Tribunal Federal, ao vincular a dimensão positiva do direito *originário* à saúde ao mínimo existencial, vem considerando que o ponto de referência é a saúde do paciente. Isso fica evidenciado pelas decisões mais recentes, em que foram garantidas diversas prestações que não se enquadram no conceito de básicas e/ou não são contempladas pelo Sistema Único de Saúde, mas cuja ausência poderia ocasionar graves e irreparáveis danos à saúde e à vida dos pacientes,

---

[525] BARCELLOS, Ana Paula de. *A eficácia jurídica dos princípios constitucionais*: o princípio da dignidade da pessoa humana. Rio de Janeiro: Renovar, 2002, p. 287-289.

[526] De acordo com uma decisão do Tribunal Constitucional Federal da Alemanha (1 BvR 347/98), o seguro público de saúde não pode recusar tratamento médico a pessoas que sofrem de doença potencialmente fatal contra a qual não há terapia efetiva com base na medicina atual, mesmo que o tratamento postulado não esteja previsto em protocolos oficiais e que, em regra, seja considerado ineficiente, devendo ser analisados o efeito do tratamento em cada caso individual e o fato de o método de tratamento escolhido oferecer uma chance não inteiramente remota de cura. De outro lado, especialistas médicos e também juristas vêm expressando objeções aos critérios da decisão, mormente por que o Tribunal, segundo os críticos, não levou em conta a proteção dos doentes contra os riscos desconhecidos e "charlatanismo" e nem os efeitos financeiros incalculáveis para a comunidade de segurados. (SARLET, Ingo Wolfgang. Titularidade simultaneamente individual e transindividual dos direitos sociais analisadas à luz do exemplo do direito à proteção e promoção da saúde. *Direitos Fundamentais & Justiça*, Porto Alegre, ano 4, n. 10, p. 205-228, jan./mar. 2010, p. 224; ver, também, artigo noticiado por National Center for Biotechnology Information, disponível em: <http://www.ncbi.nlm.nih.gov/pubmed/17212301> Acesso em: 10 ago. 2011).

como medicamentos de custo elevado,[527] custeio de tratamentos médicos fora do domicílio do paciente (incluindo as despesas com transporte, alimentação e hospedagem)[528] e equipamentos excepcionais.[529]

Se o minimalismo exacerbado ameaça o direito à vida, não se pode olvidar que o outro extremo transborda os limites do mínimo existencial. A linha divisória é bastante tênue, reconhece-se. Mas, ainda que não seja possível traçá-la de forma precisa, ao menos não em abstrato, o certo é que não se podem excluir, *a priori*, prestações vitais. Outros fatores além das prestações disponíveis devem ser levados em consideração para, na solução do caso concreto, separar aquilo que faz parte da esfera do mínimo existencial e o que, não obstante mantenha o caráter jusfundamental, situa-se numa área mais periférica do direito à saúde e, desse modo, dependente da vontade governamental em instituir políticas públicas.

Por último, Barcellos assevera que a *assistência aos desamparados*[530] abrange o fornecimento de um salário mínimo aos idosos e deficientes que não tenham condições de prover sua subsistência nem tê-la provida pela família (art. 203, inciso V, da Constituição Federal) e condições básicas de alimentação, vestuário e abrigo. Quanto a estas, a forma de prestação – entrega de numerário diretamente ao beneficiário, sistema de vales ou disponibilização desses bens *in natura* – deve ser definida pelo Poder Público.

O direito a uma *moradia adequada* não foi considerado de modo autônomo no mínimo existencial idealizado por Barcellos. E, de um modo geral, há certa resistência em se reconhecer a fundamentalidade da dimensão positiva desse direito, em particular naquilo que transcende a

---

[527] No SS 3989, Relator Ministro Gilmar Mendes (Presidente), julgado em 07/04/2010, publicado em DJe-066, 15/04/2010, garantiu-se o fornecimento do medicamento *teriparatida* a pacientes portadores de osteoporose severa (um deles com 83 anos de idade).

[528] No SL 256, Relator Ministro Gilmar Mendes (Presidente), julgado em 20/04/2010, publicado em DJe-076, 30/04/2010, garantiu-se o custeio das despesas do paciente e do acompanhante relativas a transporte, alimentação e hospedagem no local do tratamento a oito pacientes portadores de doenças raras e crônicas, que, à toda evidência, não atendem ao critério proposto por Barcellos. O Supremo Tribunal Federal já garantiu, inclusive, o custeio das despesas para tratamento médico no exterior, a exemplo da SS 2998, Relatora Ministra Ellen Gracie (Presidente), julgado em 29/11/2006, publicado em DJ 12/12/2006, em que foi mantida a decisão que determinara a entrega da importância de R$ 50.037,30 a um paciente para o pagamento das despesas referentes à estada na França com o objetivo de se submeter a procedimento cirúrgico de ablação por laser no Hospital Antoine-Béclère.

[529] No STA 283, Relator Ministro Gilmar Mendes (Presidente), julgado em 07/04/2010, publicado em DJe-066, 15/04/2010, garantiu-se o fornecimento de estimulador medular epidural – EME (compreende um neuroestimulador para controle de dor crônica, eletrodo para estimulação espinhal e cortial e cabo extensor quadripolar) à paciente portadora de dor neuropática severa em membros inferiores devido à mielomalácia na porção distal da medula espinhal/cone medular; equipamento de custo elevado (R$ 43.314,40) não contemplado pelo Sistema Único de Saúde.

[530] BARCELLOS, Ana Paula de. *A eficácia jurídica dos princípios constitucionais:* o princípio da dignidade da pessoa humana. Rio de Janeiro: Renovar, 2002, p. 289-292.

ideia de um abrigo ou alojamento aos mais desfavorecidos. Apesar de expressamente previsto em alguns tratados internacionais, especialmente no âmbito da ONU, as convenções regionais tendem a não o contemplar de forma expressa, a não ser no que diz com algumas medidas protetivas restritas a determinadas classes de pessoas (como imigrantes, deficientes, crianças e refugiados). Esse é o caso da Convenção Europeia de Direitos Humanos, da Carta Social Europeia, da Carta da Comunidade Europeia sobre Direitos Fundamentais Sociais, da Carta Africana dos Direitos do Homem e dos Povos e do Protocolo Adicional da Convenção Americana de Direitos Humanos.[531]

De fato, ao mesmo tempo em que se pode afirmar que a moradia é condição indispensável para uma vida digna,[532] já que representa o reduto da segurança, individualidade, intimidade e privacidade, é certo que não se pode sustentar, até porque inalcançável,[533] a existência de um direito subjetivo a que o Estado forneça uma casa a cada cidadão ou família. Aquela afirmação motivou inúmeras Constituições,[534] entre as quais a brasileira,[535] a reconhecer expressamente um direito fundamental à moradia.[536] Mas esta certeza – a de que não se pode exigir do governo que proporcione uma casa a qualquer um que o solicite – intensifica a dificuldade em se identificar quais prestações materiais, então, poderiam ser judicialmente exigidas porque essenciais à dignidade humana.[537]

---

[531] SARLET, Ingo Wolfgang. Notas a respeito do direito fundamental à moradia na jurisprudência do Supremo Tribunal Federal. In: SARMENTO, Daniel; SARLET, Ingo Wolfgang (Coord.). *Direitos fundamentais no Supremo Tribunal Federal*: balanço e crítica. Rio de Janeiro: Lumen Juris, 2011, p. 688.

[532] Defendendo o direito à moradia como direito natural, uma vez que o homem, desde os primórdios de sua existência, sempre buscou um abrigo, ver VIANA, Rui Geraldo Camargo. O direito à moradia. *Revista de Direito Privado*, ano 1, n. 2, São Paulo, p. 9-16, abr./jun. 2000, p. 9.

[533] O déficit habitacional é uma realidade mesmo nas sociedades economicamente desenvolvidas. O CDESC registrou, no Comentário Geral n° 4 (de 1991), a estimativa de que existem mais de 100 milhões de pessoas em todo o mundo desabrigadas e mais de 1 bilhão em moradia inadequada.

[534] Scott Leckie menciona que cerca da metade das Constituições do mundo refere ou obrigações gerais no âmbito da habitação ou especificamente o direito à moradia adequada, cf. LECKIE, Scott. Housing Rights. *UNDP Human Development Report 2000*. Disponível em: <http://hdr.undp.org/en/reports/global/hdr2000/papers/leckie.pdf> Acesso em: 01 jun. 2011.

[535] O direito fundamental à moradia foi introduzido na Constituição pela Emenda Constitucional n° 26/2000, o que não significa que, antes disso, tal direito, ou algumas de suas facetas, não pudesse ser extraído de outros dispositivos constitucionais.

[536] Sobre o direito à moradia na Argentina, mas referindo, também, o direito internacional e citando casos individuais submetidos ao Comitê de Direitos Humanos da ONU, confira-se TEDESCHI, Sebastián. El derecho a la vivienda a diez años de la reforma de la Constitución. In: SARLET, Ingo Wolfgang (Coord). *Jurisdição e direitos fundamentais*: anuário 2004/2005, v. I, tomo II. Porto Alegre: Escola da Magistratura/Livraria do Advogado, 2006, p. 209-236.

[537] Sobre o dever de agir do poder público para assegurar o direito fundamental à moradia em zonas seguras, ver BOEIRA, Alex Pedrozzo. O direito fundamental à moradia em zonas seguras: a prevenção e o dever de agir do Estado frente a ocupações irregulares. *Revista Síntese de Direito Administrativo*, ano VI, n. 66, p. 78-92, jun. 2011.

A especial dificuldade explica por que nem o CDESC intentou nominar o *minimum core obligation* correlato ao direito à moradia adequada, conquanto tenha editado dois Comentários Gerais sobre o tema.[538] Alguns elementos básicos, no entanto, podem ser extraídos do Comentário Geral n° 4.[539] O conteúdo mínimo do direito à moradia, na visão do CDESC, abrange mais do que um *teto sobre a cabeça* (*a roof over one's head*), devendo ser visto como o direito de viver em algum lugar de paz, segurança e dignidade. Além disso, esse lugar deve dispor de serviços básicos de infraestrutura e saneamento; oferecer condições de habitabilidade; ser acessível, prioritariamente, aos grupos desfavorecidos; estar em um local com acesso às opões de emprego, serviços de saúde, escolas, creches e outros serviços sociais; bem como observar as características culturais.

Entretanto isso não resolve o impasse entre a intrínseca vinculação entre a dignidade humana e uma moradia adequada, de um lado, e a impossibilidade de se atribuir ao Estado o dever imediato de substancialmente prover um bem imóvel a todo, de outro. E, se não é possível definir em abstrato quais prestações fáticas estariam abrangidas pelo mínimo existencial neste aspecto, aquilo que não está é mais fácil de ser identificado. Conforme o Relatório Final de 1995 do Relatório Especial da ONU sobre os Direitos de Habitação, o direito à moradia adequada não implica que o Estado seja obrigado a construir habitação para a população inteira, a fornecer habitação gratuitamente a todos que o solicitem, a cumprir imediatamente todos os aspectos do direito ou a confiar exclusivamente a si a tarefa da garantir o direito a todos. Esse direito tampouco significa que ele deva se manifestar exatamente da mesma forma em todas as circunstâncias e locais.[540]

Assim, diversamente de outros direitos integrantes do mínimo existencial, as prestações ligadas à moradia dificilmente constituirão direito subjetivo individual[541] sem a prévia intermediação do legislador.[542] Isso

---

[538] Comentário Geral n° 4 (The right to adequate housing) e Comentário Geral n° 7 (The right to adequate housing: forced evictions). As obrigações mencionadas pelo CDESC nesses Comentários são, essencialmente, de cunho negativo (dever de abstenção). As obrigações positivas são de natureza meramente programática.

[539] Há de se consignar, todavia, que o CDESC, no Comentário Geral n° 4, considerou imediatamente exigíveis apenas obrigações de cunho negativo.

[540] LECKIE, Scott. Housing Rights. *UNDP Human Development Report 2000*. Disponível em: <http://hdr.undp.org/en/reports/global/hdr2000/papers/leckie.pdf> Acesso em: 01 jun. 2011, p. 18.

[541] Com razão Barroso ao afirmar que o escopo do dispositivo constitucional certamente não foi investir alguém do poder de exigir prontamente uma prestação positiva do Estado, cf. BARROSO, Luis Roberto. *O direito constitucional e a efetividade de suas normas:* limites e possibilidades da Constituição Brasileira. 9. ed., Rio de Janeiro: Renovar, 2009, p. 110.

[542] No Acórdão 131/1992, o Tribunal Constitucional de Portugal decidiu que o direito à habitação é um direito a prestações, porém seu conteúdo "não pode ser determinado ao nível das opções constitucionais, antes pressupõe uma tarefa de concretização e de mediação do legislador ordinário, e cuja

não exime o Estado de adotar políticas públicas que assegurem a todos oportunidades de acesso à moradia. Tampouco retira dos desabrigados, dos alojados de forma inadequada, daqueles afetados por desastres (naturais ou não) e, em geral, dos incapazes de obter, por meios próprios, um local para morar[543] o direito de, em situações especiais, reivindicar prestações fáticas, inclusive o alojamento em unidades habitacionais, que os capacitem a levar uma vida digna.[544]

Enfim, de tudo isso, a conclusão a que se chega é a confirmação do que fora anunciado no início deste segmento: jamais será possível reduzir o nível de abstração a tal ponto que se alcance, *a priori,* uma zona com contornos precisos do que seja, concretamente, o conteúdo do mínimo existencial, o que somente será revelado caso a caso. Mas é bom que assim o seja. O reconhecimento do mínimo existencial como categoria flexível permite que *standards* – muitas vezes elevados, e até ousados – sejam construídos, paulatinamente atingidos e, quem sabe, ultrapassados. Por outro lado, a fixação de alguns conteúdos mínimos ampara a dignidade humana em caso de inércia ou atuação arbitrária do poder público e mesmo na hipótese de um déficit na capacidade prestacional do Estado.

---

efectividade está dependente da chamada 'reserva do possível' (...), em termos políticos, econômicos e sociais", não conferindo ao cidadão um direito imediato a uma prestação efetiva, a não ser nas condições e nos termos definidos em lei (Acórdão disponível em: <http://www.tribunalconstitucional. pt/tc/acordaos/19920131.html> Acesso em: 01 jun. 2011). Já no Acórdão 151/1992, o mesmo Tribunal, embora reiterando o entendimento de que o direito à habitação corresponde a um fim político de realização gradual, decidiu que, porque fundado na dignidade da pessoa humana, tal direito impõe ao Estado o dever de *sempre* satisfazer um *mínimo,* podendo, neste desiderato, impor restrições aos direitos de proprietários privados (Acórdão disponível em: <http://www.tribunalconstitucional.pt/ tc/acordaos/19920151.html> Acesso em: 01 jun. 2011). Mas, é importante consignar, tais acórdãos tratavam do conflito entre o direito à habitação do proprietário e o do inquilino. A Corte portuguesa não tem precedentes que imputem ao poder público o dever de disponibilizar casas aos cidadãos.

[543] De acordo com o Relatório Final de 1995 do Relatório Especial da ONU sobre os Direitos de Habitação, apenas essas pessoas têm legitimidade para exigir da sociedade a prestação ou o acesso a recursos de habitação. LECKIE, Scott. Housing Rights. *UNDP Human Development Report 2000.* Disponível em: <http://hdr.undp.org/en/reports/global/hdr2000/papers/leckie.pdf> Acesso em: 01 jun. 2011, p. 18.

[544] Para Ricardo Lobo Torres, apenas os indigentes e as pessoas sem-teto têm direito a prestações positivas de moradia, cf. TORRES, Ricardo Lobo. *O direito ao mínimo existencial.* Rio de Janeiro: Renovar, 2009, p. 268. Como observa Scott Leckie, as leis e a jurisprudência de muitos Estados estipulam que, em circunstâncias especiais, os governos podem ser legalmente obrigados a fornecer moradia adequada a pessoas ou grupos específicos de pessoas. Daí não ser correto afirmar que o direito à moradia nunca significa a prestação material de uma casa aos necessitados (LECKIE, Scott. Housing Rights. *UNDP Human Development Report 2000.* Disponível em: <http://hdr.undp.org/en/reports/global/ hdr2000/papers/leckie.pdf> Acesso em: 01 jun. 2011, p. 32).

4. Poder Judiciário e efetivação dos direitos sociais

A Constituição Federal de 1988 optou por um Estado Democrático e Social de Direito, pela consagração expressa da dignidade da pessoa humana como valor máximo da ordem jurídica e pelo reconhecimento constitucional dos direitos sociais. Com isso, assumiu o firme compromisso de garantir a todos um mínimo existencial fundado na dignidade humana, no direito à liberdade e na democracia.[545] Não se trata, pois, de uma obrigação unicamente moral, mas de uma imposição legal traduzida em um comando cogente e coercitivamente assegurável. Numa frase: o alicerce jurídico está construído.[546]

Porém, e isso não é novidade, há um longo e sinuoso caminho, quiçá um abismo, entre a proposta da Constituição e a efetivação dos projetos nela formulados.[547] Afora as dificuldades quanto à interpretação das normas que enunciam os direitos sociais, a implementação desses direitos tem de enfrentar outros obstáculos de peso, como a capacidade prestacional do Estado, a falta de coordenação entre a sociedade civil e os órgãos

---

[545] Oportuna, aqui, a noção *rawlsiana* de sociedade democrática em oposição à associação, da qual se diferencia por ser um sistema social completo e fechado e por não ter objetivos e fins últimos do mesmo modo que as associações. Completo, porque é autossuficiente e tem espaço para o pluralismo. Fechado, no sentido de que nela se nasce, passa-se a vida e se morre, com suas correspondentes vantagens e desvantagens (o ingresso e a saída não são um ato voluntário). Os fins especificados constitucionalmente em uma sociedade (como os dos preâmbulos de constituições) devem se submeter a uma concepção política de justiça e sua razão pública. Do que se expôs nas seções anteriores deste trabalho, deduz-se atendido o que Rawls chama de *princípio liberal de legitimidade (liberal principle of legitimacy)*, ou seja, pode-se razoavelmente esperar que todos os cidadãos, na condição de livres e iguais, endossam os elementos essenciais da Constituição à luz de princípios e ideias aceitáveis para a razão humana comum. Cf. RAWLS, John. *Political Liberalism*. Expanded ed. New York: Columbia University Press, 2005, p. 41-43 e 137.

[546] A referência é a CANOTILHO, Joaquim José Gomes. "Metodologia fuzzy" e "camaleões normativos" na problemática actual dos direitos económicos, sociais e culturais. In: CANOTILHO, Joaquim José Gomes. *Estudos sobre direitos fundamentais*. 2. ed. Coimbra: Coimbra Editora, 2008, p. 97-113.

[547] Canotilho aduz que são pressupostos dos direitos fundamentais fatores como capacidade econômica do Estado, clima espiritual da sociedade, estilo de vida, distribuição de bens, níveis de ensino, desenvolvimento econômico, criatividade cultural, convenções sociais, ética e filosofia religiosa, cf. CANOTILHO, José Joaquim Gomes. *Direito constitucional e teoria da Constituição*. 7. ed., 2. reimp. Coimbra: Almedina, 2006, p. 473.

de representação popular[548] e um déficit, no seio da própria sociedade, do que Hesse chama de *vontade de constituição.*[549]

A superação desses obstáculos é uma tarefa de todos: sociedade civil, Poder Legislativo, Poder Executivo e Poder Judiciário. Sem desmerecer a importância dos demais atores para o sucesso dessa empreitada, o que se pretende investigar aqui, vale repetir, é o papel confiado ao Poder Judiciário, assumindo-se, desde logo, que cabe (também) aos juízes construir a ponte entre o enunciado normativo e a realidade e, acima de tudo, proteger a Constituição e a democracia.[550] Partindo-se daí, reitera-se a indagação, que é central aos objetivos da pesquisa: *até onde* o Poder Judiciário pode ir para concretizar os direitos sociais?

4.1. A efetivação judicial dos direitos sociais: possibilidades e limites

4.1.1. Democracia e separação de Poderes: a supremacia da Constituição

A *judicialização da política*[551] se tornou um dos temas mais debatidos no direito constitucional (e nas ciências políticas em geral). Mais do que

---

[548] Com razão, Barroso nota que o ponto mais baixo do modelo constitucional inaugurado em 1988 tem sido a falta de vontade ou capacidade de reformar o sistema político, medida essencial para o resgate e promoção de valores como legitimidade democrática, governabilidade e virtudes republicanas, cf. BARROSO, Luís Roberto. Brazil's Constitution of 1988 on its Twenty First Anniversary: Where we stand now. *Direitos Fundamentais & Justiça*, Porto Alegre, ano 3, n. 09, p. 147-173, out./dez. 2010.

[549] HESSE, Konrad. *A força normativa da constituição.* Tradução de Gilmar Ferreira Mendes. Porto Alegre: Fabris, 1991.

[550] De acordo com Aharon Barak, o papel dos juízes na democracia compreende duas tarefas centrais: preencher a lacuna entre Direito e sociedade (*bridging the gap between law and society*) e proteger a Constituição e a democracia. Especificamente sobre esta, a seguinte passagem merece ser transcrita: "... if we wish to preserve democracy, we cannot take its existence for granted. We must fight for it. (...) If democracy was perverted and destroyed in the Germany of Kant, Beethoven, and Goethe, it can happen anywhere. If we do not protect democracy, democracy will not protect us. I do not know whether the judges in Germany could have prevented Hitler from coming to power in the 1930s. But I do know that a lesson of the Holocaust and of World War II is the need to enact democratic constitution and ensure that they are put into effect by judges whose main task is to protect democracy. It was this awareness that, in the post-World War II era, helped promote the idea of judicial review of legislative action and made human rights central". Cf. BARAK, Aharon. *The Judge in a Democracy.* Princeton: Princeton University Press, 2008, p. 20-21.

[551] Ou, *the constitutionalization of democratic politics*, na expressão de PILDES, Richard H. The Constitutionalization of Democratic Politics: The Supreme Court, 2003 Term. *New York University Public Law and Legal Theory Working Papers*. Paper 5. Disponível em: <http://lsr.nellco.org/nyu_plltwp/5> Acesso em: 10 jun. 2011. Ver, também, HIRSCHL, Ran. The New Constitution and the Judicialization of Pure Politics Worldwide. *Fordham Law Review*, v. 75 (2), p. 721-753, 2006, destacando a judicializa-

nunca, questões políticas e morais complexas, cuja solução é de interesse geral e, consequentemente, de grande repercussão pública, têm sido levadas ao Poder Judiciário, como, por exemplo, demarcação de terras indígenas, fidelidade partidária, causas de inelegibilidade, uniões homoafetivas, interrupção de gestação de fetos anencéfalos, pesquisas com células-tronco embrionárias e ações afirmativas[552] que recentemente aportaram no Supremo Tribunal Federal.

Em consequência, reaviva-se a polêmica sobre o assim designado *ativismo judicial,*[553] que não é um fenômeno novo, tampouco é privilégio do Brasil. Pelo contrário, há muito isso tem preocupado os juristas nos Estados Unidos, berço do controle difuso da constitucionalidade das leis (*judicial review*) a partir do famoso caso *Marbury v. Madison*[554] e onde a Suprema Corte se notabilizou pelo ativismo e pelas técnicas flexíveis de

---

ção de questões políticas centrais (*mega-politics*), ou a judicialização da política pura (*pure politics*), em um processo que descreve como uma transição para a juristocracia (*juristocracy*).

[552] Respectivamente: Pet 3388 (Tribunal Pleno, Relator Ministro Carlos Britto); ADI 3999 (Tribunal Pleno, Relator Ministro Joaquim Barbosa, DJe Publ. 17/04/2009); RE 633.703 (Tribunal Pleno, Relator, Ministro Gilmar Medes, julgado em 24/03/2001); ADI 4277 (Tribunal Pleno, Relator Ministro Ayres Britto, julgada em 05/05/2011, em conjunto com a ADPF 132, esta conhecida como ADI); ADPF 54 (Tribunal Pleno, Relator Ministro Marco Aurélio, em andamento); ADI 3510 Pleno, (Relator Ministro Carlos Britto, julgado em 29/05/2008); ADI 3330 (Tribunal Pleno, Relator Ministro Ayres Britto, em andamento).

[553] O termo *ativismo judicial* é utilizado em vários sentidos, normalmente em tom pejorativo, para se referir à incursão judicial em matérias de competência dos órgãos democraticamente eleitos. Por vezes, o termo adquire conotação positiva, para se referir à atuação judicial em prol dos direitos fundamentais e contra os interesses da maioria. Em um sentido, por assim dizer, mais neutro, que ora se adota, é a postura proativa dos juízes na interpretação da Constituição, expandindo o seu sentido e alcance. Acerca da origem e significados da expressão, ver KMIEC, Keenan D. The Origin and Current Meanings of "Judicial Activism". *California Law Review*, v. 92 (5), p. 1442-1477, Oct. 2004. Nesse artigo, Keenan D. Kmiec catalogou cinco definições para ativismo judicial: (a) invalidar atos dos demais Poderes cuja constitucionalidade é defensável; (b) desconsiderar os precedentes (*ignoring precedents*); (c) legislar judicialmente (*judicial legislation*); (d) afastar-se da metodologia interpretativa geralmente aceita (*departures from accepted interpretative methodology*); (e) julgar com base nos efeitos da decisão (*result-oriented judging*). Sobre a conduta ativista e a de autocontenção dos juízes (seguida, indistintamente, tanto por conservadores como pelos liberais, dependendo da matéria) da Suprema Corte norte-americana na revisão da legislação e dos atos administrativos, ver este artigo, baseado em estudo fundamentalmente empírico: LINDQUIST, Stefanie A.; SMITH, Joseph L; CROSS, Frank B. The Rhetoric of Restraint and the Ideology of Activism. *Constitutional Commentary*, v. 24 (1), p. 103-125, Spring 2007. Diz-se que a contraface do ativismo é a *autocontenção judicial (judicial self-restraint)*, mas, em verdade, são dois extremos de um *continuum*; a diferença é de grau. Nenhum juiz é sempre ativista, assim como nenhum juiz sempre exerce a autocontenção, cf. BARAK, Aharon. *The Judge in a Democracy*. Princeton: Princeton University Press, 2008. John Hart Ely trata da disputa entre *interpretativism* (em que os juízes devem executar apenas as normas que estão expressas ou claramente implícitas na Constituição escrita) e *noninterpretativism* (os juízes devem ir além e executar normas que não podem ser descobertas na Constituição), categorias que se aproximam a *self-restraint* e *activism*, cf. ELY, John Hart. *Democracy and Distrust*: a Theory of Judicial Review. Cambridge: Harvard University Press, 1980.

[554] A respeito da *judicial review* e do caso *Marbury v. Madison*, confira-se TRIBE, Laurence H. *American Constitutional Law*. 3th ed. v. 1. New York: Foundation Press, 2000, p. 206 e ss. Para um relato detalhado da crise política vivenciada na época em decorrência da disputa entre o Partido Federalista e o Partido Republicano e que acabou por desencadear o caso *Marbury v. Madison*, ver ACKERMAN,

interpretação da Constituição.[555] Por trás das críticas, a principal preocupação é com o regime democrático e a subjacente autodeterminação popular, havendo, inclusive, quem preconize que a Constituição deve ser *retirada dos tribunais.*[556]

Na seara dos direitos sociais, a objeção democrática à atuação dos juízes adquire particular intensidade. Assim, a definição (e delimitação) do espaço que deve ocupar o Poder Judiciário na ordem política e democrática naquilo que diz com a prerrogativa de determinar o cumprimento desses direitos não prescinde de uma reflexão, ainda que breve, sobre o significado da democracia e, sobretudo, da separação dos Poderes.

A limitação do poder é um problema recorrente no pensamento político, de modo especial a partir dos séculos XVII e XVIII. No início do século XIX, com a emergência de regimes democráticos na Europa (designadamente na França e na Inglaterra) e no novo mundo (Estados Unidos), o poder político passa a ser exercido pelo povo através de representantes eleitos pela regra da maioria. O ponto nevrálgico do problema, então, passa a ser este: como controlar a *tirania da maioria*?[557]

Bruce. *The Failure of the Founding Fathers*: Jefferson, Marshall, and the Rise of Presidential Democracy. Cambridge: Harvard University Press, 2007.

[555] De acordo com René David, os Juízes da *Supreme Court* dos Estados Unidos, neste aspecto, pelos seus métodos de interpretação, anteciparam em cem anos os métodos teleológicos enaltecidos na França por Josserrand, cf. DAVID, René. *Os grandes sistemas do direito contemporâneo*. 4. ed. São Paulo: Martins Fontes, 2002, p. 498.

[556] Um dos principais opositores do *judicial review* atualmente é Mark Tushnet. Porém mesmo Tushnet reconhece a importância do controle judicial de constitucionalidade para assegurar os pré-requisitos do governo democrático, entre eles a higidez de princípios constitucionais fundamentais. Nas suas palavras: "Judicial review confine to securing these prerequisites to populist constitutional law [um deles é 'Dealing with real crises: A determined political majority can enact laws that repudiate fundamental constitutional principals'] would surely be a good thing". De outro lado, prossegue Tushnet: "Unfortunately, there are several difficulties with getting just this sort of judicial review". Cf. TUSHNET, Mark. *Taking the Constitution Away from the Courts*. Princeton: Princeton University Press, 1999, p. 158. Jeremy Waldron também se posiciona contrariamente ao *judicial review*, ressalvando, todavia, que sua tese se aplica apenas para sociedades em que as instituições democráticas funcionam bem e a maioria dos cidadãos leva os direitos a sério, cf. WALDRON, Jeremy. The Core of the Case Against Judicial Review. *The Yale Law Journal*, n. 115, p. 1346-1406, Apr. 2006.

[557] "A majority taken collectively is only an individual, whose opinions, and frequently whose interests, are opposed to those of another individual, who is styled a minority. If it be admitted that a man possessing absolute power may misuse that power by wronging his adversaries, why should not a majority be liable to the same reproach? Men do not change their characters by uniting with one another; nor does their patience in the presence of obstacles increase with their strength. For my own part, I cannot believe it; the power to do everything, which I should refuse to one of my equals, I will never grant to any number of them. (...) Unlimited power is in itself a bad and dangerous thing. Human beings are not competent to exercise it with discretion. God alone can be omnipotent, because his wisdom and his justice are always equal to his power. There is no power on earth so worthy of honor in itself or clothed with rights so sacred that I would admit its uncontrolled and all-predominant authority. When I see that the right and the means of absolute command are conferred on any power whatever, be it called a people or a king, an aristocracy or a democracy, a monarchy or a republic, I say there is the germ of tyranny, and I seek to live elsewhere, under other laws". Cf.

Superada a concepção de democracia como mero sinônimo de soberania popular traduzida pela vontade da maioria (democracia formal),[558] as democracias praticadas no mundo contemporâneo – vitoriosas na guerra contra o nazismo, fascismo e comunismo – assentam-se, também, na separação de poderes, no Estado de Direito, na independência dos juízes e nos direitos fundamentais (democracia substancial). Enquanto a soberania popular é definida em função de critérios procedimentais, a democracia é definida em função de valores substantivos.[559]

Nas palavras de Aharon Barak:

[D]emocracy is not only majority rule. Democracy is also the rule of basic values and human rights as they have taken form in the constitution. Democracy is a delicate balance between majority rule and society's basic values, which rule the majority. Indeed, democracy is not only "formal" democracy (which is concerned with the election process by which the majority rules). Democracy is also "substantive" democracy (which is concerned with defense of the rights of a person as an individual).[560]

Nisso reside um potencial paradoxo, marcado por uma relação que muitas vezes se faz dicotômica: de um lado, a vontade da maioria; de outro, os direitos fundamentais. A regra da maioria, pelo menos do ponto de vista procedimental,[561] ainda é a melhor maneira de se chegar a *volonté générale*[562]

TOCQUEVILLE, Alexis de. *Democracy in America*. Translated by Henry Reeve. Penn State Electronic Classics Series Publication. Pennsylvania State University, 2002, p. 287-289.

[558] Como propugna Amartya Sen: "Ballots do, of course, have a very important role even for the expression and effectiveness of the process of public reasoning, but they are not only thing that matters, and they can be seen just as one part – admittedly a very important part – of the way public reason operates in a democratic society". Cf. SEN, Amartya. *The Idea of Justice*. Cambridge: The Belknap Press of Harvard University Press, 2009, p. 326-327. Conquanto se tenha por superada tal concepção, não se ignora que ainda persistem desacordos sobre o significado de autogoverno, havendo quem defenda um modelo que prioriza a regra da maioria, a que Dworkin chama de *majoritarian democracy* (democracia majoritária), em oposição à *partnership democracy* (uma democracia de parceiros), cf. DWORKIN, Ronald. *Is Democracy Possible Here?* Principles for a New Political Debate. Princeton: Princeton University Press, 2006, p. 126-159.

[559] POST, Robert C. Democracy, Popular Sovereignty, and Judicial Review. *California Law Review*, n. 86, p. 429-443, 1998, p. 438. Colocando a questão em outros termos, Barroso diferencia democracia e constitucionalismo, unindo-os na concepção de Estado Democrático de Direito. Enquanto a democracia se traduz em soberania popular e governo da maioria; constitucionalismo significa, essencialmente, a limitação do poder e a supremacia da lei, traduzindo-se em respeito aos direitos fundamentais, cf. BARROSO, Luis Roberto. Da falta de efetividade à judicialização excessiva: direito à saúde, fornecimento gratuito de medicamentos e parâmetros para a atuação judicial. *Revista de Direito Social*, ano IX, n. 34, p. 11-43, abr./jun. 2009.

[560] BARAK, Aharon. *The Judge in a Democracy*. Princeton: Princeton University Press, 2008, p. 25-26.

[561] Sobre a importância e limites da regra da maioria, ver RAWLS, John. *Uma teoria da justiça*. Tradução de Jussara Simões. São Paulo: Martins Fontes, 2008, p. 437 e ss.

[562] Em clara alusão a Rousseau, para quem a vontade geral é tida como a única soberania legítima. Em que pese, vale consignar, Rousseau fosse cético quanto à legitimidade do governo representativo para expressar a *volonté générale*. Cf. ROUSSEAU, Jean-Jacques. *The Social Contract*. University of Adelaide Library Electronic Texts Collection. Disponível em: <http://ebooks.adelaide.edu.au/r/rousseau/jean_jacques/r864s/> Acesso em: 10 jun. 2011.

Direitos Fundamentais Sociais
DIGNIDADE DA PESSOA HUMANA E MÍNIMO EXISTENCIAL

ou aos anseios de *We the People*.[563] Ao mesmo tempo, uma das mais importantes lições da história é a constatação de que a maioria pode violar os mais básicos direitos da minoria a ponto de aniquilá-la.

Daí a relevância da separação dos poderes à luz do Estado de Direito. Em linhas gerais, a adoção do Estado de Direito traz consigo a ideia de submissão do poder ao império da lei e do Direito e a correspondente ideia de controle e limitação do poder, sendo que a separação e a divisão de poderes[564] foram concebidas como fórmulas práticas de se obter essa limitação. Em outras palavras, a fiscalização e o controle são parte – e não exceção – da teoria da divisão dos poderes.[565] De outra banda, é sabido que não há uma separação absoluta de poderes. O estabelecimento de funções básicas predominantes a cada um dos Poderes do Estado juntamente com a previsão de algumas interferências mútuas denota a consagração de um esquema de controles recíprocos, dentro do jogo de freios e contrapesos (*checks and balances*). No lugar de separação, as palavras de ordem são harmonia, colaboração e interação.

Convencionalmente, as funções são divididas entre Poder Executivo, Poder Legislativo e Poder Judiciário. Não existe fórmula única para o sistema de freios e contrapesos, nem mesmo em matéria de direitos fundamentais. A quase totalidade das democracias[566] adotou o constitucionalismo na linha do modelo estadunidense, que pode ser sintetizado nas seguintes características: supremacia da Constituição; controle judicial de constitucionalidade (que pressupõe um Poder Judiciário politicamente independente); e proteção ativa dos direitos fundamentais.[567] A

---

[563] A referência, aqui, é à Constituição norte-americana, berço do modelo de democracia que se irradiou pelo mundo contemporâneo.

[564] CAETANO, Marcello. *Manual de ciência política e direito constitucional*. 6. ed., Tomo I. Coimbra: Almedina, 1983, p. 320. É certo que não há, rigorosamente, separação ou divisão de poderes, e sim de competências ou funções, pois o poder é uno. Adota-se aquela terminologia porque é a usualmente empregada.

[565] ARAGON, Manuel. El control como elemento inseparable del concepto de constitución. *Revista Española de Derecho Constitucional*. Madrid, n° 19, p. 15-52, ene./abr. 1987, p. 22.

[566] "This is the age of Democracy", afirma Richard Pildes para realçar o fato de que na última geração foram forjadas mais novas democracias, todas elas democracias constitucionais, do que em qualquer outro período, em lugares que vão da África do Sul a ex-União Soviética, América Latina e, inclusive, partes do Oriente Médio, cf. PILDES, Richard H. The Constitutionalization of Democratic Politics: The Supreme Court, 2003 Term. *New York University Public Law and Legal Theory Working Papers*. Paper 5. Disponível em: <http://lsr.nellco.org/nyu_plltwp/5> Acesso em: 10 jun. 2011). Sob o enfoque da expansão da jurisdição constitucional, "This is the century of judicial review", cf. GRIMM, Dieter. Constitutional Adjudication and Constitutional Interpretation: Between Law and Politics. *NUJS Law Review*, v. 15, p. 15-29, Jan./Mar. 2011, p. 15. Ou, para Norberto Bobbio, é a era dos direitos humanos, cf. BOBBIO, Norberto. *A era dos direitos*. Tradução de Carlos Nelson Coutinho. Nova edição 7. reimp.. Rio de Janeiro: Elsevier, 2004.

[567] BARROSO, Luís Roberto. A americanização do direito constitucional e seus paradoxos: teoria da jurisprudência constitucional no mundo contemporâneo. *Interesse Público*, ano XII, n. 59, p. 13-55, jan./fev. 2010, p. 13; e BARROSO. Luís Roberto. Constituição, democracia e supremacia judicial: di-

Constituição define as fronteiras dentro das quais cada uma das esferas do governo deve agir, e o *trabalho constitucional* do Judiciário é, primariamente, o de uma *patrulha de fronteira*.[568] Ainda que todos os Poderes tenham legitimidade para interpretar a Constituição, a interpretação final e vinculante é dada pelo Judiciário.

Nesse modelo, a questão que se coloca é saber se é democrático um grupo de juízes, que não busca sua legitimação no voto popular, tomar decisões morais fundamentais em nome de toda a sociedade.[569] Trata-se da *dificuldade contramajoritária* referida por Bickel.[570] Porém, uma vez adotada a concepção substancial de democracia, a resposta é necessariamente positiva. A legitimidade democrática[571] dos juízes advém justamente desta aparente contradição: embora a função dos juízes constitucionais seja política, eles não pertencem à política.[572] O propósito não é aumentar o poder dos juízes, desequilibrando a balança em prol do Judiciário, e sim, aumentar a proteção da democracia e dos direitos fundamentais.

Mas, como adverte Michael Perry, a mera positivação constitucional dos direitos humanos não significa, necessariamente, atribuir aos juízes a prerrogativa de protegê-los ou concretizá-los, tampouco a outorga dessa função aos juízes implica conceder-lhes o poder de dar a última palavra a respeito.[573] Basta lembrar a tradição britânica quanto à suprema-

---

reito e política no Brasil contemporâneo. *Revista jurídica*, Brasília, v. 12, n. 96, p. 1-46, fev./maio 2010. Sobre as características do constitucionalismo moderno, que nascera com a Declaração de Direitos da Virgínia de 1776, mas que foi se forjando e se desenvolvendo por caminhos diversos nos Estados Unidos e na Europa até se espalhar pelo mundo, ver DIPPEL, Horst. Modern Constitutionalism: an Introduction to a History in Need of Writing. *The Legal History Review*, v. 73 (1-2), p. 153-170, Feb. 2005.

[568] Na apropriada metáfora de BREYER, Stephen. Making our Democracy Work: The Yale Lectures. *The Yale Law Journal*, n. 120, p. 1999-2026, June 2011, p. 2011.

[569] SCHÄFER, Jairo Gilberto. *Direitos fundamentais:* proteção e restrições. Porto Alegre: Livraria do Advogado, 2001, p. 113.

[570] De acordo com Bickel, a grande dificuldade quanto à legitimidade da jurisdição constitucional está no fato de ser uma força contramajoritária no sistema (a que chamou de *counter-majoritarian difficult*), ou seja, uma instituição não eleita invalidar as decisões do legislador democraticamente eleito, cf. BICKEL, Alexander M. *The Least Dangerous Branch:* The Supreme Court at Bar of Politics. 2nd ed. New Haven: Yale University Press, 1986, p. 16.

[571] A questão da legitimidade democrática dos juízes é objeto de intenso debate, mesmo nas democracias constitucionais e, inclusive, nos Estados Unidos, não cabendo, aqui, desenvolver este ponto. Para uma visão geral, ver TUSHNET, Mark. *Taking the Constitution Away from the Courts*. Princeton: Princeton University Press, 1999; WALDRON, Jeremy. *Law and Disagreement*. Oxford: Oxford University Press, 1999; BICKEL, Alexander M. *The Least Dangerous Branch:* The Supreme Court at Bar of Politics. 2nd ed. New Haven: Yale University Press, 1986.

[572] Tomando-se emprestada a lição de ZAGREBELSKY, Gustavo. *Principios y votos*: el Tribunal Constitucional y la política. Traducción de Manuel Martínez Neira. Madrid: Editorial Trotta, 2008, p. 11.

[573] PERRY, Michael. *Toward a Theory of Human Rights*: Religion, Law, Courts. Cambridge: Cambridge University Press, 2008, p. 87 e ss. Perry considera que no caso dos direitos de liberdade, o mais adequado é o modelo de *power of judicial penultimacy* (poder judicial penúltimo) em contraposição ao *power of judicial ultimacy* (Poder Judiciário último).

cia do Parlamento, modelo seguido, por exemplo, pela Nova Zelândia. Ao contrário do que pode parecer à primeira vista, aludida tradição não foi totalmente abandonada a despeito da adoção do *Human Rights Act*,[574] pois o Reino Unido conferiu proteção judicial aos direitos consagrados na Convenção Europeia de Direitos Humanos, porém sem comprometer o ideal da supremacia parlamentar, visto que deixou a cargo do Parlamento decidir se é caso de corrigir a incompatibilidade declarada pelos tribunais.[575] No Canadá, a decisão da Suprema Corte pode ser revertida pela legislação ordinária, ou seja, coexistem a proteção judicial dos direitos fundamentais e a competência do legislativo para dizer, em última instância, o que o respectivo direito proíbe ou requer.[576] No caso específico dos direitos sociais, a Irlanda e a Índia são exemplos de países cujas Constituições consagram expressamente tais direitos e, ao mesmo tempo, excluem a efetivação pelo Poder Judiciário.[577]

No Brasil, o eixo da balança, responsável último por manter o equilíbrio entre a vontade da maioria e os direitos fundamentais, é o Poder Judiciário. Com efeito, seguiu-se caminho semelhante ao do direito norte-americano. E, como a primeira Constituição republicana (a Carta de 1891) foi confessadamente inspirada na Carta dos Estados Unidos, sequer foi necessária a abertura, pela via jurisprudencial, da possibilidade do controle judiciário da constitucionalidade das leis e demais atos do poder público. Isso foi expressamente previsto no texto constitucional,

---

[574] Incorporação da Convenção Europeia de Direitos Humanos no sistema jurídico do Reino Unido.

[575] Todavia o fato de o Reino Unido estar submetido à jurisdição da Corte Europeia de Direitos Humanos faz com que na prática, ao menos no plano transnacional, o sistema de proteção dos direitos previstos *Human Rights Act* seja o de *judicial ultimacy*, cf. PERRY, Michael. *Toward a Theory of Human Rights*: Religion, Law, Courts. Cambridge: Cambridge University Press, 2008, p. 113-115.

[576] PERRY, Michael. *Toward a Theory of Human Rights*: Religion, Law, Courts. Cambridge: Cambridge University Press, 2008, p. 99-102.

[577] PERRY, Michael. *Toward a Theory of Human Rights*: Religion, Law, Courts. Cambridge: Cambridge University Press, 2008, p. 111-112. O entendimento que predomina na Irlanda e na Índia é o de que as instâncias políticas protegem melhor os direitos sociais. Essa também é a posição de Mark Tushnet, para quem os direitos sociais se efetivam longe dos tribunais, através de pressão moral e política. Tushnet lembra que a Constituição da Irlanda confere exequibilidade judicial ao direito à educação em hipóteses excepcionais, conforme art. 42(5), porém, mesmo neste caso, a Suprema Corte daquele país entende que não cabe ao Judiciário determinar o cumprimento do direito, mas, apenas, declarar que o Estado falhou em cumprir o dever constitucional, cf. TUSHNET, Mark. Social Welfare Rights and Forms of Judicial Review. *Texas Law Review*, v. 82 (7), p. 1895-1919, 2004. De outra banda, a Suprema Corte da Índia, por meio do direito à vida, reconheceu os direitos à alimentação, a vestuário e à moradia (*Shantistar Builders v. Narayan Khimatal Tomtamei; People's Union For Civil Liberties v. Union of India & Ors.*); a tratamento médico de emergência em hospitais públicos (*Paschim Banga Khet Mazdoor Samity v. State of West Bengal*); e à educação (*Mohini Jain v State of Karnataka*), cf. CENTRE ON HOUSING RIGHTS AND EVICTIONS. *Leading Cases on Economic, Social and Cultural Rights*: Summaries. Switzerland: Centre on Housing Rights & Evictions, 2009, p. 36-39. Sobre os direitos socioeconômicos na Constituição irlandesa, ver MURPHY, Tim. Socio-Economic Rights in Irish and Spanish Constitutionalism. In: FERNÁNDEZ SEGADO, Francisco (Org.). *The Spanish Constitution in the European Constitutional Context*. Madrid: Dykinson, 2003, p. 1841-1856.

praxe que se manteve nas Constituições subsequentes e que foi complementada com o modelo europeu de fiscalização de constitucionalidade, isto é, o controle concentrado (Emenda Constitucional nº 16/65). O princípio da inafastabilidade da jurisdição foi introduzido na Constituição de 1946,[578] que nascera com o propósito de redemocratizar o país depois da era Vargas. Aludido princípio foi reproduzido nas Constituições de 1967, mantido na Emenda Constitucional nº 1/69 (ao menos formalmente)[579] e ampliado na Constituição de 1988 para abranger não apenas a lesão a direito, mas também a ameaça, incluindo expressamente a proteção aos direitos coletivos, com referência a um amplo rol de legitimados a defendê-los, como partidos políticos, organização sindical, entidade de classe ou associação, além do Ministério Público.[580]

Ainda, não é demais sublinhar que o sistema normativo brasileiro atinente à outorga de competência aos órgãos do Poder Judiciário enquadra-se no que Schäfer denominou de *sistema de competências não exaustivamente tipificadas*,[581] ou seja, a Constituição, além de enumerar as competências dos tribunais, adotou a técnica de atribuição de competência residual a um determinado órgão jurisdicional. Assim, não se há falar, no Brasil, em vazios constitucionais relativos à competência. Seja qual for a matéria questionada, têm os juízes brasileiros competência para conhecê-la. Outrossim, em face da adoção do sistema difuso de controle de constitucionalidade, todos os juízes exercem a jurisdição constitucional.

---

[578] SOUZA JÚNIOR, Antonio Umberto de. *O Supremo Tribunal Federal e as questões políticas*: o dilema entre o ativismo e a autocontenção no exame judicial das questões políticas. Porto Alegre: Síntese, 2004, p. 92 e 94.

[579] Na vigência da Constituição de 1967, foi editado o Ato Institucional nº 5, de 13/12/1968, que é fruto do Golpe Militar de 1964 e que representava, nas palavras de Barroso, "a mais exacerbada manifestação do poder autoritário na República". O AI nº 5 introduziu, "paralelamente à ordem constitucional – e acima dela", a suspensão das garantias da magistratura e a exclusão da apreciação judicial dos atos praticados com base no próprio Ato que se editava, bem como de seus Atos Complementares, dentre tantas outras medidas igualmente autoritárias. Referido Ato somente foi revogado pela Emenda Constitucional nº 11, de 13/10/1973, cf. BARROSO, Luis Roberto. *O direito constitucional e a efetividade de suas normas*: limites e possibilidades da Constituição Brasileira. 9. ed. Rio de Janeiro: Renovar, 2009, p. 37.

[580] Sobre a evolução do controle de constitucionalidade no direito brasileiro, destacando o diálogo e intercâmbio entre os modelos e, em especial, a tendência de ampliar a feição objetiva do processo de controle incidental, ver MENDES, Gilmar Ferreira; BRANCO, Paulo Gustavo Gonet. *Curso de direito constitucional*. 6. ed. São Paulo: Saraiva, 2011, p. 1093-1177; e MENDES, Gilmar Ferreira. O controle de constitucionalidade na Constituição de 1988. In: ALKMIM, Marcelo (Coord.) *A Constituição consolidada*: críticas e desafios: estudos alusivos aos 20 anos da Constituição brasileira. Florianópolis: Conceito Editorial, 2008, p. 165-201.

[581] Em contraposição ao sistema de competências exaustivamente tipificadas, em que todas as competências dos tribunais são fixadas taxativamente pela Constituição ou pela legislação infraconstitucional, sem espaço para a competência residual, o que acaba gerando círculos de ausência competencial dos órgãos jurisdicionais, cf. SCHÄFER, Jairo Gilberto. O problema da fiscalização da constitucionalidade dos atos políticos em geral. *Interesse Público*, v.7, nº 35, jan./fev. 2006, p. 79-97. O mesmo não ocorre em outros países, como Portugal e Itália, por exemplo.

Direitos Fundamentais Sociais
DIGNIDADE DA PESSOA HUMANA E MÍNIMO EXISTENCIAL

Não se nega que outros arranjos institucionais podem funcionar, como aparentemente funcionam no Reino Unido, por exemplo, se bem que, mesmo lá, a reação aos atentados terroristas que se seguiram ao fatídico *September 11* sugere o contrário.[582] De todo modo, trata-se de uma exceção, somente viável em um cenário peculiar em que os valores normalmente constitucionalizados tornam-se parte da cultura jurídica e política e a autocontenção da maioria é uma prática consistente. A experiência com os diversos sistemas totalitários do século XX demonstrou que a regra é outra: os direitos fundamentais não podem ser deixados exclusivamente nas mãos daqueles que foram eleitos para representar a maioria.[583] Vários ditadores chegaram ao poder por meio de gigantescas vitórias eleitorais.

Na realidade política, cultural e social do Brasil, em que a experiência democrática é recente, o processo político majoritário passa ao largo dos anseios da sociedade, valores como virtude republicana não são comuns e a desigualdade na distribuição da riqueza ainda é gritante, a opção do Constituinte de 1988 foi, sem dúvida, a mais acertada. Aqui, o protagonismo judicial é condição indispensável para a efetiva proteção dos direitos sociais e, mais do que isso, para a própria estabilidade da democracia.

Enfim, é fato que a Constituição de 1988 conferiu aos juízes a prerrogativa de aplicar as normas de direitos fundamentais, outorgando-lhes o *poder judicial último*, na expressão de Michael Perry.[584]

4.1.2. O Poder Judiciário e a sociedade aberta de intérpretes da Constituição

O Judiciário não tem a espada e nem a bolsa, mas apenas julgamento, já dizia Alexander Hamilton.[585] Além disso, sua autoridade institucio-

---

[582] A ameaça terrorista da última década desencadeou uma onda de desrespeito aos direitos fundamentais em democracias consolidadas, mormente nos Estados Unidos, onde sequer a Suprema Corte, que serviu de exemplo para o resto do mundo em matéria de controle de constitucionalidade, tem conseguido barrar os desvios do Legislativo e do Executivo. Não é a toa que Bruce Ackerman propõe uma *Constituição de Emergência* (*Emergency Constitution*) para harmonizar a segurança nacional e as liberdades individuais, cf. ACKERMAN, Bruce. *Before the Next Attack*: Preserving Civil Liberties in an Age of Terrorism. New Haven: Yale University Press, 2006.

[583] No mesmo sentido, GRIMM, Dieter. Constitutional Adjudication and Constitutional Interpretation: Between Law and Politics. *NUJS Law Review*, v. 15, p. 15-29, Jan./Mar. 2011.

[584] PERRY, Michael. *Toward a Theory of Human Rights*: Religion, Law, Courts. Cambridge: Cambridge University Press, 2008.

[585] No original: "The judiciary, on the contrary, has no influence over either the sword or the purse; no direction either of the strength or of the wealth of the society; and can take no active resolution whatever. It may truly be said to have neither force nor will, but merely judgment; and must ulti-

nal não está respaldada pela legitimação democrática direta. O que lhe resta, então, é a confiança da sociedade, que tem de reconhecer a legitimidade das decisões judiciais, ainda que delas discorde.[586] Para isso, é imprescindível que o *povo* se veja de certo modo *representado* pelos juízes (no processo decisório) e disponha de mecanismos de controle, afinal, tratando-se de uma democracia, é dele (*povo*) que emana todo o poder.[587]

Não se pode olvidar que a democracia abrange um complexo de legitimidades, não se restringindo àquela que deriva do sufrágio eleitoral. A falta de representação política dos juízes constitucionais, segundo Alexy, é compensada pela *representação argumentativa*,[588] ou seja, a força do argumento jurídico também é importante para a legitimidade democrática da jurisdição.[589] Mas seria um equívoco supor que o exercício da democracia se exaure aí, nessas duas espécies de *representação*. É que Povo, como ensina Peter Häberle,[590] "não é apenas um referencial quantitativo que se manifesta no dia da eleição", mas "um elemento pluralista para a interpretação que se faz presente de forma legitimadora no processo constitucional".

De acordo com Häberle, a Constituição não é somente um texto jurídico e nem, tampouco, uma acumulação de normas superiores; ela é,

---

mately depend upon the aid of the executive arm even for the efficacy of its judgments." (The Federalist n° 78, June 14, 1788. Disponível em: <http://www.constitution.org/fed/federa78.htm> Acesso em: 20 jul. 2011).

[586] Na correta percepção de Stephen Breyer: "in a democracy public support for any public institution is necessary. Without it the institution may wither, perhaps die". Cf. BREYER, Stephen. Making our Democracy Work: The Yale Lectures. *The Yale Law Journal*, n. 120, p. 1999-2026, June 2011, p. 1999.

[587] Oportuna, aqui, a lição de Queiroz de que os juízes agem "não como 'representantes' (políticos) do povo – que não o são –, mas 'em representação' da sua vontade". Cf. QUEIROZ, Cristina M. M. Direitos fundamentais sociais: questões interpretativas e limites de justiciabilidade. In: SILVA, Virgílio Afonso (Org.). *Interpretação constitucional*. São Paulo: Malheiros, 2007, p. 19.

[588] ALEXY, Robert. *Constitucionalismo discursivo*. Porto Alegre: Livraria do Advogado, 2007; e ALEXY, Robert. Balancing, Constitutional Review, and Representation. *International Journal of Constitutional Law*, v. 3 (4), p. 572-581, Oct. 2005. I-CON: doi: 10.1093/icon/moi040. Ver, também, ALEXY, Robert. Direitos fundamentais no Estado constitucional democrático para a relação entre direitos do homem, direitos fundamentais, democracia e jurisdição constitucional. *Revista de Direito Administrativo*, Rio de Janeiro, v. 217, p. 55-66, jul./set. 1999. Importante registrar que não se endossa a tese de que a legitimidade do Judiciário advém da fundamentação. Legitimidade é um atributo que necessariamente tem de anteceder o ato, não sendo lógico supor que o juiz não era legítimo antes da prática do ato e que somente se legitimou depois, quando apresentou a fundamentação. Por outro lado, a argumentação permite o controle da decisão e, nesse sentido, é um reforço para a legitimidade democrática.

[589] MENDES, Gilmar Ferreira; BRANCO, Paulo Gustavo Gonet. *Curso de direito constitucional*. 6. ed. São Paulo: Saraiva, 2011, p. 712. Nas palavras de Zagrebelsky: "Contra esta fuerza [del número], los jueces sólo pueden utilizar la fuerza de las razones jurídicas". Cf. ZAGREBELSKY, Gustavo. *Principios y votos*: el Tribunal Constitucional y la política. Traducción de Manuel Martínez Neira. Madrid: Editorial Trotta, 2008, p. 100.

[590] HÄBERLE, Peter. *Hermenêutica constitucional*: A sociedade aberta dos intérpretes da Constituição: contribuição para a interpretação pluralista e "procedimental" da Constituição. Tradução de Gilmar Ferreira Mendes. Porto Alegre: Fabris Editor, 2002, p. 37.

também, "expresión de un estado de desarrollo cultural y un fundamento de sus nuevas esperanzas", devendo ser concebida como *Constituição viva* que "son la obra de todos los intérpretes constitucionales de la sociedad abierta; son, por su forma y razón de ser, de largo, una expresión y mediación cultural, un cuadro para la reproducción y recepción y un almacén de información, experiencias, aventuras y hasta de sapiencias 'culturales' transmitidas".[591]

Nessa linha de raciocínio, o célebre professor propugna uma leitura pluralista da Constituição. No processo de interpretação constitucional, diz ele, "estão potencialmente vinculados todos os órgãos estatais, todas as potências públicas, todos os cidadãos e grupos, não sendo possível estabelecer-se um elenco cerrado ou fixado com *numerus clausus* de intérpretes da Constituição".[592]

Häberle tem razão.[593] Em sendo a Constituição o documento jurídico e político supremo de uma sociedade pluralista calcada na dignidade da pessoa humana, documento este que se vincula ao passado e, ao mesmo tempo, está em constante evolução, todos aqueles que vivem nesta sociedade hão de ter legitimidade para interpretá-lo. No âmbito da sociedade aberta de intérpretes da Constituição a jurisdição constitucional se democratiza ainda mais.[594]

Noutra perspectiva, mas ainda relacionada ao pluralismo na jurisdição constitucional, merece destaque mais uma contribuição de Häberle. O jurista alemão sustenta que essa sociedade pluralista, hoje, realiza-se no contexto de um *Estado constitucional cooperativo*, que, uma vez inserido na *comunidade universal dos Estados constitucionais* (uma *comunidade universal aberta*), já não existe mais para si mesmo, devendo servir de referência para o mundo, principalmente no que diz com a proteção dos direitos hu-

---

[591] HÄBERLE, Peter. La constitución como cultura. *Anuario Iberoamericano de Justicia Constitucional.* Madrid, n. 6, 2002, p. 177-199, p. 194.

[592] HÄBERLE, Peter. *Hermenêutica constitucional*: A sociedade aberta dos intérpretes da Constituição: contribuição para a interpretação pluralista e "procedimental" da Constituição. Tradução de Gilmar Ferreira Mendes. Porto Alegre: Fabris Editor, 2002, p. 13.

[593] Uma das mais relevantes críticas à teoria construtivista de Dworkin refere-se justamente à concepção monológica do processo de decisão judicial. O juiz Hercules é um solitário. Cf. HABERMAS, Jürgen. *Between Facts and Norms:* Contribution to a Discourse of Law and Democracy. Translated by William Rehg. Cambridge: Cambridge Press, 1998, p. 223.

[594] Sobre a jurisdição constitucional no contexto da sociedade aberta, ver, também, HÄBERLE, Peter. La jurisdicción constitucional en la sociedad abierta. *Direito Público*, ano V, n. 25, 189-205, jan./fev. 2009. Mais uma vez, a *ideia de justiça* de Amartya Sen vem a calhar: "Democracy has to be judged not just by the institutions that formally exist but by the extent to which different voices from diverse sections of the people can actually be heard". Cf. SEN, Amartya. *The Idea of Justice.* Cambridge: The Belknap Press of Harvard University Press, 2009, p. xiii.

manos e fundamentais.[595] Pode-se dizer que isso é uma via de mão dupla. Do mesmo modo que serve de referência, o Estado constitucional cooperativo deve tomar os seus pares como referência.

É a abertura da sociedade de intérpretes também *para fora*, garantida, entre outros fatores, pela aplicação do assim designado *quinto método* de interpretação constitucional, qual seja, o direito comparado.[596] Nas palavras de Häberle: "en el Estado constitucional de nuestra etapa evolutiva la comparación de los derechos fundamentales se convierte en 'quinto' e indispensable método de la interpretación". Mas a comparação jurídica, adverte, "solamente puede tener éxito como comparación cultural".[597]

A ideia central da teoria de Häberle, como se pode depreender, é abrir o tanto quanto possível o processo de decisão da jurisdição constitucional para o diálogo com as *potências públicas pluralistas* enquanto *intérpretes em sentido amplo* da Constituição,[598] fortalecendo-se, assim, a legitimidade das decisões. A participação da sociedade – através de mecanismos especialmente criados para esse fim – acaba por torná-la, de certa forma, coautora da decisão. Como consequência, a decisão goza de maior aceitabilidade social. Além do mais, a análise das diversas perspectivas possibilita que os juízes tenham acesso a subsídios técnicos, inclusive sobre as implicações jurídicas e potenciais repercussões sociais e econômicas de suas decisões, o que contribui para a qualidade da prestação jurisdicional e garante novas possibilidades de legitimação dos julgamentos da justiça constitucional no âmbito de sua tarefa precípua de guarda da Constituição.[599] A abertura para a experiência do direito comparado, por seu turno, resulta em decisões mais bem fundamentadas, com o con-

---

[595] HÄBERLE, Peter. *El estado constitucional*. Traducción e índices de Héctor Fix-Fierro. México: Universidad Nacional Autónoma de México, 2003, p. 75.

[596] HÄBERLE, Peter. La jurisdicción constitucional en la sociedad abierta. *Direito Público*, ano V, n. 25, 189-205, jan./fev. 2009, p. 193.

[597] HÄBERLE, Peter. *El estado constitucional*. Traducción e índices de Héctor Fix-Fierro. México: Universidad Nacional Autónoma de México, 2003, p. 162 e 165.

[598] HÄBERLE, Peter. *Hermenêutica constitucional*: A sociedade aberta dos intérpretes da Constituição: contribuição para a interpretação pluralista e "procedimental" da Constituição. Tradução de Gilmar Ferreira Mendes. Porto Alegre: Fabris Editor, 2002, p. 13.

[599] Como constatam Gilmar Ferreira Mendes e André Rufino Vale ao tratarem dos benefícios da figura do *amicus curie* no âmbito do controle de constitucionalidade pelo Supremo Tribunal Federal. Os autores referem, ainda, que a abertura do processo constitucional no Brasil foi fortemente influenciada pela doutrina de Häberle, questão que será retomada a seguir, cf. MENDES, Gilmar Ferreira; VALE, André Rufino. O pensamento de Peter Häberle na Jurisprudência do Supremo Tribunal Federal. *Direito Público*. Ano V, n. 28, p. 71-94, jun.-ago. 2009. No mesmo sentido, MENDES, Gilmar Ferreira. *Arguição de descumprimento de preceito fundamental*: comentários à Lei n. 9.882, de 3-12-1999. 2. ed. São Paulo: Saraiva, 2011, p. 204.

sequente aperfeiçoamento da jurisprudência e maior proteção aos direitos fundamentais.[600]

Por outro lado, não se pode perder de vista a ressalva expressa de Häberle: "Subsiste sempre a responsabilidade da jurisdição constitucional, que fornece, em geral, a última palavra sobre a interpretação constitucional".[601] Essa ressalva é de extrema importância para que se compreenda que os juízes constitucionais, ao se abrirem para o diálogo, não devem descuidar de sua função de garantidores dos direitos fundamentais. Em outras palavras, a opinião dos intérpretes em sentido amplo não pode, em hipótese alguma, servir de empecilho para o reconhecimento e proteção daqueles direitos.

Em matéria de direitos sociais, as situações tradicionalmente consideradas de natureza política são convertidas em situações jurídicas, operando-se a *juridicização* do processo decisório, o que intensifica a tensão entre o Judiciário e os elaboradores e executores das políticas públicas.[602] Nos países onde uma parcela significativa da população não tem acesso aos direitos sociais básicos, a judicialização dessas questões tende a tomar proporções tais que a atuação do Poder Judiciário acaba por causar impactos consideráveis, positivos e negativos, na conjuntura econômica e social e na própria organização político-administrativa do governo. A judicialização do direito à saúde no Brasil serve como exemplo. As decisões judiciais, então, deixam de interessar apenas às partes da demanda e passam a envolver os mais diversos segmentos da sociedade, a justificar (e até exigir) a abertura do processo decisório nos moldes idealizados por Häberle.

Por esses motivos, a ampla receptividade da doutrina de Peter Häberle no Brasil deve ser festejada. A forte influência de seu pensamento é visível na jurisprudência do Supremo Tribunal Federal, que tem incorporado ao processo decisório elementos que possibilitam a participação ativa da sociedade na tomada de decisão. As principais ferramentas de que se valem os Ministros do Supremo Tribunal Federal são as audiências públicas e a figura do *amicus curie*,[603] mecanismos que têm propiciado a

---

[600] Nesse sentido, MENDES, Gilmar Ferreira; VALE, André Rufino. O pensamento de Peter Häberle na Jurisprudência do Supremo Tribunal Federal. *Direito Público*. Ano V, n. 28, p. 71-94, jun.-ago. 2009.

[601] HÄBERLE, Peter. *Hermenêutica constitucional*: A sociedade aberta dos intérpretes da Constituição: contribuição para a interpretação pluralista e "procedimental" da Constituição. Tradução de Gilmar Ferreira Mendes. Porto Alegre: Fabris Editor, 2002, p. 14.

[602] MENDES, Gilmar Ferreira. A doutrina constitucional e o controle de constitucionalidade como garantia da cidadania: declaração de inconstitucionalidade sema pronúncia de nulidade no direito brasileiro. *Revista de Direito Administrativo*. Rio de Janeiro, v. 291, p. 40-66, jan./mar. 1993.

[603] No âmbito do Supremo Tribunal Federal, as audiências públicas estão previstas em seu Regimento Interno (art. 13, XVII – atribuições do Presidente; art. 21, XVII – atribuições do Relator). Até o

abertura do processo constitucional a uma pluralidade cada vez maior de sujeitos e que têm se mostrado fundamental no processo de interpretação da Constituição. A utilização do direito comparado como parâmetro para as decisões também é frequente na jurisprudência daquela Corte, e a abertura ao direito internacional fica evidenciada, por exemplo, pela adoção da tese da supralegalidade dos tratados de direitos humanos.[604]

Foi com esse espírito que o Supremo Tribunal Federal realizou audiência pública para debater com a sociedade a judicialização do direito à saúde. Entre os dias 27 a 29 de abril e 4 a 7 de maio de 2009, a Corte serviu de *verdadeiro fórum para a reflexão e argumentação*, demonstrando o seu firme propósito de compatibilizar a revisão judicial com outras instituições democráticas.[605]

Importante deixar consignado que a disposição do Poder Judiciário de se abrir para o diálogo em casos relativos à efetivação de direitos sociais não tem se restringido à Suprema Corte. Em iniciativa pioneira, a Justiça Federal do Rio Grande do Sul decidiu convocar uma audiência pública com o objetivo de promover uma discussão acerca da melhor maneira de incluir os fármacos Rituxima (Mabthera) e Trastuzumab (Heceptin) na lista de medicamentos distribuídos gratuitamente pelo Sistema Único de Saúde (SUS). A audiência pública foi realizada em 14/09/2011, com a participação de médicos, representantes do governo e representantes da Federação Brasileira de Instituições Filantrópicas de Apoio à Saúde da Mama (FEMAMA) e do Instituto da Mama do Rio Grande do Sul (IMAMA), sendo, ainda, acompanhada por médicos e representantes de hospitais do Estado com Centros em Alta Complexidade em Oncologia (CACON). Na ocasião, constituiu-se uma Comissão Técnica para estudo e apresentação de possíveis pontos de consenso em busca de uma solução amigável.[606]

Tudo isso, sem dúvida, confere maior legitimidade democrática para as decisões proferidas. Como assevera o professor Häberle, uma ótima

---

presente momento, a Corte realizou quatro audiências públicas, envolvendo os temas *ação afirmativa* (ADPF 186 e RE 597.285), *interrupção da gravidez de feto anencéfalo* (ADPF 54), *importação de pneus usados* (ADPF 101) e *saúde* (procedimentos de competência da Presidência).

[604] Conforme MENDES, Gilmar Ferreira; VALE, André Rufino. O pensamento de Peter Häberle na Jurisprudência do Supremo Tribunal Federal. *Direito Público*. Ano V, n. 28, p. 71-94, jun.-ago. 2009. A supralegalidade dos tratados de direitos humanos foi reconhecida, pela primeira vez, no RE 349703 (Tribunal Pleno, Relator Ministro Carlos Britto, Relator para o acórdão Ministro Gilmar Mendes) e no RE 466343 (Tribunal Pleno, Relator Ministro Cezar Peluso), ambos julgados em julgados em 03/12/2008 (DJe Public. 05/06/2009).

[605] Na feliz expressão e conclusão de Mendes, Cf. MENDES, Gilmar Ferreira; BRANCO, Paulo Gustavo Gonet. *Curso de direito constitucional*. 6. ed. São Paulo: Saraiva, 2011, p. 712.

[606] Trata-se da ação civil pública nº 2009.71.00.009143-8. Informações disponíveis no sítio da Justiça Federal do Rio Grande do Sul (<www.jfrs.jus.br>).

conformação legislativa e a ampliação dos instrumentos de informação dos juízes constitucionais "constituem condições básicas para assegurar a pretendida legitimação da jurisdição constitucional no contexto de uma teoria de Democracia".[607]

4.1.3. Poder Judiciário e democracia: as margens da atuação judicial

A legitimidade da jurisdição constitucional e a incorporação de mecanismos democratizantes no processo decisório não apagam a pertinência das críticas ao desempenho do Poder Judiciário em matéria de efetivação dos direitos sociais, tampouco podem justificar a instauração de um *governo de juízes*.[608] Se, por um lado, é certo que no Estado de Direito todos os Poderes da República estão estritamente subordinados à Constituição, não se pode negar, de outro, que este mesmo Estado de Direito pressupõe a separação de poderes, considerada, por alguns, a *última fortaleza* do Estado Constitucional,[609] donde se deflui ser imprescindível o reconhecimento da existência de certos domínios exclusivos que não podem ser invadidos pelo Poder Judiciário.

Basicamente, é função do Legislativo e do Executivo a elaboração de leis e a formulação e execução de políticas públicas, respectivamente. Ao Judiciário, cabe aplicar o Direito, o que significa interpretar a Constituição e as leis, resguardando direitos em geral e os direitos fundamentais em particular e assegurando o respeito ao ordenamento jurídico.[610]

Básico, porém não simples. A democracia, como se viu, contempla sobreposição de funções institucionais e um complexo de legitimidades, e isso faz com que a linha demarcatória daqueles domínios seja deveras fluida.[611] A legislação, enquanto expressão central da democracia, não en-

---

[607] HÄBERLE, Peter. *Hermenêutica constitucional*: A sociedade aberta dos intérpretes da Constituição: contribuição para a interpretação pluralista e "procedimental" da Constituição. Tradução de Gilmar Ferreira Mendes. Porto Alegre: Fabris Editor, 2002, p. 49.

[608] Advertindo para a tendência de os tribunais constitucionais agirem como legisladores substitutos, LÖSING, Norbert. La jurisdicción constitucional como contribución al Estado de Derecho. In: FERNÁNDEZ SEGADO, Francisco (Org.). *The Spanish Constitution in the European Constitutional Context*. Madrid: Dykinson, 2003, p. 1003-1032, p. 1028-1030.

[609] BIN, Roberto. *L'ultima fortalezza. Teoria della Constituzione e conflitti di attribuzione*. Varese: Millano-Dott A. Giufrè, 1996, p. 2-5.

[610] BARROSO, Luis Roberto. Da falta de efetividade à judicialização excessiva: direito à saúde, fornecimento gratuito de medicamentos e parâmetros para a atuação judicial. *Revista de Direito Social*, ano IX, n. 34, p. 11-43, abr./jun. 2009, p. 28.

[611] A propósito, a doutrina tem apontado para a superação da figura do *legislador negativo* como referencial para a atuação do Poder Judiciário. Esse entendimento vem sendo acolhido pelo Supremo Tribunal Federal nos recentes julgamentos de Mandados de Injunção, em que, revertendo a orien-

volve apenas o processo eleitoral e seus atores (eleitores, órgãos legislativos e líderes de governo), mas também os tribunais, na medida em que lhes cabe interpretar e, com isso, de certa forma implementar e desenvolver o Direito.[612] Daí a intrincada relação que se estabelece entre a atividade judicial e a atividade legislativa. Por sobre a fronteira que as separa – e que não pode ser transposta – paira uma sombra.

Em matéria de direitos prestacionais, a zona de sombra é significativamente mais extensa que a de luz, isso em virtude das peculiaridades referidas alhures e que podem ser assim sintetizadas: os enunciados, em geral, têm baixa densidade normativa e são ricos em cláusulas gerais e conceitos jurídicos indeterminados; o objeto é indefinido, no sentido de que o direito pode ser realizado de diversos modos, graus e ritmos; e a sua realização está subordinada à reserva do possível (na tríplice faceta de que fala Ingo Sarlet[613]) e à reserva do politicamente adequado (de que trata Jorge Reis Novais[614]).

Diante disso, as objeções à tutela judicial são muitas. Os argumentos, contudo, podem ser reconduzidos, de um modo ou de outro, à usurpação do poder pelos juízes, começando com o alcance da função de aplicar o Direito em face da textura aberta das normas, passando pela capacidade técnica dos juízes, até chegar ao problema mais amplo – que não deixa de abranger os dois primeiros – atinente aos limites funcionais no desenho institucional vigente.

---

tação anteriormente consolidada no sentido de que a função judicial se encerrava com declaração de mora legislativa, passou a admitir a regulação provisória, inclusive de caráter geral, pelo Poder Judiciário. São as chamadas *sentenças aditivas* do modelo italiano. O *leading case* é o MI 712, Tribunal Pleno, Relator Ministro Eros Grau, DJe Public. 31/10/2008. Para um exame aprofundado do tema e da evolução da jurisprudência do Supremo Tribunal Federal, confira-se MENDES, Gilmar Ferreira. O mandado de injunção e a necessidade de sua regulação legislativa. *Observatório da Jurisdição Constitucional*, Brasília, ano 3, 2009/2010. Disponível em <http://www.portaldeperiodicos.idp.edu.br/index.php/observatorio/article/viewFile/363/246> Acesso em: 30 jul. 2011. Em sentido contrário, defendendo que a única função legislativa das Cortes Constitucionais é a de legislador negativo, ver STARCK, Christian. La legitimación de la justicia constitucional y el principio democrático. *Anuario Iberoamericano de Justicia Constitucional*, Madrid, n. 7, p. 479-493, 2003.

[612] Exemplo de desenvolvimento judicial do direito é a decisão do Supremo Tribunal Federal na ADI 4277 (julgada em 05/05/2011, em conjunto com a ADPF 132, esta conhecida como ADI) afirmando que a união entre pessoas do mesmo sexo também constitui entidade familiar a merecer a proteção do Estado com idêntico regime jurídico conferido às uniões heterossexuais, a despeito da literalidade do texto constitucional, cujo art. 226, § 3º dispõe que a união estável se dá entre o *homem* e a *mulher* (o acórdão está pendente de publicação, mas a decisão foi noticiada no Informativo nº 626).

[613] SARLET, Ingo Wolfgang. *A eficácia dos direitos fundamentais*: uma teoria geral dos direitos fundamentais na perspectiva constitucional. 10 ed. rev. atual. e ampl. Porto Alegre: Livraria do Advogado, 2009, p. 287.

[614] NOVAIS, Jorge Reis. *Direitos Sociais:* teoria jurídica dos direitos sociais enquanto direitos fundamentais. Coimbra: Coimbra Editora, 2010, p. 193.

Nenhum dos argumentos é despido de razão. Pelo contrário, há, em cada um, ao menos um fundo de verdade.[615] Por isso, uma solução constitucionalmente adequada ao problema da judicialização dos direitos sociais tem de levá-los em conta,[616] seja para rejeitá-los, caso em que deverão ser apresentados argumentos suficientes, seja para, em os acatando, demonstrar que apesar disso a intervenção judicial é legítima.

No que concerne à interpretação dos enunciados normativos, tem-se que o emprego de cláusulas gerais e de conceitos jurídicos indeterminados é comum no Direito,[617] e jamais se questionou a aplicabilidade das normas ou se pretendeu excluí-las da apreciação judicial em virtude disso. A função primeira dos juízes é exatamente a de aplicar a lei ao caso concreto, sendo-lhes, inclusive, vedado o *non liquet*. Para isso, é necessário interpretar. Desse modo, qualquer tentativa de abrandar ou remover a força jurídica dos direitos sociais com base exclusivamente na dificuldade de interpretação do texto sequer pode ser levada a sério e, bem por isso, dispensa maiores comentários. Agora, saber se é conveniente deixar que os juízes definam o conteúdo da obrigação prestacional imputada ao Estado e, nesse sentido, *construam* o Direito, é outra questão, que está ligada à *dificuldade contramajoritária*, própria da jurisdição constitucional, e não à dificuldade hermenêutica em si.

Quanto a isso, a máxima de Montesquieu[618] – o juiz como a *bouche de la loi* – é uma ficção que, se um dia convenceu ou se justificou frente ao contexto em que articulada, hoje caiu em descrédito. Bem mais do que simplesmente pronunciar as palavras da lei, o juiz participa do processo de construção do Direito, processo que começa no texto, é verdade, mas que culmina na interpretação que lhe dá o Poder Judiciário na solução do caso concreto.[619] Na lição de Cristina Queiroz, o juiz, como operador jurí-

---

[615] CANOTILHO, Joaquim José Gomes. "Metodologia fuzzy" e "camaleões normativos" na problemática actual dos direitos económicos, sociais e culturais. In: CANOTILHO, Joaquim José Gomes. *Estudos sobre direitos fundamentais.* 2. ed. Coimbra: Coimbra Editora, 2008, p. 107.

[616] ALEXY, Robert. *Teoria dos direitos fundamentais.* Tradução de Virgílio Afonso da Silva. São Paulo: Malheiros, 2008, p. 511.

[617] O uso de termos abstratos se dá por uma variedade de razões práticas: porque os legisladores querem delegar autoridade aos encarregados de administrar a lei; pela impossibilidade de antecipar cada contingência; ou porque o consenso não poderia ser alcançado caso fosse utilizada uma linguagem mais específica, cf. DORF, Michael C. An Institutional Approach to Legal Indeterminacy. *Columbia Law School.* Public Law & Legal Theory Research Paper Group. Paper Number 02-44. Disponível em: <http://ssrn.com/abstract_id=326780> Acesso em: 02 ago. 2011, p. 10.

[618] MONTESQUIEU, Charles de Secondat, Baron de. O espírito das leis. Tradução de Cristina Murachco. São Paulo: Martins Fontes, 2000.

[619] Ver GUASTINI, Riccardo. Teoria e ideologia da interpretação constitucional. *Interesse Público,* ano VIII, n. 40, p. 217-255, 2006. A lição de Jack Balkin é precisa: "Constitutional interpretation requires fidelity to the original meaning of the Constitution and to the principles stated by the text or that underlie the text. Constitutional interpretation also requires *construction* – deciding how best to implement and apply the constitutional text and principles in current circumstances." Cf. BALKIN, Jack M.

dico, também cria Direito pelo menos a dois níveis: "enuncia uma *norma geral* (: o produto da interpretação) e uma *norma particular* (: a aplicação ao caso concreto)".[620] Como sustenta Friedrich Müller, a "norma jurídica somente é pro-duzida (*hervorgebracht, produziert*) em cada processo individual de solução de um caso jurídico, de uma decisão jurídica".[621] Em poucas palavras: a norma não significa por si, ela precisa do intérprete para significar.[622]

Nesse compasso, o direito brasileiro vive um momento em que o positivismo jurídico é passado. A preocupação com a efetividade da Constituição de 1988 incorporou-se à cultura jurídica de tal modo que as normas constitucionais, na constatação de Barroso, conquistaram o *status* pleno de normas *jurídicas* e passaram a servir de lente através da qual se leem as demais normas, impulsionando esta fase de "efervescente criatividade na dogmática jurídica e de sua aproximação com a ética e com a realização dos direitos fundamentais".[623] Com isso, e também em decorrência da ampla aceitação da teoria principiológica dos direitos fundamentais pelos juristas pátrios, desenvolveu-se o que o referido constitucionalista chama de *nova interpretação constitucional*, cujos pilares são a normatividade dos princípios,[624] a ponderação de valores e a teoria da argumentação, sem abandonar os alicerces das técnicas ortodoxas. O centro é ocupado pela teoria dos direitos fundamentais e, acima de tudo, pela dignidade da pessoa humana.[625] À falta de uma expressão melhor, utiliza-se *pós-positi-*

Fidelity to Text and Principle. In: BALKIN, Jack M.; SIEGEL, Reva B. (Ed.). *The Constitution in 2020*. New York: Oxford University Press, 2009, p. 11. Na doutrina pátria, FREITAS, Juarez. *A interpretação sistemática do direito*. 5. ed. São Paulo: Malheiros, 2010.

[620] QUEIROZ, Cristina M. M. *Direitos fundamentais*: teoria geral. Coimbra: Coimbra: 2002, p. 85.

[621] MÜLLER, Friedrich. Teoria e interpretação dos direitos fundamentais, especialmente com base na teoria estruturante do Direito. *Anuario Iberoamericano de Justicia Constitucional*, Madrid, n. 7, p. 315-327, 2003, p. 319-320.

[622] Não há, nesta afirmação, desapreço pelo papel do legislador democraticamente constituído. Concorda-se, no ponto, com Jane Reis Gonçalves Pereira de que a norma jurídica comporta duas dimensões no processo interpretativo. Na manifestação legislativa abstrata, a norma é um *dado*; em sua aplicação judicial, um *produto*. Cf. PEREIRA, Jane Reis Gonçalves. *Interpretação constitucional e direitos fundamentais*: uma contribuição ao estudo das restrições aos direitos fundamentais na perspectiva da teoria dos princípios. Rio de Janeiro: Renovar, 2006, p. 43-44.

[623] BARROSO, Luís Roberto. O começo da história: a nova interpretação constitucional e o papel dos princípios no direito brasileiro. In: BARROSO, Luís Roberto. *Temas de direito constitucional*. v. III, 2. ed. Renovar: Rio de Janeiro, 2008, p. 6.

[624] Para um exame mais aprofundado sobre a caminhada dos princípios rumo à normatividade, ver BONAVIDES, Paulo. *Curso de direito constitucional*. 15. ed. Malheiros: São Paulo, 2004, p. 255 e ss.

[625] Nesse sentido, a teoria *alexyana* do *constitucionalismo discursivo* se origina da conexão entre cinco elementos diferentes: direitos fundamentais; balanceamento/sopesamento/ponderação; discurso; controle de constitucionalidade; e representação, cf. ALEXY, Robert. *Constitucionalismo discursivo*. Porto Alegre: Livraria do Advogado, 2007. Para uma abordagem mais simplificada, concentrada nos conceitos de balanceamento, controle de constitucionalidade e representação, ver ALEXY, Robert.

vismo para traduzir este *novo*[626] modo de se aproximar do texto constitucional.[627]

De fato, a aplicação de um Direito permeado de princípios e marcado pela dialética, como é o caso dos direitos sociais (e do direito constitucional em geral), exige mais do que a mera subsunção dos fatos à norma, em que a conclusão é o resultado de um silogismo simples entre premissa maior e premissa menor.[628] Como se viu no início deste estudo, é necessário um *juízo de ponderação*, o que envolve, sempre, alguma subjetividade, e, portanto, por mais que se tente objetivar aquilo que, por natureza, é subjetivo, uma área de escolha é inevitável.[629] A própria estrutura interna

---

Balancing, Constitutional Review, and Representation. *International Journal of Constitutional Law*, v. 3 (4), p. 572-581, Oct. 2005. I-CON: doi: 10.1093/icon/moi040.

[626] Se bem que o adjetivo *novo* é mais apropriado para o contexto brasileiro, pois, na perspectiva do direito comparado, este *modo* de hermenêutica constitucional não é tão novo assim.

[627] BARROSO, Luís Roberto. O começo da história: a nova interpretação constitucional e o papel dos princípios no direito brasileiro. In: BARROSO, Luís Roberto. *Temas de direito constitucional.* v. III, 2. ed. Renovar: Rio de Janeiro, 2008, p. 3-59.

[628] Comparando as estruturas da *subsunção* e do *balanceamento,* e com o fim de demonstrar que o balanceamento (ou ponderação) é um procedimento racional, Alexy sustenta que há uma analogia quanto à estrutura formal, porém enquanto a primeira funciona conforme regras da lógica (*subsumption formula*), o segundo se pauta pelas regras da aritmética (*weight formula*), sendo o método apropriado nos casos difíceis (*hard cases*). Para os propósitos deste trabalho, não é necessário desenvolver a complexidade das fórmulas *aritméticas* de Alexy, bastando referir, de modo simplificado, que a *weight formula* inclui outros dois fatores à lei de balanceamento/ponderação: pesos abstratos de princípio colidentes e grau de segurança no que diz com o alcance dos fins em face dos meios. Ver ALEXY, Robert. On Balancing and Subsumption: A Structural Comparison. *Ratio Juris,* v. 16, n. 4, p. 433-449, Dec. 2003.

[629] Lembre-se o diálogo entre Dworkin e Hart. O primeiro refere que, para o positivismo jurídico, o juiz tem poder discricionário na solução dos casos difíceis (*hard cases*) porque *legisla novos direitos legais* (*legislates new legal rights*) e os aplica retroativamente aos casos concretos. Na perspectiva de Dworkin, o juiz não tem poder discricionário, já que toda regra se fundamenta em princípios, e os princípios não são extralegais; a partir daí, numa versão dialética, o conceito de direito incluiria o direito, a moralidade e a eticidade, e o jusfilósofo americano é claro ao sustentar que as questões morais estão imbricadas com o direito, cf. DWORKIN, Ronald. *Taking Rights Seriously.* Cambridge: Harvard University Press, 1999, p. 81 e ss. Para Herbert L. A. Hart, tido como positivista, os princípios são extralegais, assim, nos casos difíceis, à ausência de regras claras, o juiz teria ampla discricionariedade, cf. HART, Herbert L. A. *O conceito de direito.* Tradução de A. Ribeiro Mendes, 5. ed. Lisboa: Fundação Calouste Gulbenkian, 1994, p. 137 e ss. Sem embargo, assumindo-se que os princípios têm conteúdo eminentemente axiológico, toda decisão tem certo grau de subjetividade, mas na acepção positiva do termo, reportando-se à necessidade de se fazer escolhas, o que, aliás, é inerente a qualquer sistema normativo (e não matemático). Interpretação sem discricionariedade judicial é um mito, diz BARAK, Aharon. *The Judge in a Democracy.* Princeton: Princeton University Press, 2008, p. 146. Sobre o poder discricionário e as decisões judiciais, em uma análise a partir de Rawls, Perelman e Dworkin ver WEBER, Thadeu. Justiça e poder discricionário. *Direitos Fundamentais & Justiça,* Porto Alegre, ano 2, n. 2, p. 214-242, jan./mar. 2008. De mais a mais, é impossível fugir das pré-compreensões. Na lição de Barroso: "toda interpretação é produto de uma época, de um momento histórico, e envolve fatos a serem enquadrados, o sistema jurídico, as circunstâncias do intérprete e o imaginário de cada um". A conjugação desses fatores constitui a pré-compreensão. Cf. BARROSO. Luís Roberto. Fundamentos teóricos e filosóficos do novo direito constitucional brasileiro. *Revista de Direito Administrativo*, Rio de Janeiro, v. 225, p. 05-37, jul./set. 2001, p. 6-7.

da ponderação não deixa de ser uma escolha do intérprete. Isso não significa, em absoluto, irrestrita liberdade de interpretação.

A decisão deve ser compatível com a ordem jurídica existente[630] e, de modo cumulativo, apresentar argumentos racionais que possam ser aceitos como tal por todos os participantes do processo de construção do Direito, ou, dado que isso não é factível, pela maior parte deles. Trata-se de conciliar a consistência interna e a justificação externa racional, como salienta Habermas.[631] Essa equação, a toda evidência, não se afigura tarefa fácil. Mas, uma vez perdida a crença em verdades absolutas e na existência de juízes com as habilidades intelectuais corporificadas na figura ideal do *Juiz Hercules*,[632] e diante da inatingível (e indesejável) objetividade pura, há de se buscar, o tanto quanto possível, reduzir a zona de subjetividade e criar mecanismos de controlabilidade racional.

Destarte, sem que se vá ingressar na teoria da argumentação,[633] entende-se que o princípio da proporcionalidade, conquanto não garanta a certeza do resultado correto – até porque dificilmente haverá *uma* decisão correta –, é o método que "pertence à natureza e essência mesma do Estado de Direito",[634] posição, aliás, que já fora denunciada no início deste trabalho. É que além do atributo lá mencionado (o de fornecer parâmetros sólidos para resolver os conflitos entre bens e direitos constitucionais, logo, também para definir o direito definitivo), a proporcionalidade torna possível um adequado controle da racionalidade da decisão, na medida em que sua aplicação exige do intérprete, no caso o juiz, maior esforço argumentativo para justificar, em cada uma das etapas – notadamente na

---

[630] Oportuno ter em mente a lição de Laurence Tribe, que, ao tratar da identificação do conteúdo da *Constituição Invisível* (*the Invisible Constitution*) pelos seus intérpretes (em geral, do povo à Suprema Corte), alerta que esse conteúdo não é radicalmente indeterminado, não se podendo encontrar, ali, qualquer coisa e tudo o que se deseja. Cf. TRIBE, Laurence H. *The Invisible Constitution*. New York: Oxford University Press, 2008, p. 34. Não menos oportuna é advertência de Rawls: "The constitution is not what the Court says it is. Rather, it is what the people acting constitutionally through the other branches eventually allow Courts to say it is". Cf. RAWLS, John. *Political Liberalism*. Expanded ed. New York: Columbia University Press, 2005, p. 237. Os juízes não criam o direito do nada, diz Barroso, e mesmo quando desempenham a função criativa do direito, devem fazê-lo à luz dos valores compartilhados pela comunidade a cada tempo. Cf. BARROSO. Luís Roberto. Constituição, democracia e supremacia judicial: direito e política no Brasil contemporâneo. *Revista jurídica*, Brasília, v. 12, n. 96, p. 1-46, fev./mai. 2010.

[631] HABERMAS, Jürgen. *Between Facts and Norms:* Contribution to a Discourse of Law and Democracy. Translated by William Rehg. Cambridge: Cambridge Press, 1998, p. 198.

[632] DWORKIN, Ronald. *Taking Rights Seriously*. Cambridge: Harvard University Press, 1999, p. 105 e ss.

[633] Para um apanhado geral das assim designadas teorias do discurso prático, e sugerindo uma transição daquelas para *uma* teoria da argumentação jurídica (ou a aplicação da teoria da argumentação prática à argumentação jurídica), ver ALEXY, Robert. *Teoria da argumentação jurídica*. Tradução de Zilda Hutchinson Schild Silva. São Paulo: Landy, 2001.

[634] BONAVIDES, Paulo. *Curso de direito constitucional*. 15. ed. São Paulo: Malheiros, 2004, p. 401.

Direitos Fundamentais Sociais
DIGNIDADE DA PESSOA HUMANA E MÍNIMO EXISTENCIAL

última, isto é, a da proporcionalidade em sentido estrito, *locus* do juízo de ponderação – , por que escolheu um caminho e não o(s) outro(s).

Mas, reconhece-se, tudo isso não basta para endossar a atuação do Judiciário na seara dos direitos prestacionais. Alegar, em abstrato, que os juízes também participam do processo de construção do Direito diz pouco, ou quase nada. A legitimidade é algo que se edifica no dia a dia, sendo certo que ela persiste se, e somente se, os juízes operarem nos limites dos poderes constitucionalmente atribuídos. Assim é que essa nova postura hermenêutica, embora bem vinda, não pode ser empregada de modo a colocar em perigo a democracia.

Veja-se que a previsão constitucional de um direito social não implica a atribuição de um direito subjetivo a todas e quaisquer prestações materiais potencialmente abrigadas no guarda-chuva do âmbito de proteção daquele direito. Nem mesmo em se tratando do direito à saúde, bem crucial para a própria vida, é possível extrair, diretamente do comando constitucional, direito subjetivo a quaisquer medidas que visem à redução do risco de doença e de outros agravos ou que busquem a promoção, proteção e recuperação da saúde.

Corroborando esse entendimento, leciona Gilmar Mendes:

> Embora se possa reconhecer na estrutura de muitos direitos sociais características de direitos subjetivos fundamentais, que outorgam ao titular a possibilidade de formular uma pretensão de adoção de uma dada conduta ("dever jurídico relacional"), passível de judicialização, é inegável também que esses direitos podem consistir, como observado, em "dever subjetivo não relacional", não importando em reconhecimento de "direito subjetivo" propriamente dito por se tratar de "normas objetivas de princípios".[635]

Portanto, a não ser naqueles casos em que a norma constitucional expressa um comando temporal e materialmente preciso, assumindo feição estrutural de regra – a exemplo do direito à educação básica obrigatória e gratuita (art. 208, inciso I e § 1º) –, a lógica da separação dos Poderes indica que o Constituinte distribuiu aos representantes do poder político democrático a função de, em primeira linha, definir o conteúdo do direito, bem como o tempo e o(s) meio(s) de realizá-lo, e assim o fez deixando em aberto uma margem de liberdade de conformação com amplitude inversamente proporcional à densidade normativa. Ao Judiciário, o Constituinte reservou um papel que, nesta matéria, pode-se dizer subsidiário – mas não de menor importância –, qual seja, controlar a compatibilidade das opções políticas com os parâmetros impostos pela Constituição, inclusive da opção de *não optar*, tendo-se em conta que por mais ampla que

---

[635] MENDES, Gilmar Ferreira; BRANCO, Paulo Gustavo Gonet. *Curso de direito constitucional.* 6. ed. São Paulo: Saraiva, 2011, p. 680.

seja a zona de discricionariedade dos órgãos estatais, nela não está incluída a *opção de nada fazer* tampouco a de *fazer qualquer coisa*.

Com efeito, ninguém nutre a ilusão de que seria possível satisfazer de modo pleno e imediato as demandas sociais de todas as pessoas. Nem mesmo países com altos índices de desenvolvimento econômico teriam condições de fazê-lo. Os recursos são finitos, e as necessidades humanas, infinitas, afirma-se em coro. Logo, é necessário eleger prioridades, sendo natural que a realização se dê de modo progressivo e gradual conforme as possibilidades materiais e jurídicas do Estado. Quanto mais carente o Estado, mais trágicas são as escolhas.[636] Ademais, não se pode olvidar que a Constituição protege outros bens e direitos além dos direitos sociais, de sorte que sequer seria legítimo alocar todos os recursos disponíveis para a implementação dos últimos.[637]

Se a democracia é o autogoverno popular, essas escolhas, tantas vezes disjuntivas, cabem à sociedade. Quando isso é feito através do Constituinte originário, a decisão é retirada do debate político e deverá ser respeitada, vinculando as gerações futuras, independentemente das tendências das maiorias ocasionais (como no exemplo do ensino básico e gratuito já citado). Do contrário, as decisões devem partir de debates na arena pública. E tratando-se de uma democracia representativa, as escolhas hão de ser feitas pelos representantes cuja legitimação é majoritária, e uma gama de variáveis múltiplas e complexas se abre para a luta política e eleitoral, observados o pluralismo democrático e a alternância no poder. O norte é dado pelas diretrizes fixadas na Constituição, é verdade, mas há vários caminhos que levam até lá.

O Judiciário não possui credenciais democráticas para escolher em nome da sociedade.[638] A função que lhe foi confiada no plano da jurisdição constitucional, lembre-se, é a de guarda da Constituição. Portanto só lhe compete intervir para assegurar as decisões que foram excluídas do jogo político e para corrigir eventuais desvios de rota caso os representan-

---

[636] COLEMAN, Jules L.; HOLAHAN, William L. Tragic Choices by Guido Calabresi; Philip Bobbitt. *California Law Review*, v. 67 (6), p. 1379-1393, Dec. 1979.

[637] SCAFF, Fernando Facury. Reserva do possível, mínimo existencial, e direitos humanos. *Interesse Público*, ano VI, n. 32, Porto Alegre: Notadez, p. 213-226, jul./ago., 2005, p. 224-225.

[638] A prudência jurisprudencial, ensina Canotilho, "não tem legitimidade para se transformar em instância compensadora de disfunções humanas e sociais, como se de órgãos politicamente responsáveis se tratasse". Cf. CANOTILHO, Joaquim José Gomes. O direito dos pobres no activismo judiciário. In: CANOTILHO, Joaquim José Gomes; CORREIA, Marcus Orione Gonçalves; CORREIA, Érica Barcha (Coord.). *Direitos fundamentais sociais*. São Paulo: Saraiva, 2010, p. 33-35. De modo mais incisivo, assevera Gearty: "... sometimes it will be right for the judge to hesitate, to say – against his or her own moral intuitions – that bad though the case is it does not call for his or her intervention, or (even worse) that though it does cry for a *Deus ex machine*, it is not the judge's role to play God". Cf. GEARTY, Conor. *Principles of Human Rights Adjudication*. Oxford: Oxford University Press, 2004, p. 6.

tes populares percam o rumo, isto é, quando agirem em clara contradição com as normas constitucionais ou de modo desarrazoado.[639] Contudo se fizerem ponderações e escolhas válidas à luz da Constituição, o Judiciário deve respeitá-las por força do princípio democrático.

Mas não é só. A legitimidade democrática que advém do voto para a tomada de decisões políticas não é a única razão de ser dessa acomodação de tarefas constitucionais. Os direitos prestacionais, em sua dimensão principal, voltam-se mais para a conformação do futuro do que para a preservação do *status quo*, logo exigem decisões submetidas a elevados riscos.[640] É legítimo supor que os órgãos políticos têm melhores condições de prever e administrar os efeitos sistêmicos dessas decisões, que envolvem aspectos técnicos, econômicos e políticos diversificados e complexos.

Por isso há de se dar razão aos que alegam que o Poder Judiciário não é o mais indicado para definir políticas públicas voltadas à concretização dos direitos sociais.[641] Falta aos juízes uma visão global das necessidades desatendidas, dos recursos materiais e humanos disponíveis e dos investimentos que precisam ser feitos para custear eventuais benefícios, de modo que nem sempre se dão conta de que a soma de ações individuais pode colocar em risco a continuidade das políticas públicas, desorganizar a atividade administrativa e impedir a alocação racional dos recursos públicos, estes sabidamente escassos.[642]. Prova disso é o impacto

---

[639] Para Canotilho, a realização dos direitos econômicos, sociais e culturais se caracteriza, entre outros fatores, "pela *insusceptibilidade de controlo jurisdicional* dos programas político-legislativos, a não ser quando se manifestam em clara contradição com as normas constitucionais, ou transportarem dimensões manifestamente desarrazáveis". Cf. CANOTILHO, Joaquim José Gomes. "Metodologia fuzzy" e "camaleões normativos" na problemática actual dos direitos econômicos, sociais e culturais. In: CANOTILHO, Joaquim José Gomes. *Estudos sobre direitos fundamentais*. 2. ed. Coimbra: Coimbra Editora, 2008, p. 107). De modo similar, Jorge Miranda anota que a concretização do direito social também passa pela harmonização e concordância prática, tarefa que incumbe, em primeira linha, aos órgãos de decisão política. Aos tribunais em geral e ao Tribunal Constitucional em especial compete descobrir eventuais inconstitucionalidades da decisão política. Cf. MIRANDA, Jorge. *Manual de direito constitucional*. Tomo IV, 4. ed. rev. e actual. Coimbra: Coimbra Editora, 2008, p. 434-435.

[640] MENDES, Gilmar Ferreira; BRANCO, Paulo Gustavo Gonet. *Curso de direito constitucional*. 6. ed. São Paulo: Saraiva, 2011, p. 676.

[641] Não obstante possa servir de poderoso instrumento de formação de políticas públicas, como admite COURTIS, Christian; ABRAMOVICH, Víctor. Apuntes sobre la exigibilidad judicial de los derechos sociales. In: SARLET, Ingo Wolfgang (Org.) *Direitos fundamentais sociais*: estudos de direito constitucional, internacional e comparado. Rio de Janeiro: Renovar, 2003, p. 150.

[642] Barroso alerta ser este o caso do direito à saúde, cf. BARROSO, Luís Roberto. Da falta de efetividade à judicialização excessiva: direito à saúde, fornecimento gratuito de medicamentos e parâmetros para a atuação judicial. *Revista de Direito Social*, ano IX, n. 34, p. 11-43, abr./jun. 2009. De igual modo, também apontando para a excessiva intervenção judicial, só que a partir de um caso concreto envolvendo a campanha de imunização contra a H1N1 no Estado do Paraná, ANDRADE, Ricardo Barretto de. Da falta de efetividade à intervenção judicial excessiva: o direito à saúde sob a perspectiva de um caso concreto. *Direitos Fundamentais & Justiça*, Porto Alegre, ano 4, n. 12, p. 78-91, jul./set. 2010.

da judicialização do direito à saúde no orçamento público. No ano de 2010, o Ministério da Saúde gastou R$ 132,58 milhões com a compra de medicamentos de alto custo cujo fornecimento fora determinado judicialmente. O governo de São Paulo gasta cerca de R$ 57 milhões por mês com o cumprimento de decisões judiciais relacionadas à saúde.[643] O Estado do Rio Grande do Sul já teve 50% de todo o orçamento destinado à saúde comprometido com a compra de medicamentos por ordem judicial.[644] Segundo balanço do Conselho Nacional de Justiça, mais de 240 mil processos judiciais na área da saúde tramitam atualmente.[645]

Não se nega que o déficit de conhecimento técnico ou de informação pode ser suprido com o auxílio de peritos, da figura do *amicus curie* e das audiências públicas. Mas o fato é que, na maioria dos casos, a complexidade das questões envolvidas exige uma análise multidisciplinar que o processo judicial não comporta. E se não constitui, por si só, um obstáculo à intervenção judicial,[646] a presunção da capacidade institucional dos órgãos políticos recomenda que, na dúvida, deve prevalecer a gênese democrática do Direito.[647]

Por esses motivos, acerta Novais ao dizer que os direitos sociais estão sujeitos a uma *reserva do politicamente adequado ou oportuno.* Tal reserva, explica o autor:

> (...) confere aos órgãos do poder político uma prerrogativa de avaliação só infirmável e controlável pelo poder judicial quando há um conteúdo suficientemente determinado de protecção devida que se retira da norma jusfundamental ou quando a protecção prestada ficou aquém de um patamar mínimo de protecção exigível, se se quiser, quando há lesão

---

[643] BASSETTE, Fernanda. Gasto do governo com remédios via ação judicial cresce 5.000% em 6 anos. *O Estado de São Paulo*, São Paulo, 28 abr. 2011. Disponível em: <www.estadao.com.br>. Acesso em: 28 abr. 2011.

[644] Informação referente ao ano de 2007, conforme AMARAL, Gustavo; MELO, Danielle. Há direitos acima dos orçamentos? In: SARLET, Ingo Wolfgang; TIMM, Luciano (Org.). *Direitos fundamentais, Orçamento e Reserva do Possível.* Porto Alegre: Livraria do Advogado, 2008, p. 79-99, p. 92.

[645] Conforme notícia veiculada em 25/04/2011. Disponível em: <http://www.cnj.jus.br/noticias/cnj/14096:brasil-tem-mais-de-240-mil-processos-na-area-de-saude> Acesso em 25 abr. 2011. É importante registrar que os estudos apresentados na Audiência Pública sobre Saúde demonstraram que a maioria das ações judiciais reclama o cumprimento de políticas públicas já implementadas pelo governo, cf. MENDES, Gilmar Ferreira; BRANCO, Paulo Gustavo Gonet. *Curso de direito constitucional.* 6. ed. São Paulo: Saraiva, 2011, p. 713. Nesses casos, as questões da legitimidade dos juízes e da existência de direito subjetivo à prestação não se colocam, ao menos não seriamente. Não é deles que o presente trabalho trata.

[646] Como sustenta SARLET, Ingo Wolfgang. *A eficácia dos direitos fundamentais*: uma teoria geral dos direitos fundamentais na perspectiva constitucional. 10 ed. rev. atual. e ampl. Porto Alegre: Livraria do Advogado, 2009.

[647] Humberto Ávila leciona que o âmbito de controle dos outros Poderes pelo Judiciário deverá ser "*tanto menor*, quanto mais: (1) duvidoso for o efeito futuro da lei; (2) difícil e técnico for o juízo exigido para o tratamento da matéria; (3) aberta for a prerrogativa de ponderação atribuída ao Poder Legislativo pela Constituição" (ÁVILA, Humberto. *Teoria dos princípios*: da definição à aplicação dos princípios jurídicos. 9. ed. São Paulo: Malheiros, 2009, p. 175).

do direito fundamental desprotegido ou insuficientemente protegido por facto de o poder público ter violado o princípio da proibição de défice.[648]

Outra questão que não pode ser ignorada foi levantada por Novais ao criticar o modelo proposto por Alexy, qual seja, a atribuição de peso ao princípio da separação dos poderes na balança do processo de ponderação.[649] Para Novais, a distribuição de competências tem caráter de regra, aplicando-se na lógica do *tudo ou nada*. Pode até haver divergência sobre qual é a distribuição de poderes em determinada matéria, mas, uma vez definida, tal distribuição vale absolutamente, sob pena de se cair "no paradoxo de atribuir a quem faz a *última* pesagem a decisão sobre quem deve ter a competência para fazer... a última pesagem".[650] Ainda que não se venha a aderir a essa tese, a argumentação é consistente e, bem por isso, convida à reflexão.

De fato, colocar a separação de poderes na balança da ponderação em lado oposto ao da liberdade fática, como faz Alexy, conduz ao seguinte: a separação de Poderes pode ser relativizada em prol dos direitos prestacionais; o juiz, ao reconhecer o direito subjetivo a prestações materiais, necessariamente restringe a separação de Poderes; a Constituição distribuiu apenas ao legislador (ou administrador) a competência de definir o direito definitivo, porém, no caso concreto, o juiz afasta essa distribuição constitucional de competência e decide que ele, juiz, é quem vai definir o direito no lugar do legislador (ou administrador). O resultado é que, nesse caso, o juiz acaba se sobrepondo à Constituição. Situação diversa seria se, desde o início, a Constituição tivesse distribuído a competência também ao juiz, ainda que em caráter subsidiário. Nessa hipótese, o juiz, ao reconhecer o direito subjetivo à prestação material, nada mais estaria fazendo senão cumprir a sua função institucional, restringindo, se fosse o caso, a liberdade de conformação do legislador, mas não a competência em si. Porém não é esse o raciocínio de Alexy. Se fosse, a separação de poderes não estaria na balança e não precisaria ser relativizada.

Ainda que propondo solução diversa,[651] Rodolfo Arango suscita outro ponto. A seu ver, a estrutura material da ponderação proposta por

---

[648] NOVAIS, Jorge Reis. *Direitos Sociais:* teoria jurídica dos direitos sociais enquanto direitos fundamentais. Coimbra: Coimbra Editora, 2010, p. 277.

[649] Ingo Sarlet e Mariana Filchtiner parecem endossar a posição de Alexy ao afirmarem que o princípio da separação dos poderes não assume feição absoluta, cf. SARLET, Ingo Wolfgang; FIGUEIREDO, Mariana Filchtiner. Reserva do possível, mínimo existencial e direito à saúde: algumas aproximações. *Direitos Fundamentais & Justiça*, Porto Alegre, ano 1, n. 1, p. 171-231, out./dez. 2007, p. 201.

[650] NOVAIS, Jorge Reis. *Direitos Sociais:* teoria jurídica dos direitos sociais enquanto direitos fundamentais. Coimbra: Coimbra Editora, 2010, p. 234.

[651] Conforme referido no primeiro capítulo (item 1.2.3), Arango propõe o que denominou de *modelo do caso extremo*, em que agrega o elemento da *necessidade* ou *urgência* para se chegar ao direito definitivo.

Alexy não abarca as omissões estatais absolutas – como a inatividade do legislador em reconhecer um direito fundamental ao mínimo existencial, por exemplo –, com o que os chamados direitos prestacionais *originários* ficariam de fora. Para o professor colombiano, a intensidade da interferência judicial nessa hipótese certamente afetaria a separação de poderes com tal gravidade que a determinação judicial do direito social seria descartada.[652] Entende-se não ser esse o caso, ao menos não se ótica a partir da qual o sopesamento é feito for a de Alexy, já que este sustenta que a separação de poderes seria afetada em medida relativamente pequena quando em causa os *direitos sociais mínimos*. De outro lado, Alexy realmente não deixa claro *como* e *em que* circustâncias para além do mínimo a separação de poderes seria afetada da mesma forma, ou seja, em intensidade relativamente diminuta a autorizar a conformação judicial do conteúdo das prestações que constituem o direito.[653]

Sem embargo, é evidente que a omissão das instâncias políticas em cumprir os deveres que lhes foram impostos pela Constituição não é chancelada pelo princípio democrático e nem pelo princípio da separação dos Poderes. Foi dito aqui, inúmeras vezes, que algumas decisões estampadas na Constituição estão fora do alcance das maiorias, dos caprichos da política de curto prazo e de decisões de custo-benefício. Logo, quanto a elas, a competência constitucional não é colocada na balança da ponderação, como teme Novais. É a própria Constituição que retira a última palavra do legislador, outorgando-a ao Poder Judiciário. De mais a mais, ao nosso sistema constitucional, em se tratando de separação das competências constitucionais, não repugna a ideia de poderes ou competências implícitas, sempre que necessárias ao bom desempenho das competências expressas.

Na seara dos direitos sociais, para além dos direitos contemplados em normas-regra, a Carta de 1988 também excluiu da zona de disponibilidade política o mínimo existencial àqueles que não disponham de meios para, por si, alcançá-lo. Em relação a este é possível falar em direito subjetivo a prestações materiais do Estado independentemente da intervenção

---

[652] ARANGO, Rodolfo. *El concepto de derechos sociales fundamentales*. Bogotá: Legis, 2005, p. 200-203.

[653] A isso se soma o fato de que Alexy parece partir, desde o início, de um resultado conhecido ao afirmar que as condições para o reconhecimento do direito definitivo "são *necessariamente* satisfeitas no caso dos direitos sociais fundamentais mínimos". Logo, nesse caso e, por conseguinte, no do mínimo existencial, antes mesmo do balanceamento já se saberia que eles terão mais peso que os princípios colidentes, entre os quais a separação de poderes. Se bem que, a seguir, Alexy reconhece que a contingência financeira também atinge tais direitos, concluindo que "nem tudo aquilo que em um determinado momento é considerado como direitos sociais é exigível pelos diretos fundamentais sociais mínimos" e que "os necessários sopesamentos podem conduzir, em circunstâncias distintas, a direitos definitivos distintos". Cf. ALEXY, Robert. *Teoria dos direitos fundamentais*. Tradução de Virgílio Afonso da Silva. São Paulo: Malheiros, 2008, p. 512-513, grifos acrescidos.

conformadora dos órgãos que representam a maioria.[654] Cuida-se, como se viu ao longo deste trabalho, da densificação do princípio da dignidade da pessoa humana em sua dimensão positiva, constituindo-se, ao mesmo tempo, em requisito essencial para o pleno exercício da liberdade material e para a democracia. Daí ser incabível invocar a objeção democrática para impedir a judicialização do mínimo existencial. O juiz é constitucionalmente competente para concretiza-lo, de modo que aqui perde relevância a discussão sobre ser a separação de poderes um conflito a ser resolvido no campo do peso ou da validade.

De outra parte, a exigibilidade judicial daquilo que ultrapassa este mínimo vai depender do juízo que o legislador vier a emitir sobre as possibilidades, meios, tempo e graus de efetivação, conforme explicitado acima.[655] A interferência judicial nesse domínio afeta de modo desproporcional a liberdade de conformação do legislador e, se adotado o modelo de Alexy, a separação de poderes.

Pontuando a necessidade de convivência harmônica entre a dimensão positiva da dignidade, a separação dos poderes e o princípio majoritário, Ana Paula de Barcellos chega à similar conclusão ao afirmar que tal harmonia "depende de atribuir-se eficácia jurídica positiva apenas ao núcleo da dignidade, ao chamado *mínimo existencial*, reconhecendo-se legitimidade ao Judiciário para determinar as prestações necessárias à

---

[654] Em sentido contrário, Daniel Sarmento sustenta que o ponto a que pode chegar o Judiciário não está limitado pelo mínimo existencial e "depende de uma ponderação de interesses a ser feita em cada caso, na qual, de um lado, figure o direito social em questão, e, do outro, os princípios concorrentes, como a democracia, a separação de poderes e os direitos de terceiros que seriam atingidos ou economicamente inviabilizados caso fosse universalizada a prestação demandada", cf. SARMENTO, Daniel. A proteção judicial dos direitos sociais: alguns parâmetros ético-jurídicos. In: ARRUDA, Paula (Coord.). *Direitos Humanos:* questões em debate. Rio de Janeiro: Lumen Juris, 2009, p. 579). Ingo Sarlet também destaca que a justiciabilidade dos direitos sociais prestacionais, embora cogente no âmbito do mínimo para uma vida com dignidade, não se limita a esta dimensão, cf. SARLET, Ingo Wolfgang. *A eficácia dos direitos fundamentais*: uma teoria geral dos direitos fundamentais na perspectiva constitucional. 10 ed. rev. atual. e ampl. Porto Alegre: Livraria do Advogado, 2009, p. 349 e 350. O maior problema dessa posição está em como superar a separação de poderes e quais os critérios teria o juiz para, numa ação individual (ou mesmo coletiva), substituir a vontade dos órgãos políticos, em particular no que tange a eleição de prioridades nos gastos públicos (e investimentos), já que não seria possível extrair da Constituição um *ranking* de prioridades além daquelas que dizem respeito ao mínimo existencial. Noutro giro, convém lembrar que não se questiona a plena justiciabilidade daquelas prestações já disponibilizadas pelo Estado (os assim designados direitos derivados a prestações, como direitos de igual acesso às prestações definidas e contempladas pelas políticas públicas existentes), todavia não é disso que aqui se trata.

[655] No mesmo sentido, MIRANDA, Jorge. *Manual de direito constitucional*. Tomo IV, 4. ed. rev. e actual. Coimbra: Coimbra Editora, 2008, p. 434. Ainda que não se endosse a tese de que os direitos sociais, naquilo que ultrapassam o mínimo existencial, não são fundamentais, não deixa de ter razão Ricardo Logo Torres quando propugna que a "pretensão do cidadão é à política pública e não à adjudicação individual de bens públicos". Em TORRES, Ricardo Lobo. O mínimo existencial, os direitos sociais e os desafios de natureza orçamentária. In: SARLET, Ingo Wolfgang; TIMM, Luciano (Org.). *Direitos fundamentais, Orçamento e Reserva do Possível*. Porto Alegre: Livraria do Advogado, 2008, p. 74.

sua satisfação".[656] Ainda que tratando dos direitos humanos sociais, Jörg Neuner sublinha que ao Legislativo cabe "não apenas um primado da concretização, mas também um monopólio da concretização, que, porém, encontra um limite mais extremado no núcleo essencial da dignidade humana". Ao examinar a questão da eficácia, conclui Neuner:

> Direitos humanos sociais são, em princípio, direitos subjetivos. Eles fundamentam posições jurídicas definitivas com respeito ao definitivamente devido em cada caso concreto, aos quais, no entanto, dizem respeito apenas aos pressupostos mínimos para uma existência humanamente digna e, de resto, conferem ao legislador um amplo espaço de conformação.[657]

Impende ressaltar que o mínimo existencial, tal quais os demais direitos fundamentais, não é absoluto. Ademais, conforme analisado anteriormente, a dignidade da pessoa humana e o mínimo existencial são conceitos cuja construção depende do meio físico, socioeconômico e cultural. O contexto, pois, é decisivo para determinar a correspondente obrigação positiva do Estado. Na precisa observação de Vieira de Andrade, não há *uma medida certa* e nem *uma forma única* de realizar o direito ao mínimo existencial.

Assim, conquanto seja possível extrair da Constituição um indeclinável dever jurídico, a cargo do Estado, de fornecer as prestações materiais indispensáveis a uma vida digna aos que não têm condições de obtê-las por meios próprios, o legislador continua com o privilégio de especificar quais prestações são estas, o seu montante e o modo como serão realizadas. Cabe a ele, como órgão que exerce responsabilidade política sobre os gastos públicos, conformar as colisões que certamente ocorrerão com ou-

---

[656] BARCELLOS, Ana Paula de. *A eficácia jurídica dos princípios constitucionais:* o princípio da dignidade da pessoa humana. 2. ed., ampl., rev. e atual. Rio de Janeiro: Renovar, 2008, p. 256-257. Vale reiterar que não se endossa a tese de que é possível definir, em abstrato, um mínimo existencial com conteúdo hermeticamente fechado e nem se considera que o âmbito de proteção do mínimo existencial é tão estreito como o defendido pela autora. Paulo Caliendo adere ao que chama de uma *concepção moderada*, em que o direito subjetivo aos direitos fundamentais sociais é dirigido ao mínimo existencial, enquanto os demais constituem "normas programáticas que estabelecem o dever do administrador de buscar sempre alcançar a máxima efetividade *possível*", a exigir da "Administração Pública que explicite as razões pelas quais está impossibilitado técnica e orçamentariamente à promoção de determinado direito social, bem como a conduta que eventualmente poderá adotar para se preparar no futuro para conseguir cumprir esta exigência social". Cf. CALIENDO, Paulo. Reserva do possível, direitos fundamentais e tributação. In: SARLET, Ingo Wolfgang; TIMM, Luciano (Org.). *Direitos fundamentais, Orçamento e Reserva do Possível.* Porto Alegre: Livraria do Advogado, 2008, p. 179. O autor não explicita se, naquilo que ultrapassa o mínimo existencial, a atuação do Judiciário poderia ir além do controle das razões dadas pelo ente público para compeli-lo a uma prestação específica.

[657] NEUNER. Jörg. Os direitos humanos sociais. *Direito Público*, ano V, n. 26, p. 18-41, mar./abr. 2009, p. 35. Não se ignora que os ordenamentos jurídico-constitucionais em geral diferem entre si, tampouco se desconhece o fato de que a ausência de direitos sociais na Lei Fundamental da Alemanha não se repete na Constituição brasileira, o que, por certo, recomenda cautela na importação de ideias. A despeito disso, entende-se, com apoio também na doutrina de Neuner, que na ordem jurídico-constitucional brasileira o critério material de justiciabilidade dos direitos sociais prestacionais é o mínimo existencial enquanto densificador (e garantidor) da dignidade da pessoa humana.

tros direitos e bens constitucionais, transformando o direito *prima facie*[658] em direito definitivo. Porém, em matéria de mínimo existencial, o juiz também está legitimado a desempenhar essa função, embora de forma subsidiária, na falta, total ou parcial, do legislador ou do administrador.

Por conseguinte, seja para controlar a constitucionalidade da ação integradora em nível infraconstitucional, seja para conceder judicialmente prestações ainda não concretizadas pelo legislador ou que se situem além daquela concretização, será necessário um juízo de ponderação no qual o princípio da proibição de proteção deficiente assume crucial importância, não se podendo descurar de outros princípios e interesses constitucionais igualmente relevantes.[659] E certamente "não há solução juridicamente fácil nem moralmente simples nessa questão".[660]

Infere-se daí que o mínimo existencial também contém um campo livre para a deliberação política, se bem que significativamente mais estreito que o dos demais direitos sociais, e também está sujeito às contingências da reserva do possível,[661] enquanto elemento externo à estrutura do direito, ao contrário do que costuma afirmar parte da doutrina[662] e da jurisprudência.[663] Como enfatiza Ingo Sarlet, "negar que apenas se pode

---

[658] Embora se costume afirmar que o direito ao mínimo existencial é um direito definitivo, no sentido de que pode ser exigido em juízo (também este é o posicionamento defendido neste trabalho), o seu conteúdo material não é predeterminado pela Constituição, de sorte que, na ausência da interposição legislativa conformadora, dito conteúdo somente poderá ser determinado no caso concreto. Nesse sentido, feita aquela ressalva, pode-se dizer que, no nível constitucional, há um direito *prima facie* que se tornará definitivo quando concretizado pelo legislador ou pelo juiz, este na apreciação do caso concreto, independentemente da *interpositio legislatoris*.

[659] Neste sentido a assertiva de Rogério Gesta Leal de que a garantia de um padrão mínimo de segurança social não pode afetar de forma substancial os demais princípios ou interesses de igual relevância constitucional, cf. LEAL, Rogério Gesta. *Condições e possibilidades eficaciais dos direitos fundamentais sociais*: os desafios do Poder Judiciário no Brasil. Porto Alegre: Livraria do Advogado, 2009, p. 79.

[660] BARROSO, Luís Roberto. Da falta de efetividade à judicialização excessiva: direito à saúde, fornecimento gratuito de medicamentos e parâmetros para a atuação judicial. *Revista de Direito Social*, ano IX, n. 34, p. 11-43, abr./jun. 2009, p. 13.

[661] No mesmo sentido, Daniel Sarmento aduz que a intervenção judicial desconsiderando a reserva do possível em prol do mínimo existencial fatalmente acarretaria sérias consequências do ponto de vista macroeconômico, que, ao fim e ao cabo, atingiria em maior grau os mais pobres, cf. SARMENTO, Daniel. A proteção judicial dos direitos sociais: alguns parâmetros ético-jurídicos. In: ARRUDA, Paula (Coord.). *Direitos Humanos*: questões em debate. Rio de Janeiro: Lumen Juris, 2009, p. 578.

[662] Andreas Krell, por exemplo, refere-se à *falácia da "reserva do possível"* para sustentar que sua aplicação, no Brasil, é fruto de um direito constitucional comparado equivocado. A seu ver, "se os recursos não são suficientes, deve-se retirá-los de outras áreas (transporte, fomento econômico, serviço da dívida) onde sua aplicação não está intimamente ligada aos direitos mais essenciais do homem". Cf. KRELL, Andreas Joachim. *Direitos sociais e controle judicial no Brasil e na Alemanha*: os (des)caminhos de um direito constitucional "comparado". Porto Alegre: Fabris, 2002, p. 51 e 53.

[663] Como parece sugerir o Ministro Celso de Mello no RE 273.834, em parte citando trecho da decisão recorrida: "'A falta de previsão orçamentária não deve preocupar ao juiz que lhe incumbe a administração da justiça, mas, apenas ao administrador que deve atender equilibradamente as necessidades dos súditos, principalmente os mais necessitados e os doentes'. (...) entre proteger a inviolabilidade do direito à vida e à saúde, que se qualifica como direito subjetivo inalienável assegurado a todos

buscar algo onde este algo existe e desconsiderar que o Direito não tem o condão de – qual toque de Midas – gerar os recursos materiais para sua realização fática, significa, de certa forma, fechar os olhos para os limites do real". Por mais vital que seja a prestação, aduz o professor gaúcho, "tal circunstância não tem o condão de contornar, por si só, o limite fático imposto pela ausência de recursos".[664] Outra não é a percepção de Flávio Galdino ao dizer, sugestivamente, que "direitos não nascem em árvores, nem caem do céu".[665]

Ressalte-se que a reserva do possível fática não significa absoluta ausência de meios financeiros para realizar determinado direito, situação que jamais restaria configurada, já que sempre seria possível, ao menos em tese, remanejar o orçamento e, em último caso, aumentar a arrecadação tributária. Porém, mesmo desconsiderando que a Constituição veda o confisco (art. 150, inciso IV), não se pode admitir que a satisfação de um direito fundamental seja garantida à custa do sacrifício dos demais direitos e bens constitucionalmente protegidos.[666] Tomando emprestada a metáfora de Aharon Barak,[667] a Constituição não é uma receita para o suicídio. Logo, do mesmo modo que não podem ser sacrificados no altar do Estado, os direitos fundamentais não podem servir de altar para a destruição nacional.

---

pela própria Constituição da República (art. 5º, *caput* e art. 196), ou fazer prevalecer, contra essa prerrogativa fundamental, um interesse financeiro e secundário do Estado, entendo – uma vez configurado esse dilema – que razões de ordem ético-jurídica impõem ao julgador uma só e possível opção: aquela que privilegia o respeito indeclinável à vida e à saúde humana" (Segunda Turma, Relator Ministro Celso de Mello, DJ 18/09/2000). Ver, também, pesquisa apresentada em WANG, Daniel Wei Liang. Escassez de recursos, custo dos direitos e reserva do possível na jurisprudência do STF. In: SARLET, Ingo Wolfgang; TIMM, Luciano (Org.). *Direitos fundamentais, Orçamento e Reserva do Possível*. Porto Alegre: Livraria do Advogado, 2008, p. 349-371.

[664] SARLET, Ingo Wolfgang. *A eficácia dos direitos fundamentais*: uma teoria geral dos direitos fundamentais na perspectiva constitucional. 10 ed. rev. atual. e ampl. Porto Alegre: Livraria do Advogado, 2009, p. 347 e 321.

[665] GALDINO, Flávio. *Introdução à teoria dos custos dos direitos*: direitos não nascem em árvores. Rio de Janeiro: Lumen Júris, 2005.

[666] Na IF 2915, em que se postulava a intervenção federal no estado de São Paulo pelo não pagamento de precatórios judiciais relativos a créditos alimentares, o Supremo Tribunal Federal indeferiu o pedido ao argumento de que se configurava um quadro de múltiplas obrigações de idêntica hierarquia, de sorte que o não pagamento dos precatórios se deu em virtude da necessidade de garantir a eficácia de outras normas constitucionais, a exemplo da continuidade da prestação de serviços públicos (Tribunal Pleno, Relator para o acórdão Ministro Gilmar Mendes, DJ 28/11/2003). Na mesma linha, Neuner destaca que a proteção social não pode conduzir a que os direitos de terceiros sejam desproporcionalmente onerados. Cf. NEUNER. Jörg. Os direitos humanos sociais. *Direito Público*, ano V, n. 26, p. 18-41, mar./abr. 2009, p. 31. Questionando a superioridade absoluta do direito à vida conforme tratamento dado por parte da jurisprudência, confira-se AMARAL, Gustavo; MELO, Danielle. Há direitos acima dos orçamentos? In: SARLET, Ingo Wolfgang; TIMM, Luciano (Org.). *Direitos fundamentais, Orçamento e Reserva do Possível*. Porto Alegre: Livraria do Advogado, 2008, p. 79-99.

[667] BARAK, Aharon. *The Judge in a Democracy*. Princeton: Princeton University Press, 2008, p. 83-84.

A isso se soma o fato de que o princípio da igualdade não convive com o tratamento desigual dos que se encontram na mesma situação. Se não existe um critério diferenciador entre as pessoas, a não ser o fato de uma delas ter buscado a tutela judicial, atenta contra o princípio da igualdade conceder apenas a esta última uma prestação que não poderá ser estendida às demais. Por essas razões, perfilha-se do entendimento de Daniel Sarmento no sentido de que "a reserva do possível fática deve ser concebida como a razoabilidade da universalização da prestação exigida, considerando os recursos efetivamente existentes".[668]

Por outro lado, a premência da situação protegida pelo mínimo existencial não só autoriza como impõe um rígido controle judicial das ações e omissões dos órgãos de representação política, inclusive no que tange à eleição de prioridades para as despesas públicas. Entre as prioridades eleitas pelo legislador orçamentário (e pelo administrador) e as eleitas pelo Constituinte, parece não haver dúvidas de que estas hão de prevalecer. E a dignidade da pessoa humana, como se procurou demonstrar, é *a* prioridade de qualquer Estado que se diz Social e Democrático de Direito, como o Brasil. Não se trata de transformar os juízes em *ordenadores de despesas*, como por vezes se alega,[669] e sim do legítimo exercício da jurisdição constitucional.

Daí que o argumento da limitação material não pode servir de subterfúgio para o descumprimento do dever constitucional, notadamente quando em causa as prestações existenciais mínimas, assim entendidas aquelas que garantam uma vida digna, conforme os parâmetros desenvolvidos na seção precedente deste trabalho. Compete ao poder público demonstrar a impossibilidade fática de realização do direito, ônus do qual não se desincumbe pela mera alegação, desprovida de qualquer prova. Considerando o lugar que o mínimo existencial ocupa na *lista* de prioridades das destinações orçamentárias, e salvo em situações de grave calamidade pública ou guerra, dificilmente esta impossibilidade restará configurada,[670] ficando a

---

[668] SARMENTO, Daniel. A proteção judicial dos direitos sociais: alguns parâmetros ético-jurídicos. In: ARRUDA, Paula (Coord.). *Direitos Humanos:* questões em debate. Rio de Janeiro: Lumen Juris, 2009, p. 572.

[669] SCAFF, Fernando Facury. Sentenças aditivas, direitos sociais e reserva do possível. In: SARLET, Ingo Wolfgang; TIMM, Luciano (Org.). *Direitos fundamentais, Orçamento e Reserva do Possível.* Porto Alegre: Livraria do Advogado, 2008, p. 135.

[670] No que tange ao direito à alimentação, por exemplo, o Comentário Geral nº 12 do CDESC estabelece que, para se desincumbir da correspondente *core obligation*, cabe ao Estado comprovar que não tinha condições de fazê-lo por razões que fogem ao seu controle e que tentou, sem sucesso, obter apoio internacional para garantir a disponibilidade e acessibilidade do alimento necessário.

ideia de reserva do possível deveras *comprimida*.[671] A dúvida milita em favor da dignidade da pessoa humana.

A intervenção judicial pode determinar, inclusive, o redirecionamento de recursos financeiros inicialmente destinados para outros fins pelo legislador infraconstitucional. Neste ponto, concorda-se com Ricardo Lobo Torres quanto à observância, pelo Judiciário, das regras orçamentárias. Em princípio, a determinação judicial deve ser dirigida aos poderes políticos para que estes pratiquem os atos orçamentários cabíveis, como a abertura de créditos suplementares e especiais e a inclusão de dotações no orçamento do ano seguinte.[672] No entanto não se descarta a possibilidade de, em situações excepcionais, o Judiciário fazer uso do sequestro ou bloqueio de recursos públicos como forma de evitar o perecimento da vida em caso de descumprimento reiterado da decisão judicial, por exemplo.[673]

Acredita-se que já ficou evidenciada a possibilidade de o mínimo existencial ser exigido judicialmente tanto por meio de ação individual como coletiva, afinal, cuida-se de uma decorrência lógica do que se afirmou no capítulo inaugural do trabalho acerca da dimensão subjetiva e objetiva e da titularidade individual de todos direitos fundamentais, bem como da expressão coletiva de alguns deles. No entanto, tendo em vista a existência de vozes na doutrina questionando a judiciabilidade em demandas individuais,[674] convém reforçar:

---

[671] Na expressão, de ANDRADE, José Carlos Vieira de. O "direito ao mínimo de existência condigna" como direito fundamental a prestação estaduais positivas: uma decisão singular do Tribunal Constitucional: Anotações ao Acórdão do Tribunal Constitucional nº 509/02. *Jurisprudência Constitucional*, n. 1, jan./mar. 2004. Disponível em: <http://www.fd.unl.pt/docentes_docs/ma/JJA_MA_4503.pdf> Acesso em: 13 jun. 2009, p. 27.

[672] TORRES, Ricardo Lobo. *O direito ao mínimo existencial*. Rio de Janeiro: Renovar, 2009, p. 96. Registre-se que a diferença que o autor faz entre reserva do orçamento e reserva do possível (dizendo que o mínimo existencial está sujeito àquela, mas não à esta) não é feita neste trabalho, em que se adota um conceito de reserva do possível em sentido amplo que abrange tanto os limites fáticos como os limites jurídicos.

[673] O Supremo Tribunal Federal tem jurisprudência entendendo que não ofende o direito de precedência previsto no art. 100, § 2º, da Constituição Federal o bloqueio de verbas públicas como meio coercitivo para que a determinação judicial de fornecimento de medicamentos a quem deles necessita para sobreviver seja efetivamente cumprida. Ver, por todos, o AI 780709, Relator Ministro Celso de Mello, julgado em 01/03/2010, DJe Public. 06/04/2010.

[674] Sustentando que a intervenção judicial somente á cabível "corretivamente via ações coletivas", TIMM, Luciano Benetti. Qual a maneira mais eficiente de promover direitos fundamentais: uma perspectiva de direito e economia? In: SARLET, Ingo Wolfgang; TIMM, Luciano (Org.). *Direitos fundamentais, Orçamento e Reserva do Possível*. Porto Alegre: Livraria do Advogado, 2008, p. 62. Scaff reporta-se à confusão do sentido do que seja "*direito social*", tratando-o como um direito que possa ser fruído de forma *individual* ou *coletiva*, e não pelo conjunto dos cidadãos que dele necessitem". Cf. SCAFF, Fernando Facury. Sentenças aditivas, direitos sociais e reserva do possível. In: SARLET, Ingo Wolfgang; TIMM, Luciano (Org.). *Direitos fundamentais, Orçamento e Reserva do Possível*. Porto Alegre: Livraria do Advogado, 2008, p. 137, grifos do original.

(...) em geral os direitos humanos e fundamentais (civis, políticos e sociais) são sempre direitos referidos, em primeira linha, à pessoa individualmente considerada, e é a pessoa (cuja dignidade é pessoal, individual, embora socialmente vinculada e responsiva) o seu titular por excelência. (...) Possivelmente o exemplo mais contundente desta titularidade individual dos direitos sociais esteja atualmente associado ao assim designado direito (e garantia) ao mínimo existencial, por sua vez, fundado essencialmente na conjugação entre o direito à vida e o princípio da dignidade da pessoa humana, e que, precisamente por esta fundamentação, não pode ter sua titularidade individual afastada, por dissolvida numa dimensão coletiva.

(...)

(...) a noção de mínimo existencial – por mais que se possa discutir sobre sua fundamentação e conteúdo – guarda relação com a ideia de uma proteção da liberdade e da autonomia individual, visto que não se pode propriamente falar de uma autonomia coletiva.[675]

É inegável que a tutela coletiva permite uma visão mais completa das variáveis envolvidas para a realização do direito, principalmente no que tange à problemática questão da escassez de recursos e respectivas escolhas alocativas, e, em virtude disso, pode se mostrar mais indicada em algumas hipóteses. Entretanto a urgência de casos individuais muitas vezes não espera a tramitação de uma demanda coletiva, que, por exigir uma instrução probatória mais ampla e complexa, tende a ser mais demorada e a dificultar a antecipação dos efeitos da tutela.[676]

Além disso, em que pese o direito brasileiro também consagre o princípio da universalidade dos direitos fundamentais, esta universalidade pode ser restringida conforme escolhas do legislador constituinte, tendo em vista alguns fatores pessoais e circunstanciais, de modo que nem todas as pessoas são titulares de todos os direitos fundamentais sem qualquer distinção.[677] Nesse sentido, acompanha-se Vieira de Andrade na tese de que os titulares dos direitos sociais não são todos os cidadãos, mas *todos os que precisam*, e na *medida em que precisam*.[678] A titularidade do direito ao mínimo existencial, ao menos em sua dimensão positiva, é restrita àqueles que não têm condições de garanti-lo por meios próprios. E, como as necessidades e condições pessoais se diferenciam, nem todos

---

[675] SARLET, Ingo Wolfgang. Titularidade simultaneamente individual e transindividual dos direitos sociais analisadas à luz do exemplo do direito à proteção e promoção da saúde. *Direitos Fundamentais & Justiça*, Porto Alegre, ano 4, n. 10, p. 205-228, jan./mar. 2010, p. 216-217.

[676] Nesta linha, MENDES, Gilmar Ferreira; BRANCO, Paulo Gustavo Gonet. *Curso de direito constitucional*. 6. ed. São Paulo: Saraiva, 2011, p. 719.

[677] Como esclarece Ingo Sarlet, "o que importa para efeitos de aplicação do princípio da universalidade é que toda e qualquer pessoa inserida em cada uma das categorias, seja em princípio titular dos respectivos direitos", cf. SARLET, Ingo Wolfgang. Titularidade simultaneamente individual e transindividual dos direitos sociais analisadas à luz do exemplo do direito à proteção e promoção da saúde. *Direitos Fundamentais & Justiça*, Porto Alegre, ano 4, n. 10, p. 205-228, jan./mar. 2010, p. 209-210.

[678] ANDRADE, José Carlos Vieira de. *Os direitos fundamentais na Constituição portuguesa de 1976*. 4. ed. Coimbra: Almedina, 2009, p. 65.

têm direito às mesmas prestações, tanto do ponto de vista qualitativo como quantitativo. Por conseguinte, a ação individual pode ser a única alternativa quando necessário examinar as especificidades de cada situação em concreto.

A posição ora defendida – de restringir o direito subjetivo de caráter positivo às prestações que compõem o mínimo existencial – garante e promove a inviolabilidade da dignidade da pessoa humana ao mesmo tempo em que preserva o princípio democrático e a separação dos poderes. Assegura-se, assim, a Constituição enquanto *marco*[679] naquilo que diz com a autovinculação democrática fundamental, deixando em aberto o espaço necessário a que a comunidade política construa o seu futuro e desenhe a sociedade na qual deseja viver.

Isso não significa que os demais direitos não sejam importantes, tampouco que eles não tenham qualquer eficácia jurídica. Significa, apenas, que não há direito subjetivo diretamente fundado na Constituição a prestações materiais que transbordem o mínimo existencial.[680] As políticas públicas implementadas e a omissão, total ou parcial, dos órgãos politicamente conformadores, como já se enfatizou, estão sujeitas ao controle judicial de constitucionalidade. Como adverte Vieira de Andrade, mesmo que possam escolher em grande medida *o que querem*, não há liberdade para escolher *o que quer que seja*.[681]

Desse modo, até pode haver direito subjetivo, porém a outro tipo de pretensão que não uma prestação social específica, como, por exemplo, a declaração de inconstitucionalidade por omissão, parcial ou total. Entretanto, uma vez declarada a inconstitucionalidade, o juiz deve determinar que o legislador (ou os órgãos administrativos) supra a omissão, cabendo a este avaliar e escolher a melhor maneira de fazê-lo.[682] Não é dado ao

---

[679] STARCK, Christian. La legitimación de la justicia constitucional y el principio democrático. *Anuario Iberoamericano de Justicia Constitucional*, Madrid, n. 7, p. 479-493, 2003.

[680] Como visto alhures, cada norma possui diversos âmbitos eficaciais (conduzem à revogação e à declaração de inconstitucionalidade de atos que lhes são contrários, vinculam o legislador e geram algum tipo de posição jurídico-subjetiva, ainda que de cunho negativo). Além disso, conforme classificação exposta no primeiro capítulo do trabalho, os direitos a prestações em sentido estrito são apenas uma subespécie dos direitos a prestações em sentido amplo (que também incluem os direitos à proteção e os direitos à organização e procedimento).

[681] ANDRADE, José Carlos Vieira de. *Os direitos fundamentais na Constituição portuguesa de 1976*. 4. ed. Coimbra: Almedina, 2009, p. 361.

[682] Neste rumo parece caminhar Lenio Streck, que depois de defender a sobrevivência da Constituição dirigente e compromissária no Brasil, menciona que o maior problema é compatibilizar o papel de garante da Constituição (em particular dos direitos sociais fundamentais) com a reserva do financeiramente possível e acaba por sugerir, como uma das respostas, o exemplo das *decisões cumulativas de princípios* do Tribunal Constitucional italiano, a saber, "decisões que voltaram a reconhecer os direitos, mas remetendo para o legislador a escolha dos instrumentos a utilizar e a cobertura dos respectivos cursos". Em STRECK, Lenio Luiz. O papel da jurisdição constitucional na realização dos

juiz, que não tem competência institucional para tanto, impor *hit et nunc* a realização daquela medida que, do seu ponto de vista, é a mais adequada.[683]

No mesmo sentido são as lições de Christian Courtis e Victor Abramovich:

> (...) la intervención judicial en estos campos debe estar firmemente asentada sobre un estándar jurídico: la «regla de juicio» – para la usar la expresión foucaultiana – sobre cuya base interviene el Poder Judicial no puede ser otra que un criterio de análisis de la medida en cuestión que surja de una norma constitucional o legal: por ejemplo, los estándares de «razonabilidad», «adecuación» o «igualdad», o el análisis de contenidos mínimos que pueden venir dados por las propias normas que fijan derechos. Por ello, el Poder Judicial no tiene la tarea de diseñar políticas públicas, sino la de confrontar el diseño de políticas asumidas con los estándares jurídicos aplicables y – en caso de hallar divergencias – reenviar la cuestión a los poderes pertinentes para que ellos reaccionen ajustando su actividad en consecuencia. Cuando las normas constitucionales o legales fijen pautas para el diseño de políticas públicas y los poderes respectivos no hayan adoptado ninguna medida, corresponderá al Poder Judicial reprochar esa omisión y reenviarles la cuestión para que elaboren alguna medida. Esta dimensión de la actuación judicial puede ser conceptualizada como la participación en un «diálogo» entre los distintos poderes del Estado para la concreción del programa jurídico-político establecido por la constitución o por los pactos de derechos humanos.[684]

Não se ignora a recalcitrância sistêmica dos órgãos políticos brasileiros em cumprir a Constituição. Tampouco se desconhece a passividade do legislador pátrio em colmatar omissões cuja inconstitucionalidade foi declarada pela Suprema Corte. Mas não parece que a judicialização de toda e qualquer prestação material (ainda que a sociedade tenha condições de custeá-las) e nem o esvaziamento das instâncias de representação democrática seja a solução. Uma alternativa poderia ser o Judiciário – servindo-se da experiência de outros países e sem abrir mão da sua qualidade de último (e não único) intérprete da Constituição – instaurar um novo local de deliberação republicana fora da instância parlamentar ou executiva. A Corte, então, supervisionaria, mas não se substituiria ao poder competente na formulação pura e simples da política social devida.[685] De qualquer sorte, isso é outra questão, que aqui se deixa em aberto, não

---

direitos sociais-fundamentais. In: SARLET, Ingo Wolfgang (Org.). *Direitos fundamentais sociais:* estudos de direito constitucional internacional e comparado. Rio de Janeiro: Renovar, 2003, p. 210-211.

[683] De igual modo, NOVAIS, Jorge Reis. *Direitos Sociais:* teoria jurídica dos direitos sociais enquanto direitos fundamentais. Coimbra: Coimbra Editora, 2010, p. 297.

[684] COURTIS, Christian; ABRAMOVICH, Víctor. *Los derechos sociales como derechos exigibles.* 2. ed. Madrid: Editorial Trotta, 2004, p. 250-251.

[685] Conforme exemplo do direito norte-americano trazido por LOPES, José Reinaldo de Lima. Em torno da "reserva do possível". In: SARLET, Ingo Wolfgang (Org.). *Direitos fundamentais sociais:* estudos de direito constitucional internacional e comparado. Rio de Janeiro: Renovar, 2003, p. 164-165.

só porque transborda os limites deste trabalho, mas porque merece um estudo aprofundado especificamente dedicado ao tema.

Não se pode perder de vista que dignidade congrega autonomia e autodeterminação, e que respeitar a dignidade da pessoa humana implica atender aos dois princípios básicos (e inseparáveis) que lhe são inerentes, o princípio do valor intrínseco e o princípio da responsabilidade pessoal.[686] A abertura das normas constitucionais, longe de ser um acidente, é proposital e tem por objetivos (também) conferir "liberdade para a composição de forças políticas no momento de sua concretização"[687] e viabilizar a adequação às necessidades de cada época, permitindo que cada geração decida o seu plano coletivo de vida mediante o exercício da autodeterminação política, no sentido do que é sustentado por Peter Häberle[688] em seu *pensamento do possível*. Concentrar no Judiciário decisões que deveriam refletir a síntese de um embate político bem sucedido entre diversas visões de mundo (tanto maior a diversidade quanto mais plural a sociedade), numa composição entre interesses conflitantes, acaba por colocar a sociedade na posição de "mera assistente do fenômeno político de organização da sua própria vida", "fragilizando os laços republicanos da cidadania que deveria assumir suas funções e feições constituintes do espaço democrático das deliberações públicas".[689] Isso, por certo, não é compatível com o princípio da dignidade da pessoa humana.

De outro lado, a compreensão de mínimo existencial conforme os parâmetros estabelecidos no capítulo precedente – como um conceito em construção, com contornos flexíveis que se amoldam ao desenvolvimento social, econômico e cultural e às necessidades e possibilidades de cada tempo, e cujo conteúdo concreto não pode ser definido *a priori*, mas é suficientemente abrangente para garantir uma vida com dignidade – fornece adequada proteção à dignidade da pessoa humana, bem como assegura os meios efetivos que propiciem a plena fruição da autonomia e da ci-

---

[686] Retomando o pensamento de Dworkin, especialmente em DWORKIN, Ronald. *Is Democracy Possible Here?* Principles for a New Political Debate. Princeton: Princeton University Press, 2006; e DWORKIN, Ronald. *Life's Dominion:* an Argument about Abortion, Euthanasia, and Individual Freedom. New York: Vintage Books, 1994.

[687] MENDES, Gilmar Ferreira; BRANCO, Paulo Gustavo Gonet. *Curso de direito constitucional.* 6. ed. São Paulo: Saraiva, 2011, p. 78. Do ponto de vista metodológico, essa abertura implica uma *delegação* em favor dos órgãos concretizadores, cf. QUEIROZ, Cristina M. M. Direitos fundamentais sociais: questões interpretativas e limites de justiciabilidade. In: SILVA, Virgílio Afonso (Org.). *Interpretação constitucional.* São Paulo: Malheiros, 2007, p. 176.

[688] HÄBERLE, Peter. *El estado constitucional.* Traducción e índices de Héctor Fix-Fierro. México: Universidad Nacional Autónoma de México, 2003, p. 48 e ss.

[689] LEAL, Rogério Gesta. *Condições e possibilidades eficaciais dos direitos fundamentais sociais:* os desafios do Poder Judiciário no Brasil. Porto Alegre: Livraria do Advogado, 2009, p. 90 e 87.

dadania democrática.[690] De mais a mais, é do Judiciário a última palavra quanto ao que se insere ou não no conteúdo do mínimo existencial.

Mas a convicção de que não existem verdades absolutas mantém as portas do debate sempre abertas para novos (e velhos) argumentos. Logo, não se rejeita, de modo peremptório, a possibilidade de se reconhecer um direito subjetivo à prestação que transcenda o mínimo existencial. Entretanto, se a extensa enumeração de direitos sociais no catálogo de direitos fundamentais não gera, de modo automático, direito subjetivo a todas as prestações necessárias para realizá-los em sua plenitude – e isso ninguém questiona –, é necessário estabelecer um critério que separe o que é passível de judicialização daquilo que não é, sem que se degenere a democracia.

Sem embargo, ainda se aguarda, seja no âmbito da doutrina, seja no âmbito da jurisprudência, uma alternativa constitucionalmente adequada para substituir o mínimo existencial como o critério material de justiciabilidade dos direitos sociais. Até o momento, o que se verifica é que alguns não enfrentam essa questão, e mesmo os que admitem (ou não refutam expressamente) a possibilidade de existir direito subjetivo para além do mínimo existencial, ao aplicarem os juízos de ponderação que propõem, não passam dos *direitos sociais mínimos*.[691] A jurisprudência, por seu turno, sempre encaixa (ainda que implicitamente) a prestação concedida entre aquelas tidas como o mínimo necessário para garantir a vida ou a vida com dignidade, podendo haver divergência sobre qual o conteúdo desse mínimo, mas não se tem notícia de alguma decisão que declaradamente tivesse deferido algo que o extrapolasse. E nem se diga que a falta de exemplos práticos decorre da (in)capacidade prestacional do Estado brasileiro, pois no direito comparado a jurisdição constitucional (consciente ou inconscientemente) também tem limitado a sua interferência à efetivação do mínimo existencial ou de outras categorias a que atribuem equivalente significado (embora nem sempre o tenham), como mínimo vital, mínimo social, mínimo de sobrevivência, conteúdo essencial e *minimum core*, para citar os mais comuns.

Enquanto isso, reafirma-se a posição de que ao efetivar o mínimo existencial o Judiciário, sem exceder a autoridade que lhe foi dada pela

---

[690] No mínimo existencial, procedimentalismo e substancialismo interagem, ou, como preferem Sarlet e Saavedra, operam em conjunto para assegurar uma concordância prática entre as exigências da democracia e da proteção dos direitos fundamentais sociais. Cf. SARLET, Ingo Wolfgang; SAAVEDRA, Giovani Agostini. Constitucionalismo e democracia: breves notas sobre a garantia do mínimo existencial e os limites materiais de atuação do legislador, com destaque para o caso da Alemanha. *Revista da Ajuris*, Porto Alegre, ano 37, n. 119, p. 73-94, set. 2010, p. 92.

[691] A referência óbvia é a ALEXY, Robert. *Teoria dos direitos fundamentais*. Tradução de Virgílio Afonso da Silva. São Paulo: Malheiros, 2008, p. 409-519.

Constituição, cumpre de modo pleno a importante função que lhe foi confiada na construção da ponte entre o projeto constitucional e a realidade: proteger os direitos fundamentais e a democracia.

4.2. A atuação das Cortes Constitucionais: Alemanha, África do Sul e Brasil

Delineadas as bases teóricas em prol da judicialização do mínimo existencial como mecanismo constitucionalmente adequado de garantia da dignidade da pessoa humana, a presente pesquisa se completa com uma interação dialética entre a teoria e a prática jurisprudencial das Cortes Constitucionais da Alemanha, da África do Sul e, claro, do Brasil.

É certo que cada ordem jurídica tem as suas peculiaridades, e a Constituição brasileira, em particular, positiva uma série de direitos fundamentais sociais com o mesmo *status* e regime jurídico dos direitos fundamentais negativos, característica que não encontra paralelo em outras Constituições. De outro lado, não é menos certo que as democracias constitucionais têm muito em comum, compartilham valores básicos, sobressaindo-se a dignidade da pessoa humana e os direitos fundamentais, e enfrentam semelhantes problemas. Assim, tomadas as devidas cautelas, o diálogo jurídico com a experiência estrangeira constitui-se em importante ferramenta hermenêutica para a compreensão do direito nacional,[692] auxiliando o seu aprimoramento e evolução.

Não se almeja, por razões óbvias, fazer um inventário de todas as decisões proferidas sobre a matéria, mas apenas demonstrar a importância institucional do Judiciário como força motriz na concretização dos direitos sociais em defesa da dignidade da pessoa humana e, ao mesmo tem-

---

[692] Como bem realça Cass Sunstein, o mundo jurídico (*legal world*) está, em certo sentido, ficando cada vez menor e mais transparente, e a consulta a precedentes estrangeiros é inevitável, especialmente (mas não exclusivamente) em nações jovens. Embora isto não seja comum nos Estados Unidos e Canadá, a consulta a precedentes estrangeiros e/ou ao direito comparado para decidir o significado da própria Constituição é frequente nas Cortes Constitucionais e Tribunais da África do Sul, Irlanda, Israel, Alemanha, Suíça, Áustria, Grã-Bretanha e, ainda que implicitamente, Itália e França. Em alguns lugares, a consulta das práticas internacionais é, por vezes, obrigatória, como na África do Sul. Os membros do Conselho da Europa devem considerar os precedentes da Corte Europeia de Direitos Humanos, e os da União Europeia têm de seguir tanto o direito da União Europeia como as decisões do Tribunal de Justiça (ou Corte de Justiça) da União Europeia. Cf. SUNSTEIN, Cass. A Constitution of Many Minds: Why the Founding Document Doesn't Mean What it Meant Before. Princeton University Press, 2009, p. 187 e ss. Trata-se, de algum modo, da visão de mundo do Estado constitucional, ou se assim se preferir, do Estado constitucional cooperativo de HÄBERLE, Peter. *El estado constitucional*. Traducción e índices de Héctor Fix-Fierro. México: Universidad Nacional Autónoma de México, 2003, p. 66 e ss.

po, enfatizar a *função de cúpula* (ou de *fecho*)[693] da jurisdição constitucional. Assim, dados os limites do presente estudo, escolheu-se o Tribunal Constitucional Federal da Alemanha pela forte influência que exerce no direito constitucional pátrio; e a Corte Constitucional da África do Sul pelo crescente destaque que vem alcançando nos últimos tempos, especialmente no direito internacional, e, sobretudo, porque a África, assim com o Brasil, ainda não conseguiu vencer o sério problema da exclusão social. A seleção das decisões que são abordadas se deu por critérios qualitativos (e não quantitativos) sob a perspectiva do objeto da pesquisa.

4.2.1. Tribunal Constitucional Federal da Alemanha

O direito a um mínimo existencial, como se viu alhures, é fruto da experiência constitucional alemã, forjada num contexto em que os direitos sociais, como regra, não são positivados na Lei Fundamental. O *leading case* no âmbito do Tribunal Constitucional Federal é a decisão BVerfGE 40, 121, de 1975. Discutia-se a constitucionalidade da disciplina legal da previdência de empregados, em particular o limite etário para recebimento da *pensão de órfãos*, fixado em 25 anos independentemente da capacidade física ou mental do pensionista. Apesar de ter afirmado que a obrigação da sociedade estatal de garantir as condições mínimas para uma existência humanamente digna aos necessitados não termina em virtude de um limite de idade, a Corte declarou a constitucionalidade da regra, realçando a liberdade de conformação do legislador quanto à forma e extensão daquela obrigação, porém desde que a proteção não fique aquém do mínimo:

> (...) Todavia, existem múltiplas possibilidades de se realizar a proteção devida. Encontra-se principalmente na liberdade de conformação do legislador determinar o caminho que se lhe apresenta como o adequado para tanto, especialmente escolhendo entre as diferentes formas de ajuda financeira para o sustento e tratamento de deficientes e conseqüentemente pré-definindo [concretamente] os titulares a tais pretensões. Da mesma forma, ele tem que decidir, desde que não se trate dos caracterizados pressupostos mínimos, em qual extensão pode e deve ser garantida a ajuda social, considerando-se os recursos disponíveis e outras tarefas estatais da mesma importância.
>
> Uma violação dos princípios constitucionais do Art. 3, I e Art. 20, I, GG, somente estará presente, primeiramente, se a ajuda outorgada a deficientes não corresponder aos requisitos da justiça social, seja porque o grupo de pessoas do qual faz parte o titular esteja limitado

---

[693] Como, apropriadamente, assinala ALEXANDRINO, José de Melo. *A estruturação do sistema de direitos, liberdades e garantias na Constituição portuguesa*: a construção dogmática. v. II. Coimbra: Almedina, 2006, p. 550.

de maneira irracional, seja porque, em se observando todo o espectro, se revela que a proteção social de um grupo relevante fora negligenciada. Este não é, aqui, o caso.[694]

A cláusula da reserva do possível, que também é criação germânica, foi desenvolvida a partir do célebre caso *Numerus Clausus*. Tratava-se do direito de acesso ao ensino superior, mais especificamente à faculdade de medicina humana. O Tribunal entendeu que a prestação social não está limitada apenas pela disponibilidade financeira, mas, também, ao que razoavelmente o indivíduo pode esperar da comunidade, reiterando que cabe ao legislador, em primeira linha, concretizar o direito. Restou evidenciada, ainda, a necessidade de compatibilizar a realização do direito com importantes interesses da coletividade, sendo que o sacrifício destes em prol daquele é incompatível com a ideia de Estado Social. Por outro lado, o Tribunal deixou consignado que o Estado deve demonstrar que o número de vagas disponíveis corresponde ao máximo possível.[695]

Da decisão, colhe-se o seguinte trecho:

> Mesmo na medida em que os direitos sociais de participação em benefícios estatais não são desde o início restringidos àquilo existente em cada caso, eles se encontram sob a reserva do possível, no sentido de estabelecer o que pode o indivíduo, racionalmente falando, exigir da coletividade. Isso deve ser avaliado em primeira linha pelo legislador em sua própria responsabilidade. Ele deve atender, na administração de seu orçamento, também a outros interesses da coletividade, considerando (...) as exigências da harmonização econômica geral. A ele compete também a decisão sobre a extensão e as prioridades da expansão do ensino superior (...) Por outro lado, um tal mandamento constitucional não obriga, contudo, a prover a cada candidato, em qualquer momento, a vaga do ensino superior por ele desejada, tornando, desse modo, os dispendiosos investimentos na área do ensino superior dependentes exclusivamente da demanda individual freqüentemente flutuante e influenciável por variados fatores. Isso levaria a um entendimento errôneo da liberdade, junto ao qual teria sido ignorado que a liberdade pessoal, em longo prazo, não pode ser realizada alijada da capacidade funcional e do balanceamento do todo, e que o pensamento das pretensões subjetivas ilimitadas às custas da coletividade é incompatível com a idéia do Estado social. (...) Fazer com que os recursos públicos só limitadamente disponíveis beneficiem apenas uma parte privilegiada da população, preterindo-se outros importantes interesses da coletividade, afrontaria justamente o mandamento de justiça social, que é concretizado no princípio da igualdade.[696]

---

[694] BVerfGE 40, 121, conforme MARTINS, Leonardo (Org.). *Cinqüenta anos de jurisprudência do Tribunal Constitucional Federal Alemão*. Montevideo: Fundación Konrad-Adenauer, 2005, p. 828-829.

[695] CENTRE ON HOUSING RIGHTS AND EVICTIONS. *Leading Cases on Economic, Social and Cultural Rights:* Summaries. Switzerland: Centre on Housing Rights & Evictions, 2009 (ESC Rights Litigation Programme), p. 46.

[696] BVerfGE 33, 303, conforme MARTINS, Leonardo (Org.). *Cinqüenta anos de jurisprudência do Tribunal Constitucional Federal Alemão*. Montevideo: Fundación Konrad-Adenauer, 2005, p. 663-664.

Merece destaque, ainda, a recente (09/02/2010) decisão do caso *Hartz IV legislation*.[697] Alegava-se que o sistema de pagamentos dos benefícios sociais, em particular o seguro-desemprego, era aleatório e resultava em valores que não eram suficientes sequer para cobrir os custos mínimos de vida. Na ocasião, o Tribunal Constitucional Federal reafirmou o entendimento de que o direito fundamental à garantia de um mínimo de subsistência assegura a cada pessoa carente as condições materiais indispensáveis para a sua existência física e um mínimo de participação na vida social, cultural e política.

No que toca à margem de ação do legislador, o Tribunal pontuou que o mínimo existencial, em si, está fora da zona de disponibilidade administrativa, mas não está livre de ponderações, e que, ao concretizar o direito, o legislador deve adotar um método de cálculo consistente e transparente mediante um procedimento controlável. Por considerar os critérios de cálculo arbitrários, o Tribunal reconheceu a inconstitucionalidade, porém se absteve de pronunciar a nulidade dos dispositivos legais impugnados e determinou que o legislador corrigisse a inconstitucionalidade no prazo assinalado.

Nessa decisão, frisando não ser competente para determinar, com base em suas próprias avaliações e estimativas, o valor exato de benefícios, a Corte valeu-se, uma vez mais, da técnica do apelo ao legislador, estabelecendo uma interlocução entre os Poderes. Esse recurso tem se mostrado particularmente eficaz na Alemanha, onde o respeito institucional mútuo é fomentado pela postura do legislador, que jamais deixou de cumprir as decisões do Tribunal Constitucional.

4.2.2. Corte Constitucional da África do Sul

Em matéria de direitos sociais, a jurisprudência da Corte Constitucional da África do Sul vem despertando a atenção da comunidade jurídica de tal modo que já se afirmou ser a *mais fecunda* e a de *mais impacto internacional* dos últimos anos neste domínio.[698] Assim, embora esse mesmo entusiasmo não seja perceptível na doutrina e na jurisprudência pátrias,

---

[697] Versão em inglês disponível em <http://www.bundesverfassungsgericht.de/en/press/bvg10-005en.html> Acesso em: 01 ago. 2011.

[698] NOVAIS, Jorge Reis. *Direitos Sociais:* teoria jurídica dos direitos sociais enquanto direitos fundamentais. Coimbra: Coimbra Editora, 2010, p. 210. Alexandrino chega a realçar que o "Direito constitucional deste país, nestes últimos quinze anos, parece ter dado um contributo maior à projecção científica e moral dos direitos sociais no mundo anglo-saxónico (e, daí, na literatura jurídica em geral) do que meio século de constitucionalismo social europeu no seu todo". Cf. ALEXANDRINO, José de Melo. Controlo jurisdicional das políticas públicas: regra ou excepção? In: *ICJP da Faculdade de Direito de Lisboa*. Disponível em: <http://icjp.pt/system/files/Controlo%20Jurisdicional%20de%20 Pol%C3%ADticas_Prof%20JMApdf.pdf> Acesso em: 30 mar. 2011, p. 15. Para uma abordagem mais

o fato é que a experiência sul-africana tem a contribuir, pois desenvolvida em uma realidade socioeconômica parecida com a do Brasil.

A Constituição da África do Sul de 1996 – promulgada com o declarado objetivo de superar as mazelas do *apartheid* e estabelecer uma sociedade baseada em valores democráticos, justiça social e direitos humanos fundamentais[699] – aproxima-se da Constituição brasileira ao consagrar um amplo rol de direitos sociais,[700] mas dela se distancia no que tange à estrutura normativa dos dispositivos constitucionais respectivos. É que o reconhecimento de cada um dos direitos vem seguido deste enunciado: "The state must take reasonable legislative and other measures, within its available resources, to achieve the progressive realisation of this right". Paralelamente à realização progressiva, são previstas algumas posições jurídicas imediatamente aplicáveis, porém quase todas de dimensão negativa.

No caso *Soobramoney v Minister of Health,*[701] normalmente citado para evidenciar uma postura marcada pela autocontenção, a Corte Constitucional da África do Sul desvinculou o direito a tratamento médico do direito à vida e entendeu que o direito à saúde consagrado na Constituição daquele país está condicionado à disponibilidade de recursos, e, assim, seria legítimo negar tratamento médico a pacientes que sofrem de doenças terminais. Nas palavras do *Justice* Arthur Chaskalson (Presidente): "The state has to manage its limited resources in order to address all these claims. There will be times when this requires it to adopt a holistic approach to the larger needs of society rather than to focus on the specific needs of particular individuals within society".

Cuidava-se de paciente que sofria de insuficiência renal crônica e alegava que sua vida poderia ser prolongada caso fosse submetido à hemodiálise regularmente. O tratamento médico foi negado porque, em virtude do número de máquinas de hemodiálise disponíveis e da falta de recursos para adquirir mais, priorizou-se o atendimento dos pacientes com insuficiência renal aguda passível de ser tratada e remediada. O Tribunal realçou que por força da escassez de recursos foram fixadas diretri-

---

completa, ver MBAZIRA, Christopher *Litigating Socio-Economic Rights in South Africa*: a choice between corrective and distributive justice. Cape Town: Pretoria University Law Press, 2009.

[699] Conforme preâmbulo: "We, the people of South Africa (...) as the supreme law of the Republic so as to: Heal the divisions of the past and establish a society based on democratic values, social justice and fundamental human rights".

[700] A Constituição sul-africana contempla os direitos de acesso à propriedade (art. 25), à moradia adequada (art. 26), à saúde, alimentação, água e previdência social (art. 27), bem como direitos das crianças (art. 28) e direito à educação (art. 29).

[701] Disponível em: <http://www.saflii.org/za/cases/ZACC/1997/17.pdf> Acesso em: 05 mai. 2011.

Direitos Fundamentais Sociais
DIGNIDADE DA PESSOA HUMANA E MÍNIMO EXISTENCIAL

zes para orientar a escolha dos pacientes que deveriam ser atendidos. Ao usar as máquinas de diálise disponíveis de acordo com essas diretrizes, mais pacientes seriam beneficiados do que se elas fossem usadas para manter vivas pessoas com insuficiência renal crônica, e que o resultado do tratamento também seria mais benéfico, na medida em que direcionado para a cura de doentes e não simplesmente para mantê-lo em uma condição de doentes crônicos. Além disso, o recorrente não alegava que as diretrizes não eram razoáveis ou que não foram aplicadas de forma justa e racional no seu caso.

Outro dado considerado pelo Tribunal foi a impossibilidade de universalização do tratamento médico requerido:

> If all the persons in South Africa who suffer from chronic renal failure were to be provided with dialysis treatment – and many of them, as the appellant does, would require treatment three times a week – the cost of doing so would make substantial inroads into the health budget. And if this principle were to be applied to all patients claiming access to expensive medical treatment or expensive drugs, the health budget would have to be dramatically increased to the prejudice of other needs which the state has to meet.

O Tribunal ainda chamou a atenção para o fato de que a escassez de recurso não é um problema exclusivo da África do Sul, e citou um precedente da Inglaterra no qual também se entendeu que não cabe aos tribunais decidir a forma como os escassos recursos médicos devem ser aplicados. O trecho citado na decisão, no qual *Sir Thomas Bingham MR* bem descreve o dilema, é este:

> I have no doubt that in a perfect world any treatment which a patient, or a patient's family, sought would be provided if doctors were willing to give it, no matter how much it cost, particularly when a life was potentially at stake. It would however, in my view, be shutting one's eyes to the real world if the court were to proceed on the basis that we do live in such a world. It is common knowledge that health authorities of all kinds are constantly pressed to make ends meet. They cannot pay their nurses as much as they would like; they cannot provide all the treatments they would like; they cannot purchase all the extremely expensive medical equipment they would like; they cannot carry out all the research they would like; they cannot build all the hospitals and specialist units they would like. Difficult and agonising judgments have to be made as to how a limited budget is best allocated to the maximum advantage of the maximum number of patients. That is not a judgment which the court can make.[702]

---

[702] Cuida-se do caso *R v Cambridge Health Authority, ex parte B*. O caso envolvia uma menor de 10 anos de idade, portadora de Leucemia Mieloide. Depois de se submeter a tratamento e a transplante de medula óssea, os médicos lhe deram de seis a oito semanas de vida e entenderam que ela deveria receber apenas tratamento paliativo que lhe permitisse uma qualidade de vida naquele período. O pai buscou uma segunda opinião, e dois médicos consideraram que havia a possibilidade de continuar o tratamento, incluindo a realização de novo transplante. Ocorre que, devido à indisponibilidade de leitos no Serviço Nacional de Saúde, o tratamento somente poderia ser administrado na rede privada. Como não tinha condições de custear o tratamento, o pai da menor solicitou que a autoridade de saúde alocasse os recursos necessários, porém o pedido foi negado. A Corte de Apelação entendeu que a autoridade de saúde agiu legalmente ao recusar o pagamento. Vale registrar que *Sir Stephen*

Por fim, o Tribunal registrou que não fora demonstrado, no caso, que a falha do Estado em fornecer as máquinas de diálise para todas as pessoas que sofrem de insuficiência renal crônica constitui uma violação das obrigações impostas na Constituição. Ao que se depreende da decisão, entendeu-se que o ônus da prova era do indivíduo, sendo que não houve uma análise da dotação orçamentária existente.[703]

Sem embargo das inúmeras críticas que podem ser feitas ao julgado, e afora a dúvida sobre se esse tipo de tratamento médico está abrangido no mínimo existencial, as circunstâncias do caso concreto acendem a reflexão sobre a necessidade de racionalização do acesso a recursos que prolongam a vida, especialmente em um contexto de escassez, e sobre o acesso a serviços médicos de alta tecnologia, utilizados com mais frequência pelos idosos, cujos custos, mesmo em países ricos, podem impedir o investimento em cuidados com a saúde dos demais (pontos que foram levantados pelo *Justice* Albie Sachs).

O *landmark case* mais comentado é o caso *Grootboom* (*Government of the Republic of South Africa and Others v. Grootboom and Others*[704]), envolvendo o direito à moradia. Em apertada síntese, Grootboom e cerca de 390 adultos e 510 crianças moravam em um assentamento informal de *Wallacedene* (uma espécie de favela) sem a mínima infraestrutura no que tange a serviços básicos. Essas famílias haviam se inscrito em um programa governamental para ter acesso à habitação de baixo custo, porém, depois de uma longa espera e sem perspectiva de serem contempladas, elas ocuparam uma área privada (formalmente destinada à habitação social), onde construíram barracas e passaram a viver. A ordem de despejo em favor do proprietário foi cumprida de modo bastante truculento, com a destruição das barracas e dos pertences das famílias. As pessoas não tinham como voltar para o lugar de origem, que já havia sido ocupado,

---

Brown P. decidiu em termos similares: "After the most critical, anxious consideration, I feel bound to say that I am unable to say that the health authority in this case acted in a way that exceeded its powers or which was unreasonable in the legal sense. The powers of this court are not such as to enable it to substitute its own decision in a matter of this kind for that of the authority which is legally charged with making the decision. It is a desperately sad case and all those who have heard it, particularly those who have to take some part in deciding issues concerned with it, must be aware of the gravity and anxiety which attaches to the making of such a decision. I find myself in agreement with the decision which Sir Thomas Bingham MR has already given and I therefore agree that the appeal should be allowed" (Disponível em: <http://www.bailii.org/ew/cases/EWCA/Civ/1995/43.html> Acesso em: 05 mai. 2011).

[703] LIEBENBERG, Sandra. Needs, Rights and Transformations: Adjudicating Social Rights. *Stellenbosch Law Review*, v. 17, p. 05-36, 2006.

[704] Disponível em: <http://www.saflii.org/za/cases/ZACC/2000/19.pdf> Acesso em: 05 mai. 2011. O resumo dos fatos está disponível no sítio da Corte Constitucional da África do Sul em: <http://41.208.61.234/uhtbin/cgisirsi/20110822203639/SIRSI/0/520/S-CCT11-00> Acesso em: 05 mai. 2011.

razão por que elas se estabeleceram em um campo de esportes e em um salão da comunidade adjacente.

A *Cape of Good Hope High Court* entendeu que as crianças e, através delas, seus pais, tinham direito a abrigo, conforme art. 28 (1) (c),[705] e ordenou que os órgãos governamentais providenciassem, de imediato, tendas, banheiros e abastecimento regular de água. O Governo recorreu à Corte Constitucional. Inicialmente houve um acordo, mas os órgãos governamentais não cumpriram o prometido, o que levou a Corte Constitucional a determinar, em medida de urgência, que o município fornecesse serviços rudimentares às famílias.

Em que pese tenha afastado a incidência do art. 28 (1) (c) sob o argumento de que o dever estatal de fornecer abrigo a crianças não alcança as que estejam sob os cuidados dos pais; e reconhecido a dificuldade de se cumprir, de modo integral, o projeto constitucional, na medida em que a Constituição prevê que o "state is not obliged to go beyond available resources or to realise these rights immediately", a Corte Constitucional sul-africana afirmou que a Constituição obriga o Estado a *agir positivamente* para melhorar a situação das pessoas que vivem em condições deploráveis em todo o país. Assim, é dever do Estado providenciar acesso à moradia, saúde, alimentação e água suficientes e previdência social aos que são incapazes de se sustentar e aos seus dependentes, assim como as condições que permitam aos cidadãos ter acesso à propriedade de modo equitativo. Trata-se, enfatizou-se na decisão, de uma "obligation that courts can, and in appropriate circumstances, must enforce". Sobre a importância da realização dos direitos sociais o *Justice* Zak Yacoob consignou:

> There can be no doubt that human dignity, freedom and equality, the foundational values of our society, are denied those who have no food, clothing or shelter. Affording socio--economic rights to all people therefore enables them to enjoy the other rights enshrined in Chapter 2. The realisation of these rights is also key to the advancement of race and gender equality and the evolution of a society in which men and women are equally able to achieve their full potential.

Para definir o alcance da obrigação estatal, três elementos-chave devem ser considerados separadamente: (a) a obrigação de "tomar medidas legislativas e outras razoáveis"; (b) "para alcançar a realização progressiva" do direito; e (c) "dentro dos recursos disponíveis". De acordo com a Corte:

> Reasonableness must also be understood in the context of the Bill of Rights as a whole. The right of access to adequate housing is entrenched because we value human beings

---

[705] Esta é a redação do artigo: "(1) Every child has the right (...) (c) to basic nutrition, shelter, basic health care services and social services". Neste caso, não há aquela disposição de realização progressiva.

and want to ensure that they are afforded their basic human needs. A society must seek to ensure that the basic necessities of life are provided to all if it is to be a society based on human dignity, freedom and equality. To be reasonable, measures cannot leave out of account the degree and extent of the denial of the right they endeavour to realise. Those whose needs are most urgent and whose ability to enjoy all rights therefore is most in peril, must not be ignored by the measures aimed at achieving realisation of the right. (...) If the measures, though statistically successful, fail to respond to the needs of those most desperate, they may not pass the test.

Depois de examinar cuidadosamente o programa governamental na área da habitação e cotejá-lo com a situação concreta vivenciada na região de *Cape Metro*, a Corte concluiu que, apesar dos significativos resultados alcançados, a política pública estava aquém das exigências constitucionais na medida em que não continha previsão expressa para os casos urgentes que exigem atendimento imediato, ainda que temporariamente, como o das pessoas que estejam vivendo em circunstâncias intoleráveis ou que tenham sido desalojas por desastres naturais, por exemplo.

Assim, a decisão foi no sentido de determinar que o poder público, de acordo com os recursos disponíveis, criasse e um programa para concretizar o direito de acesso a uma moradia adequada, incluindo aí as obrigações de conceber, financiar, executar e supervisionar medidas para proporcionar alívio para aqueles em situação de extrema carência. A Corte conferiu poderes para a Comissão de Direitos Humanos que estava atuando no processo como *amicus curie* monitorar o cumprimento da decisão.

Sobre o *teste de razoabilidade* adotado para o controle judicial no caso em pauta, cita-se Novais:

> Trata-se, afinal, de um novo e diferente padrão de controlo judicial – que vai muito além do controlo *mínimo* de racionalidade e com natureza e alcance diversos do controlo de desproporcionalidade – na medida em que, na prática e em termos de resultado, de um escrutínio até aqui incidente sobre o cumprimento dos deveres estatais (a razoabilidade e racionalidade dos programas e escolhas governamentais), o Tribunal desloca o *foco* para a situação objectiva de desproteção em que ficam os afectados pela eventual omissão estatal, estendendo o controlo de *razoabilidade*, não apenas às medidas, programas e justificações governamentais, mas também à situação objectiva em que a omissão de prestação concreta e imediata deixa os titulares do direito.[706]

Importante destacar, ainda, que Corte Constitucional entendeu que não tinha condições de fixar o *minimum core* do direito de acesso à moradia adequada, principalmente porque as necessidades das pessoas são diversas e porque não tinha informações suficientes para fazê-lo. Mas o teor da decisão deixa transparecer que se partiu de uma ideia de *mínimo* que

---

[706] NOVAIS, Jorge Reis. *Direitos Sociais:* teoria jurídica dos direitos sociais enquanto direitos fundamentais. Coimbra: Coimbra Editora, 2010, p. 217-218.

Direitos Fundamentais Sociais
DIGNIDADE DA PESSOA HUMANA E MÍNIMO EXISTENCIAL

vincula o Estado de modo imediato e cujo cumprimento pode ser exigido judicialmente. Note-se que ao considerar que os poderes públicos não haviam tomado as medidas razoáveis para concretizar o direito e que, assim, estavam a descumprir a imposição constitucional, a Corte frisou que a obrigação dizia respeito apenas aos que se encontravam numa condição desesperadora (*desperate need*).

Alguns criticam a autocontenção, em especial a relutância da Corte em exercer qualquer forma de controle sobre o processo de cumprimento da decisão, para o qual sequer foram fixados prazos.[707] Outros, contudo, aduzem que ela iniciou um processo que pode ser bem-sucedido no empenho em assegurar a proteção judicial aos direitos socioeconômicos "sem colocar os tribunais num inaceitável papel de administrador", respeitando as prerrogativas democráticas e o fato de os orçamentos serem limitados.[708]

Outra decisão bastante comentada é o caso *Minister of Health e South Africa v Treatment Action Campaign*[709] (caso *TAC*), em que se discutia o fornecimento do medicamento antirretroviral *Nevirapina* para gestantes portadoras de HIV no intuito de reduzir o risco de transmissão no momento do parto. Dito medicamento era fornecido gratuitamente pelo laboratório, mas o governo decidira disponibilizar a um grupo limitado, em projetos de pesquisa, em virtude de uma série de preocupações relativas à segurança e eficácia do fármaco, que exigia um programa governamental de investigação e de acompanhamento. A Corte Constitucional, aplicando o teste de razoabilidade, entendeu que não era razoável a situação daqueles que ficavam à margem do programa governamental.

Em verdade, houve o reconhecimento do direito de igual acesso a um programa governamental já implementado, o que não é propriamen-

---

[707] Assim Dennis Davis, que, todavia, reconhece que a estratégia da Corte tem se mostrado, ao menos parcialmente, bem sucedida, e conclui: "While the value of democracy warns against the activity of a judicial Hercules who, possessed of the right answer, always does better than the imperfect product of politics, the remaining three foundational values [dignity, freedom, equality] should guide the Court to an approach whereby government is given a margin of appreciation to formulate and implement these socio-economic commitments and be held accountable for them". Cf. DAVIS, Dennis. Socio-economic Rights in South Africa: the Record of the Constitutional Court after 10 years. *ESR Review*, vol. 5, n. 5, p. 3-11, Dec. 2005, p. 6-7. A postura de Corte de não controlar o cumprimento da decisão pode ter contribuído para a morosidade do governo em estabelecer um programa habitacional adequado. Noticia-se que Irene Grootboom faleceu em 2008, ainda *homeless and penniless*, cf. GEARTY, Conor. Against Judicial Enforcement. In: GEARTY, Conor; MANTOUVALOU, Virginia. *Debating Social Rights*. Oxford/Portland: Hart Publishing, 2011, p. 80.

[708] SUNSTEIN, Cass. Direitos sociais e econômicos? Lições da África do Sul. Tradução de Fabiano Holz Beserra e Eugênio Facchini Neto. In: SARLET, Ingo Wolfgang (Coord). *Jurisdição e direitos fundamentais*: anuário 2004/2005, v. I, tomo II. Porto Alegre: Escola da Magistratura/Livraria do Advogado, 2006, p. 11-28, p. 12 e 27.

[709] Disponível em: <http://www.lrc.org.za/images/stories/Judgments/tacfinaljudgment.pdf> Acesso em: 05 mai. 2011.

te o foco deste trabalho. Além disso, não estava em causa a questão da reserva do possível, já que o poder público não tinha custo para obter o medicamento. Mesmo assim, não se pode deixar de destacar a importância do julgado, não apenas porque reforça a posição quanto ao rígido controle da razoabilidade das políticas públicas concretizadoras dos direitos sociais, mas porque, mais uma vez, a Corte pressupôs a existência de um *minimum core* do direito, ou um *mínimo de prestação*, que é imediatamente exigível, ainda que tenha se recusado a defini-lo.[710]

O balanço crítico que a doutrina vem fazendo é o de que a postura da Corte sul-africana, se bem que inicialmente tímida, acabou desenhando uma promissora solução para o problema da judicialização dos direitos socioeconômicos. Essa orientação tem por pilares um *novo* modelo de controle judicial baseado na exigência de *razoabilidade* das medidas (*reasonable measures*) já concretizadas pelo governo na realização dos direitos sociais bem como da programação de realização progressiva; e o respeito ao papel e competências dos poderes democraticamente eleitos, isso sem abdicar da responsabilidade de fazer cumprir as obrigações positivas impostas pelos direitos socioeconômicos.[711]

4.2.3. Supremo Tribunal Federal

No âmbito do Supremo Tribunal Federal, a possibilidade de intervenção do Poder Judiciário em matéria de políticas públicas sociais restou consagrada na ADPF-MC 45,[712] em que se discutiam os limites de vinculação do orçamento. A ação foi julgada prejudicada pela perda superveniente do objeto, mas a decisão monocrática da lavra do Ministro Celso de Mello passou a ser citada com frequência pela Corte.

Assim, e embora não envolvesse a questão do direito subjetivo a prestações materiais, merecem destaque as seguintes afirmações deduzidas naquela decisão: (a) a ADPF qualifica-se como instrumento idôneo e apto a viabilizar a concretização de políticas públicas quando, previstas no texto da Carta Política, sejam descumpridas pelas instâncias governamentais; (b) a proteção da dignidade inclui condições materiais mínimas

---

[710] Em outra oportunidade, a Corte estendeu benefícios de assistência social, que eram pagos apenas aos cidadãos sul-africanos, aos residentes permanentes (*Khosa and Others v Minister of Social Development and Others Mahlaule and Others v Minster of Social Development and Others*).

[711] LIEBENBERG, Sandra. Basic Rights Claims: How Responsive is 'Reasonableness Review'?. *ESR Review*, vol. 5, n. 5, p. 3-11, Dec. 2005, p. 7-11, embora propondo um teste de razoabilidade mais rígido nas situações em que os grupos vulneráveis são privados de níveis essenciais básicos de bens e serviços sociais.

[712] ADPF 45 MC, Relator Ministro Celso de Mello, julgado em 29/04/2004, publicado em DJ 04/05/2004. Decisão monocrática da lavra do Ministro Celso de Mello.

de existência; (c) ao apurar os elementos fundamentais dessa dignidade (o mínimo existencial), estar-se-ão estabelecendo exatamente os alvos prioritários dos gastos públicos; (d) se os Poderes políticos agirem de modo irrazoável ou procederem com a clara intenção de neutralizar, comprometendo-a, a eficácia dos direitos sociais, afetando, como decorrência causal de uma injustificável inércia estatal ou de um abusivo comportamento governamental, o núcleo intangível consubstanciador de um conjunto irredutível de condições mínimas necessárias a uma existência digna e essenciais à própria sobrevivência do indivíduo, aí, então, justificar-se-á a possibilidade de intervenção do Poder Judiciário, em ordem a viabilizar, a todos, o acesso aos bens cuja fruição lhes haja sido injustamente recusada pelo Estado; (e) em princípio, o Poder Judiciário não deve intervir em esfera reservada a outro Poder para substituí-lo em juízos de conveniência e oportunidade, querendo controlar as opções legislativas de organização e prestação, a não ser, excepcionalmente, quando haja uma violação evidente e arbitrária, pelo legislador, da incumbência constitucional; (f) pela cláusula da reserva do possível, ao processo de concretização dos direitos de segunda geração traduzem-se em um binômio que compreende, de um lado, a razoabilidade da pretensão individual/social deduzida em face do Poder Público e, de outro, a existência de disponibilidade financeira do Estado para tornar efetivas as prestações positivas dele reclamadas; e (g) a realização dos direitos sociais – além de caracterizar-se pela gradualidade de seu processo de concretização – depende, em grande medida, de um inescapável vínculo financeiro subordinado às possibilidades orçamentárias do Estado, de tal modo que, comprovada, objetivamente, a incapacidade econômico-financeira da pessoa estatal, desta não se poderá razoavelmente exigir, considerada a limitação material referida, a imediata efetivação do comando fundado no texto da Carta Política.

O tema mais recorrente na jurisprudência do Supremo Tribunal Federal é, sem dúvida, a saúde. A judicialização[713] desse direito alcançou níveis tais que no ano de 2009, como referido alhures, o então Presidente do Supremo Tribunal Federal, Ministro Gilmar Mendes, convocou uma audiência pública para ouvir os mais diversos setores da sociedade, desde gestores públicos, passando por profissionais da saúde e operadores

---

[713] Para um *diagnóstico* completo da judicialização do direito à saúde no Brasil, abordando a jurisprudência do Supremo Tribunal Federal, Superior Tribunal de Justiça, Tribunal Regional Federal da 4ª Região e Tribunal de Justiça do Rio Grande do Sul, ver o Relatório Final da Pesquisa coordenada pelo Professor Ingo Wolfgang Sarlet, apresentado em 2010 no âmbito do *Observatório do direito à saúde*: Democracia, separação de poderes e o papel do Judiciário brasileiro para a eficácia e efetividade do direito à saúde. Disponível em: <http://democraciaejustica.org/cienciapolitica 3/sites/default/files/55840730-relatorio-observatorio-do-direito-a-saude-democracia-separacao--de-poderes-e-o-papel-do-judiciario-brasileiro-para-a-eficacia-e-efetividade-do-direit_0.pdf> Acesso em: 10 ago. 2011.

do direito, até representantes da sociedade civil. As informações colhidas nas audiências serviram de base para que o Supremo Tribunal Federal, na STA 175,[714] construísse alguns parâmetros essenciais para orientar a solução de casos concretos.

Consoante se extrai do voto do Relator, Ministro Gilmar Mendes, há de se considerar a existência, ou não, de política estatal que abranja a prestação de saúde pleiteada pela parte. Se a prestação de saúde pleiteada estiver incluída entre as políticas sociais e econômicas formuladas pelo Sistema Único de Saúde (SUS), há direito subjetivo. Porém, não é disso que se trata no presente trabalho, já que nesses casos, como bem ressaltou o Relator, o Judiciário não está criando política pública e, sim, determinando o seu cumprimento. Importa, aqui, a segunda hipótese, a saber, quando a prestação requerida não é contemplada pelas políticas do SUS. Neste caso, prossegue o Ministro, é imprescindível distinguir se a não prestação decorre de uma omissão legislativa ou administrativa, de uma decisão administrativa de não fornecê-la ou de uma vedação legal a sua dispensação. Em qualquer caso, todavia, são fundamentais a instrução processual com ampla produção de provas e a análise detida e consideração aprofundada das especificidades do caso concreto.

Se a *prestação não estiver registrada* na Agência de Vigilância Sanitária (ANVISA), a Administração Pública não está obrigada a fornecê--la, porém em casos excepcionais, que devem ser aferidos em concreto, a importação de medicamento não registrado poderá ser autorizada pela Agência.[715] O registro mostra-se como condição necessária para atestar a segurança e o benefício do produto.

Se o *SUS fornece tratamento alternativo* àquele postulado, devem-se observar os seguintes pressupostos: (a) em regra, a obrigação do Estado, à luz do disposto no artigo 196 da Constituição, restringe-se ao fornecimento das políticas sociais e econômicas por ele formuladas para a promoção, proteção e recuperação da saúde; (b) o SUS filiou-se à corrente da Medicina com base em evidências, de sorte que os medicamentos ou tratamentos em desconformidade com os Protocolos Clínicos e Diretrizes Terapêuticas tendem a contrariar um consenso científico vigente e, por isso, devem ser vistos com cautela; (c) o princípio constitucional do acesso universal e igualitário às ações e prestações de saúde implica a elaboração de políticas públicas que repartam os recursos (naturalmente escassos) da forma mais eficiente possível; (d) obrigar a rede pública a financiar

---

[714] STA 175 AgR, Tribunal Pleno, Relator Ministro Gilmar Mendes, julgado em 17/03/2010, DJe Public. 30/04/2010.

[715] A Lei nº 6.370/76 proíbe a industrialização e venda ou entrega ao consumo de medicamentos, drogas, insumos farmacêuticos e correlatos antes de registrado no Ministério da Saúde. As hipóteses de dispensa de registro estão previstas na Lei nº 9.782/99.

toda e qualquer ação e prestação de saúde existente geraria grave lesão à ordem administrativa e levaria ao comprometimento do SUS, de modo a prejudicar ainda mais o atendimento médico da parcela da população mais necessitada; (e) deve ser privilegiado o tratamento fornecido pelo SUS em detrimento de opção diversa escolhida pelo paciente; (f) o Poder Judiciário (ou a própria Administração) pode decidir pelo fornecimento de medida diferente da custeada pelo SUS a determinada pessoa que, por razões específicas do seu organismo, comprove a ineficácia do tratamento fornecido; e (g) em casos excepcionais, os Protocolos Clínicos e Diretrizes Terapêuticas do SUS podem ser contestados judicialmente.

Quando *inexiste tratamento na rede pública*, diferenciam-se duas situações: (a) se o *tratamento postulado* é *experimental* (sem comprovação científica de sua eficácia), aplicam-se as normas que regulam a pesquisa médica, e o Estado não pode ser condenado a fornecê-los; e (b) se o *tratamento ainda não foi incorporado pelo SUS*, a omissão administrativa pode ser objeto de impugnação judicial, tanto por ações individuais como coletivas, pois a presunção de que a elaboração dos Protocolos Clínicos e das Diretrizes Terapêuticas privilegia a melhor distribuição de recursos públicos e a segurança dos pacientes não pode significar violação ao princípio da integralidade do sistema, nem justificar a diferença entre as opções acessíveis aos usuários da rede pública e as disponíveis aos usuários da rede privada.

Naquele caso específico da STA 175, tratava-se de pedido de suspensão de tutela antecipada deferida pelo Tribunal Regional Federal da 5ª Região, determinando que a União, o Estado do Ceará e o Município de Fortaleza fornecessem o medicamento *Zavesca* a uma jovem portadora da patologia *Niemann-Pick Tipo C*, doença neurodegenerativa grave. O medicamento não se encontrava registrado na ANVISA, logo não era disponibilizado na rede pública, porém sobreveio o registro no curso da ação. O custo mensal do tratamento foi estimado em R$ 52.0000,00; a família da paciente havia declarado não ter condições financeiras para custeá-lo, e o medicamento era considerado pela clínica médica como único capaz de deter o avanço da doença ou de, pelo menos, aumentar as chances de vida da paciente com certa qualidade. Indeferido o pedido pela Presidência do Supremo Tribunal Federal, o Plenário examinou a questão em sede de Agravo Regimental, ocasião em que, por unanimidade, confirmou a decisão da Presidência e, portanto, negou provimento ao Agravo, mantendo a antecipação de tutela concedida pela Corte Regional.[716]

---

[716] Esta decisão também refere o entendimento da Corte sobre estas questões: (a) obrigação solidária dos entes federados em matéria de saúde (conforme decidido no RE 195.192 e no RE-AgR 255627; o RE 566471, o qual tem repercussão geral reconhecida, está pendente de julgamento; a tramitação da Proposta de Súmula Vinculante nº 4 foi sobrestada até o julgamento do RE 566471); e (b) o alto

O voto do Ministro Gilmar Mendes ainda traz duas citações doutrinárias relevantes que podem indicar o seu entendimento sobre o tema dos direitos prestacionais. A primeira é da fórmula da ponderação de Alexy, já descrita neste trabalho, em que o direito social definitivo resulta da prevalência do princípio da liberdade fática sobre os princípios formais da competência decisória do legislador e da separação dos Poderes e dos princípios materiais referentes à liberdade jurídica de terceiros e outros direitos fundamentais sociais e interesses coletivos. A segunda é da doutrina de Christian Courtis e Victor Abramovich, que também foi citada alhures, sobre a impossibilidade de o Poder Judiciário projetar políticas públicas e a necessidade de, em caso de inconstitucionalidade destas, devolver a questão para que os órgãos de representação popular ajustem sua atividade à Constituição.

Com base nos parâmetros delineados na STA 175, diversos medicamentos e tratamentos médicos de alto custo e não fornecidos pela rede pública foram assegurados pelo Supremo Tribunal Federal. Conforme já mencionado neste trabalho, um dos critérios decisivos para a decisão é o risco de a ausência da medida postulada ocasionar graves e irreparáveis danos à saúde e à vida dos pacientes. A questão da reserva do possível, por motivos processuais, muitas vezes não é examinada.[717]

Na SS 256,[718] por outro lado, o Supremo Tribunal Federal suspendeu parcialmente a liminar que determinava ao Estado de Tocantins que proporcione às pessoas indicadas na inicial e a todos os usuários do Sistema Único de Saúde da comarca de Araguaína e seus acompanhantes o custeio das despesas com transporte, alimentação e hospedagem, a título de tratamento fora do domicílio. Considerando a existência de políticas públicas concretizadas, entendeu-se presente a ocorrência de grave lesão à ordem pública porque as medidas deferidas estavam em desacordo com a regulamentação infraconstitucional, o que prejudicaria a regular administração sanitária, reduziria a eficiência no atendimento a pacientes e limitaria os recursos disponíveis. Verificou-se, também, grave lesão à economia pública diante da determinação genérica que desconsidera a análise administrativa da melhor opção de transporte, hospedagem e alimentação, assim como do implemento das condições estabelecida nos

---

custo de um tratamento ou de um medicamento que tem registro na ANVISA não é suficiente para impedir o seu fornecimento pelo Poder Público (conforme STA 278, DJe de 28/10/2008; SS 3748, DJe de 28/04/2009).

[717] No SS 3989, por exemplo, em que restou consignado que a reserva do possível tem natureza de recurso e que a via da suspensão não é sucedâneo recursal (Relator Ministro Gilmar Mendes [Presidente], julgado em 07/04/2010, publicado em DJe-066 Public. 15/04/2010)

[718] SS 256, Relator Ministro Gilmar Mendes (Presidente), julgado em 20/04/2010, DJe-076 Public. 30/04/2010.

atos normativos. A decisão foi mantida na parte que era compatível com a normatização no âmbito do SUS para o tipo de tratamento.

Situação interessante é a do tratamento de *retinose pigmentar*. A Corte tem vários precedentes negando pedidos de tratamento de retinose pigmentar em Cuba em virtude da ausência de demonstração, pela comunidade médica nacional, da eficiência do aludido tratamento e porque disponível tratamento adequado para a moléstia no território nacional.[719] Entretanto, no RE 368.564,[720] julgado em 13/04/2011, a Primeira Turma decidiu em sentido contrário. Tratava-se de um Mandado de Segurança impetrado por um grupo de pessoas portadoras de retinose pigmentar que postulava que o governo custeasse as despesas com a viagem e com o tratamento a ser realizado em Havana, Cuba. Negado o pedido em primeira instância em face de um laudo do Conselho Brasileiro de Oftalmologia atestando a ausência de tratamento específico para a doença dentro ou fora do Brasil, a ordem foi concedida pelo Tribunal Regional Federal da 1ª Região, e a União interpôs o Recurso Extraordinário.

O Relator, Ministro Menezes Direito, e o Ministro Ricardo Lewandowski votaram pelo provimento do recurso. Aquele porque, no caso concreto, a prova indicava a inexistência de tratamento para a moléstia. Já o Ministro Ricardo Lewandowski afirmou que o Judiciário, (a) quando define o conteúdo e a forma de execução de políticas públicas, causa uma profunda modificação do equilíbrio do sistema de freios e contrapesos da separação de Poderes; (b) quando trata de "questões para as quais não dispõe de instrumentos adequados para intervir na realidade concreta, termina por conferir a alguns indivíduos direitos pretensamente subjetivos que, a rigor, deveriam ser contemplados sob a ótica universal"; (c) quando confere "natureza individual a um direito de caráter universal, (...) não só deixa de aplicar, *data venia*, de modo correto, o texto constitucional, como ainda interfere na distribuição de recursos pelo Estado sem ter como definir, de modo racional e com um mínimo de objetividade, os graus de prioridade com que devem ser contemplados"; e, (d) ao conceder a ordem pleiteada, viola o princípio da isonomia, "realizando distinções entre cidadãos, ao estabelecer que o tratamento de Retinose Pigmentar no exterior deve ter prioridade em relação a outras enfermidades que assolam os demais cidadãos". Ainda segundo o Ministro, "não pode o Judiciário – salvo em situações extremas, em que a própria vida esteja em risco – ir além da fixação de critérios para a atuação da Admi-

---

[719] De que são exemplos o RE 542.641, Relatora Ministra Cármen Lúcia, julgado em 28/05/2010, DJe-109 Public. 17/06/2010; e o RE 421.402, Relator, Ministro Dias Toffoli, julgado em 06/05/2010, DJe-096 Public. 28/05/2010.

[720] RE 368.564, Primeira Turma, Relator para o Acórdão Ministro Marco Aurélio, julgado em 13/04/2011, DJe-153 Public. 10/08/2011.

nistração Pública, impedindo que determinados cidadãos sejam privilegiados em detrimento de outros". Além disso, destacou a inadequação da via eleita e a ausência de prova da eficácia do tratamento pleiteado e da impossibilidade de obtê-lo no país.

A maioria, contudo, negou provimento ao recurso da União. O Ministro Marco Aurélio, citando precedentes da Corte, consignou a impossibilidade de fazer-se prevalecer sobre o interesse do cidadão, considerando o direito à vida e à saúde, aspecto econômico-financeiro; e negou provimento ao recurso, sem examinar, porque ausente o prequestionamento, as questões alusivas ao caráter experimental do tratamento e à existência de profissionais habilitados a implementá-lo no Brasil. A Ministra Carmem Lúcia o acompanhou porque, diante da falta de prequestionamento, não era possível a verificação do desacerto da decisão recorrida. E o Ministro Luiz Fux referiu que, "na dúvida entre a esperança do sucesso e do insucesso", ficava "com a esperança do sucesso"; e concluiu: "Acho que isso é um direito veiculável por meio de mandado de segurança; é, digamos assim, a função da Corte Suprema tutelar essa dignidade da vida humana, como consectário dela, o direito à prestação da saúde pelo Estado".

Não dá para dizer que a decisão supramencionada reflita o entendimento do Supremo Tribunal Federal. Primeiro, porque não foi proferida pelo Plenário, mas por uma das Turmas. E, segundo, porque um dos fatores decisivos para o desprovimento do recurso é de ordem formal, qual seja, a ausência de prequestionamento quanto à eficácia do tratamento médico e quanto à existência de tratamento no território nacional. De qualquer sorte, as manifestações dos Ministros evidenciam que, a despeito dos avanços obtidos com a Audiência Pública sobre Saúde e da unanimidade que se alcançou no julgamento da STA-AgR 175, o consenso ainda é algo distante naquela Corte.

Afora a saúde, o direito social de cunho prestacional que mais aparece na jurisprudência do Supremo Tribunal Federal é o direito à educação. As decisões, todavia, restringem-se ao ensino infantil em creche e pré-escola[721] e, indiretamente, ao ensino básico obrigatório e gratuito.[722]

---

[721] No RE 410.715 AgR, o Supremo Tribunal Federal manteve decisão que, em sede de ação civil pública, determinava ao Município de Santo André providenciar vaga a crianças em creches e pré-escolas (Segunda Turma, Relator Ministro Celso de Mello, julgado em 22/11/2005, DJ 03/02/2006). No mesmo sentido: RE 436.996, Segunda Turma Relator Ministro Celso de Mello, julgado em 22/11/2005, DJ 03/02/2006; RE 595.595 AgR, Segunda Turma, Relator Mininstro Eros Grau, julgado em 28/04/2009, DJe-099 Public. 29/05/2009; RE 384.201 AgR, Primeira Turma, Relator Ministro Marco Aurélio, julgado em 26/04/2007, DJe-072 Public. 03/08/2007.

[722]No RE 594018 AgR, o Supremo Tribunal Federal manteve a condenação do Estado do Rio de Janeiro de "suprir a carência de professores em unidades de ensino localizadas no Município de São Gonçalo (Segunda Turma, Relator Ministro Eros Grau, julgado em 23/06/2009, DJe-148 Public. 07/08/2009). O avanço prático desta decisão, segundo Ana Paula de Barcellos, foi a equiparação do ensino fundamental ao infantil no que diz respeito à eficácia jurídica. Além disso, apesar da ausência

Ocorre que, nesses casos, a norma constitucional é dotada de densidade suficiente no que toca à prestação material devida pelo Estado, deixando uma margem muito estreita de liberdade de conformação. Com efeito, o art. 208 da Constituição estabelece que o "dever do Estado com a educação será efetivado mediante a garantia de: educação básica obrigatória e gratuita dos 4 (quatro) aos 17 (dezessete) anos de idade" (inciso I); e "educação infantil, em creche e pré-escola, às crianças até 5 (cinco) anos de idade" (inciso IV). O § 1º dispõe, ainda, que o "acesso ao ensino obrigatório e gratuito é direito público subjetivo". Portanto a intervenção do Poder Judiciário nessas hipóteses não suscita maiores dúvidas.[723]

Mesmo assim há um reduto de discricionariedade administrativa, mormente quanto ao conteúdo didático, tema que ainda não foi submetido à apreciação judicial, em que pese a baixa qualidade do ensino público seja por todos conhecida; e, poder-se-ia cogitar, quanto à localização das escolas, tendo em vista o silêncio da Carta Política no ponto específico, havendo, em contrapartida, previsão de atendimento ao educando por meio de "programas suplementares de material didáticoescolar, *transporte*, alimentação e assistência à saúde" (art. 208, inciso VII, grifou-se).

A última questão é objeto do ARE 639337.[724] Trata-se, na origem, de uma ação civil pública na qual o Município de São Paulo fora condenado a matricular crianças em unidades de ensino infantil próximas de sua residência ou do endereço de trabalho de seus responsáveis legais, sob pena de multa diária por criança não atendida. O Ministro Celso de Mello, monocraticamente, negou seguimento ao recurso extraordinário interposto pelo Município, por *manifestamente inadmissível*, mantendo, *in totum*, a decisão recorrida. Embora tenha referido a "intangibilidade do núcleo consubstanciador do mínimo existencial" e o dever do Estado de criar "condições objetivas que propiciem (...) o pleno acesso ao sistema educacional", o Ministro não analisou, expressamente, o alcance do direito fundamental em causa, ou seja, se o direito à educação infantil em

---

de expressa menção ao ensino médio, este pode ter sofrido alguma repercussão no caso concreto, já que frequentemente oferecido nas escolas estaduais, cf. BARCELLOS, Ana Paula de. O direito à educação e o STF. In: SARMENTO, Daniel; e SARLET, Ingo Wolfgang (Coord.). *Direitos fundamentais no Supremo Tribunal Federal*: balanço e crítica. Rio de Janeiro: Lúmen Juris, 2011, p. 620.

[723] A reserva do possível, que poderia gerar alguma controvérsia, não foi efetivamente analisada em nenhum dos precedentes, a não ser em um plano teórico. O problema da escassez de recursos foi considerado pelos Ministros Joaquim Barbosa e Gilmar Mendes, mas em sede de controle abstrato de constitucionalidade, na ADI 3324, que tratava da transferência de alunos de universidades privadas para instituições públicas (ADI 3324, Plenário, Relator Ministro Marco Aurélio, julgado em 16/12/2004, DJ 05/08/2005).

[724] ARE 639337, Relator Ministro Celso de Mello, julgado em 21/06/2011, DJe-123 Public. 29/06/2011.

creche e pré-escola abrange, necessariamente, a proximidade geográfica da unidade de ensino.

Sem embargo, impende enfatizar que o mínimo existencial *prima facie*, tal como compreendido neste trabalho, abrange o direito à educação infantil em unidade educacional próxima à residência do aluno ou do trabalho de seus representantes legais. Conforme referido anteriormente, a educação só cumpre seu papel se o educando tiver condições de aprender. Portanto não basta existir, a unidade educacional tem de estar disponível e ser acessível. A distância é um fator relevante. Ainda que o poder público forneça o transporte, o tempo de deslocamento pode prejudicar o rendimento escolar e, por vezes, impedir o acesso à educação. De outro lado, em não sendo o mínimo existencial direito absoluto, outros fatores devem ser levados em consideração no caso concreto, entre eles a adequação do transporte colocado à disposição dos alunos e eventuais condicionantes impostas pela reserva do possível. A definição do direito definitivo passa, pois, por um juízo de ponderação.

Nunca é demais repetir que a educação é o principal veículo de autonomia e emancipação. É por meio dela que as pessoas passam da condição de meros assistentes do fenômeno político à de efetivos participantes na formação da vontade comum, isto é, tornam-se *cidadãos*, no sentido pleno da palavra.

Enfim, a partir dessa interação dialética entre experiências tão diferentes, pode-se afirmar que o saldo certamente é positivo. Na perspectiva brasileira, o debate jurídico-constitucional não apenas ganha em qualidade, na medida em que se deixa influenciar pela tradição do constitucionalismo germânico, como adquire novos horizontes, ao se abrir para o jovem constitucionalismo sul-africano e sua Constituição *transformadora*.[725]

---

[725] Expressão de LIEBENBERG, Sandra. Needs, Rights and Transformations: Adjudicating Social Rights. *Stellenbosch Law Review*, v. 17, p. 05-36, 2006.

Considerações finais

Esta pesquisa teve por objeto investigar a função do Poder Judiciário em proteger, simultaneamente, os direitos fundamentais e a democracia, operando-se uma interlocução dialética entre as questões teóricas e a prática jurisprudencial das Cortes Constitucionais da Alemanha, da África do Sul e do Brasil.

A partir do estudo doutrinário, pôde-se constatar que os direitos fundamentais não se realizam apenas *contra* o Estado, mas também *através* dele, exercendo importante função promocional. O resgate dos direitos humanos em geral e da dignidade da pessoa humana em particular que se seguiu ao segundo pós-guerra acentuou o papel do Estado como *guardião* e *promotor* dos direitos fundamentais, cabendo-lhe garantir as condições fáticas para o exercício daqueles direitos aos que não conseguem alcançá-las por meios próprios, a fim e promover o acesso individual aos bens constitucionalmente protegidos.

Para garantir a eficácia e aplicabilidade dos direitos fundamentais, são imprescindíveis as concepções de supremacia da Constituição e sua força normativa, de jurisdição constitucional e do Direito Constitucional como sistema normativo composto por princípios e regras jurídicas. A teoria principiológica dos direitos fundamentais oferece a melhor compreensão acerca da estrutura desses direitos e, por conseguinte, fornece os critérios mais adequados para a determinação dos contornos e limites de cada um, bem como para superar conflitos jurídicos e conceber uma adequada aplicação dos preceitos constitucionais, fazendo com que as disposições da Constituição possam interagir com a realidade concreta.

Como os princípios são dotados de *mandamentos de otimização*, os preceitos constitucionais devem ser aplicados da melhor forma possível, tendo-se por parâmetro as condições sociais e políticas vigentes à época da aplicação. Com isso, impede-se que a Constituição seja uma mera *folha de papel escrita* ou uma *carta de intenções*, sem força para tornar o seu projeto realidade. De outro lado, implica deva a Constituição preservar os seus elementos de identidade e, ao mesmo tempo, estar vinculada ao momento histórico de seu povo sem se fechar para o pluralismo razoável, pois

Direitos Fundamentais Sociais
DIGNIDADE DA PESSOA HUMANA E MÍNIMO EXISTENCIAL

os direitos fundamentais devem conviver em harmonia com o princípio democrático e com a cláusula do possível em sentido amplo.

Não menos importante é a noção de que os direitos fundamentais, como representantes daquelas posições jurídicas cujo conteúdo e importância levaram ao seu *entrincheiramento* constitucional, estão fora da esfera de disponibilidade dos poderes constituídos e das decisões políticas tomadas pela maioria. Daí a superação do conceito de democracia como mero sinônimo de soberania popular traduzida pela vontade da maioria (democracia formal). As democracias praticadas no mundo contemporâneo – vitoriosas na guerra contra o nazismo, fascismo e comunismo – assentam-se, também, na separação de Poderes, no Estado de Direito, na independência dos juízes e nos direitos fundamentais (democracia substancial). Em poucas palavras, direitos fundamentais eficazes e democracia são conceitos umbilicalmente ligados e interdependentes.

Observou-se a mudança de paradigma pela qual o ser humano passa a figurar como elemento central da ordem política e a dignidade da pessoa humana, de base moral, a comando jurídico indissoluvelmente unido ao conceito de direitos humanos, como fonte e justificação destes e como princípio orientador da atuação estatal. A dignidade é recebida no mundo do Direito com o sentido construído pelo pensamento teológico e filosófico, inspirada essencialmente na concepção kantiana, ou seja, centrada na autonomia e na fórmula do homem como fim em si mesmo, mas, também, como categoria axiológica em permanente construção à vista da evolução histórico-cultural da sociedade. Assim, a definição jurídica de dignidade contém, como elementos essenciais, o valor intrínseco da pessoa humana, a autonomia e a intersubjetividade, assumindo dupla dimensão, defensiva e prestacional, e, portanto, outorgando direitos subjetivos também de cunho negativo e positivo. É a partir da dignidade, pois, que se justifica o reconhecimento do direito (e garantia) fundamental a um mínimo existencial, mesmo na ausência de norma constitucional expressa, como é o caso da Constituição brasileira.

A compreensão de que a comunidade política deve garantir aos seus membros, pelo menos, um padrão de vida minimamente decente, então, torna-se evidente. Mais uma vez, o Direto se beneficia da fundamentação filosófica tanto para justificar o seu indeclinável encargo político-jurídico como para delimitá-lo. Daí a conclusão de que a garantia do mínimo existencial, além de constituir, em si, um ideal de justiça, porquanto diretamente conectado ao valor absoluto da pessoa humana, é, ao mesmo tempo, requisito essencial para o pleno exercício da liberdade material e para a democracia, esta notoriamente dependente da qualidade dos atores que participam da formação da vontade na esfera pública e cuja legitimidade supõe a participação igualitária de todos nesse processo. Disso decorre que o mínimo existencial deve contemplar prestações materiais que assegurem uma vida com dignidade e propiciem a plena fruição da autonomia e da cidadania, o que não significa a satisfação de querências individuais, e sim de um padrão compatível com a realidade social na qual se insere, porém sem abdicar de um conteúdo predeterminado – numa feição quase absoluta, mas sempre suscetível à expansão –, composto daquelas prestações cuja essencialidade para a vida humana é, hoje, amplamente reconhecida.

Nesse contexto, viu-se que a Constituição Federal de 1988 bem demonstra a assimilação dessas ideias, então reinantes desde o fim dos períodos ditatoriais do século XX, ao menos nos países ocidentais. De fato, o Constituinte optou por um Estado Democrático e Social de Direito, pela consagração expressa da dignidade da pessoa humana como valor máximo da ordem jurídica e pelo reconhecimento constitucional dos direitos sociais. Com isso, assumiu o firme compromisso de garantir a todos um mínimo existencial fundado na dignidade humana, no direito à liberdade e na democracia. Não se trata, pois, de uma obrigação unicamente moral, mas de uma imposição legal traduzida em um comando cogente e coercitivamente assegurável.

No que toca ao desenho institucional, o Constituinte adotou o modelo de constitucionalismo no qual o eixo da balança, responsável último por manter o equilíbrio entre a vontade da maioria e os direitos fundamentais, é o Poder Judiciário. Porém se é certo que a legitimidade do Poder Judiciário advém diretamente da Constituição, e não do sufrágio eleitoral, não é menos certo que a sua autoridade depende da confiança da sociedade, que tem de reconhecer a legitimidade das decisões judiciais, ainda que delas discorde. Para tanto, faz-se imprescindível uma leitura pluralista da Constituição aliada a mecanismos de controle da discricionariedade judicial. Além disso, há de se reconhecer a existência de certos domínios exclusivos reservados aos Poderes Legislativo e Executivo que não podem ser invadidos pelo Poder Judiciário.

No caso específico dos direitos sociais, a não ser naqueles casos em que a norma constitucional expressa um comando temporal e materialmente preciso, a lógica da separação dos poderes indica que o Constituinte distribuiu aos representantes do poder político democrático a função de, em primeira linha, definir o conteúdo do direito, bem como o tempo e o meio de realizá-lo, e assim o fez deixando em aberto uma margem de liberdade de conformação com amplitude inversamente proporcional à densidade normativa. Ao Judiciário, o Constituinte reservou papel que, nesta matéria, pode-se dizer subsidiário – mas não de menor importância –, qual seja, controlar a compatibilidade das opções políticas com os parâmetros impostos pela Constituição, inclusive da opção de *não optar*, ten-

Direitos Fundamentais Sociais
DIGNIDADE DA PESSOA HUMANA E MÍNIMO EXISTENCIAL

do-se em conta que por mais ampla que seja a zona de discricionariedade dos órgãos estatais, nela não está incluída a *opção de nada fazer* tampouco a de *fazer qualquer coisa*.

Em não sendo possível satisfazer de modo pleno e imediato as demandas sociais de todas as pessoas, é necessário que a sociedade eleja prioridades. Quando isso é feito pelo Constituinte originário, a decisão é retirada do debate político e deve ser respeitada, vinculando as gerações futuras. Do contrário, as escolhas devem ser tomadas pelos representantes cuja legitimação é majoritária, observados o pluralismo democrático e a alternância no poder. O Judiciário não possui credenciais democráticas e nem é o mais indicado do ponto de vista da capacidade institucional para escolher em nome da sociedade; a função que lhe foi confiada no plano da jurisdição constitucional é a de guarda da Constituição.

Diante dessas observações, defendeu-se que, para além dos direitos contemplados em normas-regra, a Carta de 1988 também excluiu da zona de disponibilidade política o direito ao mínimo existencial àqueles que não disponham de meios para, por si, alcançá-lo. Portanto, em relação a este, é possível falar em direito subjetivo a prestações materiais do Estado independentemente da intervenção conformadora dos órgãos que representam a maioria. De outra banda, a exigibilidade judicial daquilo que ultrapassa este mínimo vai depender da deliberação democrática. E mesmo na seara do mínimo existencial cabe aos órgãos que exercem responsabilidade política sobre os gastos públicos conformar as colisões que certamente ocorrerão com outros direitos e bens constitucionais, transformando o direito *prima facie* em direito definitivo. Porém, em matéria de mínimo existencial, o campo de deliberação política é significativamente mais estreito, e o juiz também está legitimado a concretizar o direito, embora de forma subsidiária, na falta, total ou parcial, do legislador ou do administrador.

A posição defendida neste trabalho – de restringir o direito subjetivo de caráter positivo às prestações que compõem o mínimo existencial – garante e promove a inviolabilidade da dignidade da pessoa humana, atendendo aos dois princípios que lhe são inerentes, o do valor intrínseco e o da responsabilidade pessoal, ao mesmo tempo em que preserva o princípio democrático e a separação dos Poderes. Assegura-se, assim, a Constituição enquanto *marco* naquilo que diz com a autovinculação democrática fundamental, deixando em aberto o espaço necessário a que a comunidade política construa o seu futuro e desenhe a sociedade na qual deseja viver.

Isso não significa que os demais direitos não sejam importantes, tampouco que eles não tenham qualquer eficácia jurídica. Significa, apenas, que não há direito subjetivo diretamente fundado na Constituição a prestações materiais que transbordem o mínimo existencial. As políticas públicas implementadas e a omissão, total ou parcial, dos órgãos politicamente conformadores estão sujeitas ao controle judicial de constitucionalidade.

A dialogar com a posição adotada, constatou-se que as Cortes Constitucionais da Alemanha, da África do Sul e do Brasil têm procurado (consciente ou inconscientemente) encaixar as prestações porventura concedidas entre aquelas tidas por essenciais para garantir a vida e/ou a vida com dignidade. O exame da jurisprudência constitucional também demonstrou que o Poder Judiciário vem buscando caminhos para bem desempenhar sua função de proteger a dignidade da pessoa humana, estabelecendo uma relação de harmonia, colaboração e interação com os demais Poderes.

Mas a convicção de que não existem verdades absolutas mantém as portas do debate sempre abertas para novos (e velhos) argumentos. Trata-se, apenas, de um ponto de partida. Logo, não se rejeitou, de modo peremptório, a possibilidade de se reconhecer um direito subjetivo à prestação que transcenda o mínimo existencial. No entanto, ainda não se encontrou uma alternativa constitucionalmente adequada, vale dizer, uma que ofereça um critério que separe o que é passível de judicialização daquilo que não é sem, com isso, degenerar a democracia.

Enfim, é evidente que não se tem qualquer pretensão de exaurir o assunto e, menos ainda, a ambição de resolver os problemas teóricos e práticos que gravitam em torno deste intrincado e ao mesmo tempo fascinante tema que é objeto desta pesquisa. Almeja-se, tão somente, contribuir para o debate, instigando a reflexão e o diálogo crítico.

Referências bibliografias

ABRANTES, José João Nunes. *A vinculação das entidades privadas aos direitos fundamentais*. Lisboa: AAFDL, 1990.

ACKERMAN, Bruce. *Before the Next Attack*: Preserving Civil Liberties in an Age of Terrorism. New Haven: Yale University Press, 2006.

——. *The Failure of the Founding Fathers*: Jefferson, Marshall, and the Rise of Presidential Democracy. Cambridge: Harvard University Press, 2007.

ALEXANDRINO, José de Melo. *A estruturação do sistema de direitos, liberdades e garantias na Constituição portuguesa*: a construção dogmática. v. II. Coimbra: Almedina, 2006.

——. Controlo jurisdicional das políticas públicas: regra ou excepção? In: *ICJP da Faculdade de Direito de Lisboa*. Disponível em: <http://icjp.pt/system/files/Controlo%20Jurihsdicional%20de%20Po l%C3%ADticas_Prof%20JMApdf.pdf> Acesso em: 30 mar. 2011.

——. Perfil constitucional da dignidade da pessoa humana: um esboço traçado a partir da variedade de concepções. *Direitos Fundamentais & Justiça*, Porto Alegre, ano 4, n. 11, p. 13-38, abr./jun. 2010.

ALEXY, Robert. Balancing, Constitutional Review, and Representation. *International Journal of Constitutional Law*, v. 3 (4), p. 572-581, Oct. 2005. I-CON: doi: 10.1093/icon/moi040.

——. *Constitucionalismo discursivo*. Porto Alegre: Livraria do Advogado, 2007.

——. Derechos fundamentales, ponderación y racionalidad. In: FERNÁNDEZ SEGADO, Francisco (Org.). *The Spanish Constitution in the European Constitutional Context*. Madrid: Dykinson, 2003.

——. Direitos fundamentais no Estado constitucional democrático para a relação entre direitos do homem, direitos fundamentais, democracia e jurisdição constitucional. *Revista de Direito Administrativo*, Rio de Janeiro, v. 217, p. 55-66, jul./set. 1999.

——. Direitos fundamentais, balanceamento e racionalidade. *Ratio Juris*, v. 16, n. 2, p. 131-140, jun. 2003.

——. On Balancing and Subsumption: A Structural Comparison. *Ratio Juris*, v. 16, n. 4, p. 433-449, Dec. 2003.

——. *Teoria da argumentação jurídica*. Tradução de Zilda H. S. Silva. São Paulo: Landy, 2001.

——. *Teoria dos direitos fundamentais*. Tradução de Virgílio Afonso da Silva. São Paulo: Malheiros, 2008.

——. The Construction of Constitutional Rights. *Law & Ethics of Human Rights*, v. 4 (1), p. 20-32, 2010. Disponível em: <http://www.bepress.com/lehr/vol4/iss1/art2> Acesso em: 15 jun. 2011.

ÁLVAREZ, Leonardo Álvarez. La paradoja de la educación: adoctrinar para garantizar la libertad. *Direitos Fundamentais & Justiça*, Porto Alegre, ano 5, n. 14, p. 13-38, jan./mar. 2011.

ALVIM, Márcia Cristina de Souza. A educação e a dignidade da pessoa humana. In: FERRAZ, Ana Cândida da Cunha; BITTAR, Eduardo C. B. (Org.). *Direitos humanos fundamentais*: positivação e concretização. Osasco: EDIFIEO, 2006, p. 182-185.

AMARAL, Gustavo; MELO, Danielle. Há direitos acima dos orçamentos? In: SARLET, Ingo Wolfgang; TIMM, Luciano (Org.). *Direitos fundamentais, Orçamento e Reserva do Possível*. Porto Alegre: Livraria do Advogado, 2008, p. 79-99.

ANDRADE, José Carlos Vieira de. O "direito ao mínimo de existência condigna" como direito fundamental a prestações estaduais positivas: uma decisão singular do Tribunal Constitucional: Anotações ao Acórdão do Tribunal Constitucional n° 509/02. *Jurisprudência Constitucional*, n. 1, jan./mar. 2004. Disponível em: <http://www.fd.unl.pt/docentes_docs/ma/JJA_MA_4503.pdf> Acesso em: 13 jun. 2009.

———. *Os direitos fundamentais na Constituição portuguesa de 1976*. 4. ed. Coimbra: Almedina, 2009.

ANDRADE, Ricardo Barretto de. Da falta de efetividade à intervenção judicial excessiva: o direito à saúde sob a perspectiva de um caso concreto. *Direitos Fundamentais & Justiça*, Porto Alegre, ano 4, n. 12, p. 78-91, jul./set. 2010.

ARAGON, Manuel. El control como elemento inseparable del concepto de constitución. *Revista Española de Derecho Constitucional*. Madrid, n° 19, p. 15-52, ene./abr. 1987.

ARANGO, Rodolfo. A objetividade dos direitos fundamentais. *Revista do Instituto de Hermenêutica Jurídica*, Porto Alegre, v. 1, n. 5, p. 219-234, 2007.

———. Direitos fundamentais sociais, justiça constitucional e democracia. *Revista do Ministério Público do Rio Grande do Sul*, Porto Alegre, n. 56, p. 89-103, set./dez. 2005.

———. *El concepto de derechos sociales fundamentales*. Bogotá: Legis, 2005.

ÁVILA, Humberto. *Teoria dos princípios:* da definição à aplicação dos princípios jurídicos. 9. ed. São Paulo: Malheiros, 2009.

AZEVEDO, Antônio Junqueira de. Caracterização jurídica da dignidade da pessoa humana. *Revista dos Tribunais*, São Paulo, v. 91, n. 797, p.11-26, mar. 2002.

BALKIN, Jack M. Fidelity to Text and Principle. In: BALKIN, Jack M.; SIEGEL, Reva B. (Ed.). *The Constitution in 2020*. New York: Oxford University Press, 2009, p. 11-24.

BARAK, Aharon. *The Judge in a Democracy*. Princeton: Princeton University Press, 2008.

BARCELLOS, Ana Paula de. *A eficácia jurídica dos princípios constitucionais:* o princípio da dignidade da pessoa humana. 2. ed., ampl., rev. e atual. Rio de Janeiro: Renovar, 2008.

———. *A eficácia jurídica dos princípios constitucionais:* o princípio da dignidade da pessoa humana. Rio de Janeiro: Renovar, 2002.

———. O direito à educação e o STF. In: SARMENTO, Daniel; e SARLET, Ingo Wolfgang (Coord.). *Direitos fundamentais no Supremo Tribunal Federal*: balanço e crítica. Rio de Janeiro: Lúmen Juris, 2011, p. 609-634.

———. O mínimo existencial e algumas fundamentações: John Rawls, Michael Walzer e Robert Alexy. In: TORRES, Ricardo Lobo (Org.). *Legitimação dos direitos humanos*. 2. ed. Rio de Janeiro: Renovar, 2007, p. 97-135.

BARROSO, Luís Roberto. A americanização do direito constitucional e seus paradoxos: teoria da jurisprudência constitucional no mundo contemporâneo. *Interesse Público*, ano XII, n. 59, p. 13-55, jan./fev. 2010.

———. *A Dignidade da pessoa humana no direito constitucional contemporâneo:* natureza jurídica, conteúdos mínimos e critérios de aplicação. Versão provisória para debate público. Mimeografado, dezembro de 2010.

———. Brazil's Constitution of 1988 on its Twenty First Anniversary: Where we stand now. *Direitos Fundamentais & Justiça*, Porto Alegre, ano 3, n. 09, p. 147-173, out./dez. 2010.

———. Da falta de efetividade à judicialização excessiva: direito à saúde, fornecimento gratuito de medicamentos e parâmetros para a atuação judicial. *Revista de Direito Social,* ano IX, n. 34, p. 11-43, abr./jun. 2009.

———. O começo da história: a nova interpretação constitucional e o papel dos princípios no direito brasileiro. In: BARROSO, Luís Roberto. *Temas de direito constitucional*. v. III, 2. ed. Renovar: Rio de Janeiro, 2008, p. 3-59.

———. *O direito constitucional e a efetividade de suas normas:* limites e possibilidades da Constituição Brasileira. 9. ed. Rio de Janeiro: Renovar, 2009.

———. Constituição, democracia e supremacia judicial: direito e política no Brasil contemporâneo. *Revista jurídica*, Brasília, v. 12, n. 96, p. 1-46, fev./mai. 2010.

———. Fundamentos teóricos e filosóficos do novo direito constitucional brasileiro. *Revista de Direito Administrativo*, Rio de Janeiro, v. 225, p. 05-37, jul./set. 2001.

BASSETTE, Fernanda. Gasto do governo com remédios via ação judicial cresce 5.000% em 6 anos. *O Estado de São Paulo*, São Paulo, 28 abr. 2011. Disponível em: <www.estadao.com.br>. Acesso em: 28 abr. 2011.

BELLOSO MARTÍN, Nuria. El principio de dignidad de la persona humana en la teoría kantiana: algunas contradicciones. *Direitos Fundamentais & Justiça*, Porto Alegre, v. 2, n. 4, p. 40-60, jul./set. 2008.

BICKEL, Alexander M. *The Least Dangerous Branch:* The Supreme Court at Bar of Politics. 2nd ed. New Haven: Yale University Press, 1986.

BIN, Roberto. L'ultima fortalezza. *Teoria della Constituzione e conflitti de attribuzione*. Varese: Millano--Dott A. Giufrè, 1996.

BITENCOURT NETO, Eurico. *O direito ao mínimo para uma existência digna*. Porto Alegre: Livraria do Advogado, 2010.

BITTAR, Eduardo C. B. Hermenêutica e Constituição: a dignidade da pessoa humana como legado à pós-modernidade. In: FERRAZ, Ana Cândida da Cunha; BITTAR, Eduardo C. B. (Org.). *Direitos humanos fundamentais*: positivação e concretização. Osasco: EDIFIEO, 2006, p. 35-65.

BOBBIO, Norberto. *A era dos direitos*. Tradução de Carlos Nelson Coutinho. Nova edição 7. reimp.. Rio de Janeiro: Elsevier, 2004.

BÖCKENFÖRDE, Ernst-Wolfgang. *Escritos sobre derechos fundamentales*. Traducción de Juan Luís Requejo Pagés e Ignacio Villaverde Menéndez. Baden-Baden: Nomos Verl.-Ges, 1993.

BOEIRA, Alex Pedrozzo. O direito fundamental à moradia em zonas seguras: a prevenção e o dever de agir do Estado frente a ocupações irregulares. *Revista Síntese de Direito Administrativo*, ano VI, n. 66, p. 78-92, jun. 2011.

BONAVIDES, Paulo. A quinta geração de direitos fundamentais. *Direitos Fundamentais & Justiça*, Porto Alegre, ano 2, n. 3, p. 82-93, abr./jun. 2008.

———. Constitucionalismo luso-brasileiro: influxos recíprocos. In: MIRANDA, Jorge (Org). *Perspectivas constitucionais nos 20 anos da Constituição de 1976*. Coimbra: Coimbra Editora, 1996. v. 1, p. 19-53.

———. *Curso de direito constitucional*. 15. ed. São Paulo: Malheiros, 2004.

———. *Do Estado liberal ao Estado social*. 8. ed. São Paulo: Malheiros, 2004.

———. *Teoria constitucional da democracia participativa*: por um direito constitucional de luta e resistência; por uma nova hermenêutica; por uma repolitização da legitimidade. São Paulo: Malheiros: 2001.

———. *Teoria do Estado*. 5. ed. São Paulo: Malheiros, 2004.

BOROWSKI, Martin. *La estructura de los derechos fundamentales*. Traducción de Carlos Bernal Pulido. Bogotá: Universidad Externado de Colombia, 2003.

BREYER, Stephen. Making our Democracy Work: The Yale Lectures. *The Yale Law Journal*, n. 120, p. 1999-2026, June 2011.

BUSTAMANTE, Thomas. Princípios, regras e a fórmula de ponderação de Alexy: um modelo funcional para a argumentação jurídica? *Revista de Direito Constitucional e Internacional*, São Paulo, ano 14, n. 54, p. 76-107, jan./mar. 2006.

CAETANO, Marcello. *Manual de ciência política e direito constitucional*. 6. ed., Tomo I. Coimbra: Almedina, 1983.

CALIENDO, Paulo. Reserva do possível, direitos fundamentais e tributação. In: SARLET, Ingo Wolfgang; TIMM, Luciano (Org.). *Direitos fundamentais, Orçamento e Reserva do Possível*. Porto Alegre: Livraria do Advogado, 2008, p. 175-186.

CAMAZANO, Joaquín Brage. *Los límites a los derechos fundamentales*. Madrid: Dykinson, 2004.

CANARIS, Claus-Wilhelm. A influência dos direitos fundamentais sobre o direito privado na Alemanha. *Revista Latino-Americana de Estudos Constitucionais*, Belo Horizonte, n. 3, p. 373-391, jan./jun. 2008.

CANOTILHO, Joaquim José Gomes. "Metodologia fuzzy" e "camaleões normativos" na problemática actual dos direitos económicos, sociais e culturais. In: CANOTILHO, Joaquim José Gomes. *Estudos sobre direitos fundamentais*. 2. ed. Coimbra: Coimbra Editora, 2008, p. 97-113.

Direitos Fundamentais Sociais
DIGNIDADE DA PESSOA HUMANA E MÍNIMO EXISTENCIAL

——. O direito constitucional como ciência de direcção: o núcleo essencial de prestações sociais ou a localização incerta da socialidade (contributo para a reabilitação da força normativa da "Constituição social"). In: CANOTILHO, Joaquim José Gomes; CORREIA, Marcus Orione Gonçalves; CORREIA, Érica Barcha (Coord.). *Direitos fundamentais sociais*. São Paulo: Saraiva, 2010, p. 11-31.

——. O direito dos pobres no activismo judiciário. In: CANOTILHO, Joaquim José Gomes; CORREIA, Marcus Orione Gonçalves; CORREIA, Érica Barcha (Coord.). *Direitos fundamentais sociais*. São Paulo: Saraiva, 2010, p. 33-35.

——. Tomemos a sério os direitos econômicos, sociais e culturais. In: CANOTILHO, Joaquim José Gomes. *Estudos sobre direitos fundamentais*. 2. ed. Coimbra: Coimbra Editora, 2008, p. 35-68.

——. *Direito constitucional e teoria da Constituição*. 7. ed., 2. reimp. Coimbra: Almedina, 2006.

CENTRE ON HOUSING RIGHTS AND EVICTIONS. *Leading Cases on Economic, Social and Cultural Rights:* Summaries. Switzerland: Centre on Housing Rights & Evictions, 2009 (ESC Rights Litigation Programme).

COLEMAN, Jules L.; HOLAHAN, William L. Tragic Choices by Guido Calabresi; Philip Bobbitt. *California Law Review*, v. 67 (6), p. 1379-1393, Dec. 1979.

COMPARATO, Fábio Konder. *A afirmação histórica dos direitos humanos*. 3. ed. rev. e ampl. São Paulo: Saraiva, 2004.

COSTA, Denise Souza. Desafios para a concretização do direito fundamental à educação. *Revista da Ajuris*, Porto Alegre, v. 37, n. 120, p. 83-115, dez. 2010.

COURTIS, Christian; ABRAMOVICH, Víctor. Apuntes sobre la exigibilidad judicial de los derechos sociales. In: SARLET, Ingo Wolfgang (Org.) *Direitos fundamentais sociais:* estudos de direito constitucional, internacional e comparado. Rio de Janeiro: Renovar, 2003, p. 135-165.

COURTIS, Christian; ABRAMOVICH, Víctor. *Los derechos sociales como derechos exigibles*. 2. ed. Madrid: Editorial Trotta, 2004.

CROCKER, David A. Functioning and Capability: the Foundations of Sen's and Nussbaum's Development Ethic. *Political Theory*, v. 20, n. 4, p. 584-612, Nov. 1992.

——. Functioning and Capability: the Foundations of Sen's and Nussbaum's Development Ethic, Part 2. In: NUSSBAUM, Martha, C.; GLOVER, Jonathan (Eds.). *Women, Culture and Development*: a Study of Human Capabilities. Oxford: Oxford University Press, 1995, p. 153-198.

DAVID, René. *Os grandes sistemas do direito contemporâneo*. 4. ed. São Paulo: Martins Fontes, 2002.

DAVIS, Dennis. Socio-economic Rights in South Africa: the Record of the Constitutional Court after 10 years. *ESR Review*, vol. 5, n. 5, p. 3-11, Dec. 2005.

DELLA MIRANDOLA, Pico. *Discurso sobre la dignidad del hombre*. Traducción de Adolfo Ruiz Diaz. Buenos Aires: Goncourt, 1978.

DIAS, Maria Clara. *Os direitos sociais básicos*: uma investigação filosófica da questão dos direitos humanos. Porto Alegre: EDIPUCRS, 2004.

DIÉZ-PICAZO, Luís María. *Sistema de derechos fundamentales*. Madrid: Thomson Civitas, 2003.

DIPPEL, Horst. Modern Constitutionalism: an Introduction to a History in Need of Writing. *The Legal History Review*, v. 73 (1-2), p. 153-170, Feb. 2005.

DORF, Michael C. An Institutional Approach to Legal Indeterminacy. *Columbia Law School*. Public Law & Legal Theory Research Paper Group. Paper Number 02-44. Disponível em: <http://ssrn.com/abstract_id=326780> Acesso em: 02 ago. 2011.

DWORKIN, Ronald. *A virtude soberana*: a teoria e a prática da igualdade. Tradução de Jussara Simões. São Paulo: Martins Fontes, 2005.

——. *Is Democracy Possible Here?* Principles for a New Political Debate. Princeton: Princeton University Press, 2006.

——. *Justice for Hedgehogs*. Cambridge: Harvard University Press, 2011.

——. *Justice in Robes*. Cambridge: Belknap Harvard, 2006.

——. *Life's Dominion:* an Argument about Abortion, Euthanasia, and Individual Freedom. New York: Vintage Books, 1994.

——. Rights as Trumps. In: WALDRON, Jeremy. *Theories of Rights*. Oxford: Oxford University, 1984, p. 153-167.

——. *Taking Rights Seriously*. Cambridge: Harvard University Press, 1999.

ELY, John Hart. *Democracy and Distrust:* a Theory of Judicial Review. Cambridge: Harvard University Press, 1980.

FACCHINI NETO, Eugênio. Reflexões histórico-evolutivas sobre a constitucionalização do direito privado. In: SARLET, Ingo Wolfgang (Org.). *Constituição, direitos fundamentais e direito privado.* 2. ed. rev. ampl. Porto Alegre: Livraria do Advogado, 2006, p. 13-62.

FACHIN, Luiz Edson. The Constitutional Debate on Stem Cell Research, Human Rights and Dignity: the Law and a Recent Court Ruling in Brazil. *Direitos Fundamentais & Justiça,* Porto Alegre, ano 3, n. 6, p. 131-149, jan./mar. 2009.

FERNÁNDEZ SEGADO, Francisco. A obsolescência da bipolaridade tradicional (modelo americano – modelo europeu-kelseniano) dos sistemas de justiça constitucional. In: MARTINS, Ives Gandra da Silva; MENDES, Gilmar Ferreira; TAVARES, André Ramos (Coord.). *Lições de direito constitucional:* em homenagem ao jurista Celso Bastos. São Paulo: Saraiva, 2005, p. 366-395.

———. La dignidad de la persona como fundamento de sus derechos. *Revista de Derecho Público,* n. 6, p. 13-45, jun. 1996.

———. Los primeros pasos del Tribunal Supremo Norteamericano: La *Pre-Marshall* Court (1790-1801). *Revista de direito público,* Lisboa, ano II, n. 4, p. 49-125, jul./dic. 2010.

FERRAJOLI, Luigi. *Derechos y garantías:* la ley del más débil. 3. ed. Madrid: Editorial Trota. 2002.

FINCATO, Denise Pires. *A pesquisa jurídica sem mistérios:* do projeto à banca. Porto Alegre: Notadez, 2008.

FREITAS, Juarez. A democracia como princípio jurídico. In: FERRAZ, Luciano; MOTTA, Fabrício (Coord.). *Direito público moderno:* homenagem especial ao professor Paulo Neves de Carvalho. Belo Horizonte: Del Rey, 2003, p. 167-198.

———. *A interpretação sistemática do direito.* 5. ed. São Paulo: Malheiros, 2010.

GALDINO, Flávio. *Introdução à teoria dos custos dos direitos:* direitos não nascem em árvores. Rio de Janeiro: Lumen Juris, 2005.

GEARTY, Conor. Against Judicial Enforcement. In: GEARTY, Conor; MANTOUVALOU, Virginia. *Debating Social Rights.* Oxford/Portland: Hart Publishing, 2011, p. 1-84.

———. *Principles of Human Rights Adjudication.* Oxford: Oxford University Press, 2004.

GOMES, Magno Federici; FREITAS, Frederico Oliveira. Os direitos fundamentais e o princípio da dignidade da pessoa humana no Estado Democrático de Direito. *Revista IOB de Direito Administrativo,* ano V, n. 55, p. 113-137, jul. 2010.

GRIMM, Dieter. Constitutional Adjudication and Constitutional Interpretation: Between Law and Politics. *NUJS Law Review,* v. 15, p. 15-29, Jan./Mar. 2011.

GUASTINI, Riccardo. Teoria e ideologia da interpretação constitucional. *Interesse Público,* ano VIII, n. 40, p. 217-255, 2006.

HÄBERLE, Peter. A dignidade humana como fundamento da comunidade estatal. Tradução de Ingo Wolfgang Sarlet e Pedro Scherer de Mello Aleixo. In: SARLET, Ingo Wolfgang (Org.). *Dimensões da dignidade:* ensaios de filosofia do direito e direito constitucional. 2. ed. rev. e ampl. Porto Alegre: Livraria do Advogado, 2009, p. 45-103.

———. *El estado constitucional.* Traducción e índices de Héctor Fix-Fierro. México: Universidad Nacional Autónoma de México, 2003.

———. *Hermenêutica constitucional:* A sociedade aberta dos intérpretes da Constituição: contribuição para a interpretação pluralista e "procedimental" da Constituição. Tradução de Gilmar Ferreira Mendes. Porto Alegre: Fabris Editor, 2002.

———. La constitución como cultura. *Anuario Iberoamericano de Justicia Constitucional.* Madrid, n. 6, 2002, p. 177-199.

———. *La garantía del contenido esencial de los derechos fundamentales en la Ley Fundamental de Bonn.* Traducción Joaquim Brage Camazano. Madrid: Dykinson, 2003.

———. La jurisdicción constitucional en la sociedad abierta. *Direito Público,* ano V, n. 25, 189-205, jan./ fev. 2009.

HABERMAS, Jürgen. *Between Facts and Norms:* Contribution to a Discourse of Law and Democracy. Translated by William Rehg. Cambridge: Cambridge Press, 1998.

HART, Herbert L. A. *O conceito de direito.* Tradução de A. Ribeiro Mendes, 5. ed. Lisboa: Fundação Calouste Gulbenkian, 1994.

HESSE, Konrad. *A força normativa da constituição*. Tradução de Gilmar Ferreira Mendes. Porto Alegre: Fabris, 1991.

——. *Derecho constitucional y derecho privado*. Traducción e introducción de Ignacio Gutiérrez Gutiérrez. Madrid: Civitas, 1995.

——. *Elementos de direito constitucional da República Federal da Alemanha*. Porto Alegre: Fabris, 1998.

HIRSCHL, Ran. The New Constitution and the Judicialization of Pure Politics Worldwide. *Fordham Law Review*, v. 75 (2), p. 721-753, 2006.

HOBBES, Thomas. *Leviathan*: or the Matter, Forme, & Power of a Common-wealth Ecclesiasticall and Civill. Oxford: Oxford University Press, 2009 (Oxford world's classics).

HOLMES, Stephen; SUNSTEIN, Cass R. *The Cost of Rights*: Why Liberty Depends on Taxes. New York: Norton, 2000.

KANT, Immanuel. *Fundamentação da metafísica dos costumes*. Tradução de Paulo Quintela. Lisboa: Edições 70, 2008.

KIRSTE, Stephan. A dignidade humana e o conceito de pessoa de direito. Tradução de Luís Marcos Sander. In: SARLET, Ingo Wolfgang (Org.). *Dimensões da dignidade*: ensaios de filosofia do direito e direito constitucional. 2. ed. rev. e ampl. Porto Alegre: Livraria do Advogado, 2009, p. 175-198.

KLOEPFER, Michael. Vida e dignidade da pessoa humana. Tradução de Rida Dostal Zanini. In: SARLET, Ingo Wolfgang (Org.). *Dimensões da dignidade*: ensaios de filosofia do direito e direito constitucional. 2. ed. rev. e ampl. Porto Alegre: Livraria do Advogado, 2009, p. 145-174.

KMIEC, Keenan D. The Origin and Current Meanings of "Judicial Activism". *California Law Review*, v. 92 (5), p. 1442-1477, Oct. 2004.

KRELL, Andreas Joachim. *Direitos sociais e controle judicial no Brasil e na Alemanha*: os (des)caminhos de um direito constitucional "comparado". Porto Alegre: Fabris, 2002.

LAFER, Celso. *A reconstrução dos direitos humanos*: um diálogo com o pensamento de Hanna Arendt. São Paulo: Companhia das Letras, 1991.

LEAL, Rogério Gesta. *Condições e possibilidades eficaciais dos direitos fundamentais sociais*: os desafios do Poder Judiciário no Brasil. Porto Alegre: Livraria do Advogado, 2009.

——. *O Estado-Juiz na democracia contemporânea*: uma perspectiva procedimentalista. Porto Alegre: Livraria do Advogado, 2007.

LECKIE, Scott. Housing Rights. *UNDP Human Development Report 2000*. Disponível em: <http://hdr.undp.org/en/reports/global/hdr2000/papers/leckie.pdf> Acesso em: 01 jun. 201

LEHMANN, Karin. In Defense of the Constitutional Court: Litigating Economic and Social Rights and the Myth of the Minimum Core. *American University International Law Review*, v. 22, n. 1, p. 163-197, 2006.

LEIVAS, Paulo Gilberto Cogo. *Teoria dos direitos fundamentais sociais*. Porto Alegre: Livraria do Advogado, 2006.

LIEBENBERG, Sandra. Basic Rights Claims: How Responsive is 'Reasonableness Review'?. *ESR Review*, vol. 5, n. 5, p. 3-11, Dec. 2005, p. 7-11

——. Needs, Rights and Transformations: Adjudicating Social Rights. *Stellenbosch Law Review*, v. 17, p. 05-36, 2006.

——. The Value of Human Dignity in Interpreting Socio-Economic Rights. *South African Journal on Human Rights*, v. 2, part 1, p. 18, 2005.

LINDQUIST, Stefanie A.; SMITH, Joseph L; CROSS, Frank B. The Rhetoric of Restraint and the Ideology of Activism. *Constitutional Commentary*, v. 24 (1), p. 103-125, Spring 2007.

LOCKE, John. *Segundo tratado sobre o governo civil e outros escritos*: ensaios sobre a origem, os limites e os fins verdadeiros do governo civil. Tradução de Magda Lopes e Marisa Lobo da Costa. Petrópolis: Vozes, 1994 (Coleção clássicos do pensamento político).

LOPES, José Reinaldo de Lima. Em torno da "reserva do possível". In: SARLET, Ingo Wolfgang (Org.). *Direitos fundamentais sociais*: estudos de direito constitucional internacional e comparado. Rio de Janeiro: Renovar, 2003, p. 155-173.

LÖSING, Norbert. La jurisdicción constitucional como contribución al Estado de Derecho. In: FERNÁNDEZ SEGADO, Francisco (Org.). *The Spanish Constitution in the European Constitutional Context*. Madrid: Dykinson, 2003, p. 1003-1032.

MACHADO, Jónatas E. M. *Liberdade de expressão*: dimensões constitucionais da esfera pública no sistema social. Coimbra: Coimbra, 2002.

MANTOUVALOU, Virginia. In Support of Legislation. In: GEARTY, Conor; MANTOUVALOU, Virginia. *Debating Social Rights*. Oxford/Portland: Hart Publishing, 2011, p. 85-171.

MARÍN CASTÁN, María Luísa. La dignidad humana, los derechos humanos y los derechos constitucionales. *Revista de Bioética y Derecho*, n. 9, ene. 2007. Disponível em: <http://www.bioeticayderecho.ub.es> Acesso em: 02 fev 2011.

MARTINS, Leonardo (Org.). Cinqüenta anos de jurisprudência do Tribunal Constitucional Federal Alemão. Montevideo: Fundación Konrad-Adenauer, 2005.

MARX, Karl; ENGELS, Friedrich. *O Manifesto comunista*. Tradução de Pietro Nassetti, São Paulo: Martin Claret, 2004.

MAURER, Béatrice. Notas sobre o respeito da dignidade da pessoa humana... ou pequena fuga incompleta em torno de um tema central. Tradução de Rita Dostal Zanini. In: SARLET, Ingo Wolfgang (Org.). *Dimensões da dignidade*: ensaios de filosofia do direito e direito constitucional. 2. ed. rev. e ampl.Porto Alegre: Livraria do Advogado, 2009, p. 119-143.

MBAZIRA, Christopher *Litigating Socio-Economic Rights in South Africa*: a choice between corrective and distributive justice. Cape Town: Pretoria University Law Press, 2009.

MELLO, Celso Antônio Bandeira de. Eficácia das normas constitucionais sobre justiça social. *Revista de Direito Social*, v. 2, n. 7, p. 137-162, jul./set. 2002.

MENDES, Gilmar Ferreira. A doutrina constitucional e o controle de constitucionalidade como garantia da cidadania: declaração de inconstitucionalidade sema pronúncia de nulidade no direito brasileiro. *Revista de Direito Administrativo*. Rio de Janeiro, v. 291, p. 40-66, jan./mar. 1993.

———. A proporcionalidade na jurisprudência do Supremo Tribunal Federal. *Repertório IOB de Jurisprudência*: Tributário, Constitucional e Administrativo, n. 23, p. 475-469, dez. 1994.

———. *Arguição de descumprimento de preceito fundamental*: comentários à Lei n. 9.882, de 3-12-1999. 2. ed. São Paulo: Saraiva, 2011.

———. *Direitos fundamentais e controle de constitucionalidade*. 3ª ed., 3ª tir. São Paulo: Saraiva, 2007.

———. O controle de constitucionalidade na Constituição de 1988. In: ALKMIM, Marcelo (Coord.) *A Constituição consolidada*: críticas e desafios: estudos alusivos aos 20 anos da Constituição brasileira. Florianópolis: Conceito Editorial, 2008, p. 165-201.

———. O mandado de injunção e a necessidade de sua regulação legislativa. *Observatório da Jurisdição Constitucional*, Brasília, ano 3, 2009/2010. Disponível em <http://www.portaldeperiodicos.idp.edu.br/index.php/observatorio/article/viewFile/363/246> Acesso em: 30 jul. 2011.

———; BRANCO, Paulo Gustavo Gonet. *Curso de direito constitucional*. 6. ed. São Paulo: Saraiva, 2011.

———; VALE, André Rufino. O pensamento de Peter Häberle na Jurisprudência do Supremo Tribunal Federal. *Direito Público*. Ano V, n. 28, p. 71-94, jun.-ago. 2009.

———. O princípio da proporcionalidade na jurisprudência do Supremo Tribunal Federal: novas leituras. *Revista Diálogo Jurídico*, Salvador, v. 1, n. 5, agosto 2001. Disponível em: <http://www.direitopublico.com.br>. Acesso em: 10 de jul. 2011.

MICHAELS, Jon D. To Promote the General Welfare: the Republican Imperative to Enhance Citizenship Welfare Rights. *The Yale Law Journal*, v. 111, p. 1457-1498, Apr. 2002.

MICHELMAN, Frank. A Constituição, os direitos sociais e a justificação da política liberal. In: SARLET, Ingo (Coord.). *Jurisdição e direitos fundamentais*: anuário 2004/2005, Porto Alegre: AJURIS/ Livraria do Advogado, 2006, p. 131-155.

———. Socioeconomic Rights in Constitutional Law: Explaining America Away. *International Journal of Constitutional Law*, v. 6 (2-4), p. 663-686, July/Oct. 2008. Public Version doi:10.1093/icon/mon013.

MIRANDA, Jorge. A abertura constitucional a novos direitos fundamentais. In: *Estudos em homenagem ao professor doutor Manuel Gomes da Silva*. Coimbra: Almedina, 2001, p. 561-572.

———. Acabar com o frenesim constitucional. *Evolução constitucional e perspectivas futuras*. Lisboa: Associação Académica da Faculdade de Direito, 2001, p. 653-662.

———. *Escritos vários sobre direitos fundamentais*. Estoril: Principia, 2006.

———. *Manual de direito constitucional*. Tomo IV, 4. ed. rev. e actual. Coimbra: Coimbra Editora, 2008.

——. Os direitos fundamentais na ordem constitucional portuguesa. *Revista Española de Derecho Constitucional*, Madrid, n. 18, p. 107-138, set./dez. 1986.

——. Regime específico dos direitos económicos, sociais e culturais. In: *Estudos jurídicos e econômicos em homenagem ao professor João Lumbrales*. Edição da Faculdade de Direito da Universidade de Lisboa. Coimbra: Coimbra, 2000.

——; SILVA, Marco Antonio da (Org.). *Tratado luso-brasileiro da dignidade da pessoa humana*. Porto Alegre: Livraria do Advogado, 2008.

MONTESQUIEU, Charles de Secondat, Baron de. *O espírito das leis*. Tradução de Cristina Murachco. São Paulo: Martins Fontes, 2000.

MORAES, Maria Celina Bodin de. O conceito da dignidade humana: subtrato axiológico e conteúdo normativo. In. SARLET, Ingo (Org.). *Constituição, direitos fundamentais e direito privado*. 3. ed. rev. e amp. Porto Alegre: Livraria do Advogado, 2010, p. 111-144.

MÜLLER, Friedrich. Teoria e interpretação dos direitos fundamentais, especialmente com base na teoria estruturante do Direito. *Anuario Iberoamericano de Justicia Constitucional*, Madrid, n. 7, p. 315-327, 2003.

MURPHY, Tim. Socio-Economic Rights in Irish and Spanish Constitutionalism. In: FERNÁNDEZ SEGADO, Francisco (Org.). *The Spanish Constitution in the European Constitutional Context*. Madrid: Dykinson, 2003, p. 1841-1856.

NEUNER. Jörg. Os direitos humanos sociais. *Direito Público*, ano V, n. 26, p. 18-41, mar./abr. 2009.

NOVAIS, Jorge Reis. *As restrições aos direitos fundamentais não expressamente autorizadas pela constituição*. Coimbra: Coimbra Editora, 2003.

——. *Direitos fundamentais:* trunfos contra a maioria. Coimbra: Coimbra, 2006.

——. *Direitos Sociais:* teoria jurídica dos direitos sociais enquanto direitos fundamentais. Coimbra: Coimbra Editora, 2010.

NUSSBAUM, Martha C. Capabilities and Human Rights. In: HAYDEN, Patrick. *The philosophy of human rights*, St. Paul: Paragon House, 2001, p. 212-240.

——. Human Functioning and Social Justice: in Defense of Aristotelian Essentialism. *Political Theory*, v. 20, n. 2, p. 202-246, May 1992.

PARREIRAS, Rodrigo Moraes Lamounier. A dignidade de todos e de ninguém. *Direito Público*, ano V, n. 26, p. 7-17, mar./abr. 2009.

PECES-BARBA MARTÍNEZ, Gregorio. *La dignidad de la persona desde la Filosofía del Derecho*. 2. ed. Madrid: Dykison, 2003.

PEREIRA, Jane Reis Gonçalves. *Interpretação constitucional e direitos fundamentais*: uma contribuição ao estudo das restrições aos direitos fundamentais na perspectiva da teoria dos princípios. Rio de Janeiro: Renovar, 2006.

PÉREZ LUÑO, Antonio Enrique. *Derechos humanos, Estado de derecho y constitucion*. 6. ed. Madrid: Tecnos, 1999.

——. La fundamentación de los derechos humanos. *Revista de estudios políticos* (Nueve Época), n. 35, p. 07-71, Set./Oct. 1983.

——. Las generaciones de derechos humanos. *Revista del Centro de Estudios Constitucionales*, n. 10, p. 203-217, Set./Dic. 1991.

PERRY, Michael. Protegendo direitos humanos constitucionalmente entrincheirados: que papel deve a Suprema Corte desempenhar?: (com especial referência à pena de morte, aborto e uniões entre pessoas do mesmo sexo). Tradução de André Ramos Tavares e Carla Osmo. In: TAVARES, André Ramos (Coord.) *Justiça constitucional:* pressupostos teóricos e análises concretas. Belo Horizonte: Editora Fórum, 2007, p. 83-151.

——. *Toward a Theory of Human Rights*: Religion, Law, Courts. Cambridge: Cambridge University Press, 2008.

PILDES, Richard H. The Constitutionalization of Democratic Politics: The Supreme Court, 2003 Term. *New York University Public Law and Legal Theory Working Papers*. Paper 5. Disponível em: <http://lsr.nellco.org/nyu_plltwp/5> Acesso em: 10 jun. 2011.

PINHEIRO, Pedro Eduardo; SIQUEIRA, Antunes. *A coisa julgada inconstitucional*. Rio de Janeiro: Renovar, 2006.

PIOVESAN, Flávia. Justiciabilidade dos direitos sociais e econômicos: desafios e perspectivas. In: CANOTILHO, Joaquim José Gomes; CORREIA, Marcus Orione Gonçalves; CORREIA, Érica Barcha (Coord.). *Direitos fundamentais sociais*. São Paulo: Saraiva, 2010, p. 53-69.

POST, Robert C. Democracy, Popular Sovereignty, and Judicial Review. *California Law Review*, n. 86, p. 429-443, 1998.

PULIDO, Carlos Bernal. *El principio de proporcionalidad y los derechos fundamentales*. Madrid: Centro de Estudios Políticos y Constitucionales, 2003.

QUEIROZ, Cristina M. M. *Direitos fundamentais*: teoria geral. Coimbra: Coimbra: 2002.

———. *Direitos fundamentais sociais*: funções, âmbito, conteúdo, questões interpretativas e problemas de justiciabilidade. Coimbra: Coimbra, 2006.

———. Direitos fundamentais sociais: questões interpretativas e limites de justiciabilidade. In: SILVA, Virgílio Afonso (Org.). *Interpretação constitucional*. São Paulo: Malheiros, 2007, p. 165-216.

RAWLS, John. *História da filosofia moral*. Tradução de Ana Aguiar Cotrim. São Paulo: Martins Fontes, 2005.

———. *Justiça como eqüidade:* uma reformulação. Tradução de Claudia Berliner. São Paulo: Martins Fontes, 2003.

———. *Political Liberalism.* Expanded ed. New York: Columbia University Press, 2005.

———. The Basic Liberties and their Priority. *The Tanner Lectures on Human Values.* The University of Utah. Disponível em: <http//www.tannerlectures.utah.edu/lectures/documents/rawls82.pdf> Acesso em: 25 mai. 2011.

———. Uma concepção kantiana de igualdade. Tradução de Nythamar de Oliveira. *Veritas*, Porto Alegre, v. 52, n. 1, p. 108-119, mar. 2007.

———. *Uma teoria da justiça.* Tradução de Jussara Simões. São Paulo: Martins Fontes, 2008.

ROCHA, Cármen Lúcia Antunes. A dignidade da pessoa humana e o mínimo existencial. *Revista de Direito Administrativo*, p. 15-24, set./dez. 2009.

———. O princípio da dignidade da pessoa humana e a exclusão social. *Interesse Público*, São Paulo, ano 1, n. 4, p. 23-48, out./dez. 1999.

ROUSSEAU, Jean-Jacques. *The Social Contract.* University of Adelaide Library Electronic Texts Collection. Disponível em: <http://ebooks.adelaide.edu.au/r/rousseau/jean_jacques/r864s/> Acesso em: 10 jun. 2011.

RUOTOLO, Marco. Appunti sulla dignità umana. *Direitos Fundamentais & Justiça*, Porto Alegre, ano 4, n. 11, p. 123-162, abr./jun. 2010.

SAGER, Lawrence. Material Rights: Material Rights, Underenforcement, and the Adjudication Thesis. *Boston University Law Review*, v. 90, n. 2, p. 579-594, Apr. 2010.

SANTOS, Boaventura de Sousa. Por uma concepção multicultural dos direitos humanos. *Revista Crítica de Ciência Sociais*, n. 48, jun. 1997. Disponível em: <http://www.boaventuradesousasantos. pt/media/pdfs/Concepcao_multicultural_direitos_humanos_RCCS48.PDF> Acesso em: 13 jan. 2011.

SARLET, Ingo Wolfgang. *A eficácia dos direitos fundamentais*: uma teoria geral dos direitos fundamentais na perspectiva constitucional. 10 ed. rev. atual. e ampl. Porto Alegre: Livraria do Advogado, 2009.

———. A Lei Fundamental da Alemanha nos seus 60 anos e o direito constitucional brasileiro: algumas aproximações. *Direitos Fundamentais & Justiça*, Porto Alegre, ano 3, n. 7, p. 89-95, abr./jun. 2009.

———. As dimensões da dignidade da pessoa humana: construindo uma compreensão jurídico-constitucional necessária e possível. In: SARLET, Ingo Wolfgang (Org.). *Dimensões da dignidade:* ensaios de filosofia do direito e direito constitucional. 2. ed. rev. e amp. Porto Alegre: Livraria do Advogado, 2009, p. 15-43.

———. Constituição e princípio da proporcionalidade: o direito penal e os direitos fundamentais entre proibição de excesso e de insuficiência. *Revista Brasileira de Ciências Criminais*, São Paulo, ano 12, n. 47, p. 60-122, mar./abr. 2004.

———. *Dignidade da pessoa humana e direitos fundamentais na Constituição Federal de 1988*. 7. ed. Porto Alegre: Livraria do Advogado, 2009.

———. *Dignidade da pessoa humana e direitos fundamentais na Constituição Federal de 1988*. 8. ed. rev. atual. e ampl. Porto Alegre: Livraria do Advogado, 2010.

Direitos Fundamentais Sociais
DIGNIDADE DA PESSOA HUMANA E MÍNIMO EXISTENCIAL

———. Direitos fundamentais sociais e proibição de retrocesso: algumas notas sobre o desafio da sobrevivência dos direitos sociais num contexto de crise. *Revista do Instituto de Hermenêutica Jurídica*, Porto Alegre, v. 1, n. 2, p. 121-168, 2004.

———. Direitos sociais: o problema de sua proteção contra o poder de reforma na Constituição de 1988. *Revista de direito constitucional e internacional*, São Paulo, ano 12, n. 46, p. 42-73, jan./mar. 2004.

———. Notas a respeito do direito fundamental à moradia na jurisprudência do Supremo Tribunal Federal. In: SARMENTO, Daniel; SARLET, Ingo Wolfgang (Coord.). *Direitos fundamentais no Supremo Tribunal Federal*: balanço e crítica. Rio de Janeiro: Lumen Juris, 2011, p. 687-721.

———. Notas sobre a dignidade da pessoa humana na jurisprudência do Supremo Tribunal Federal. In: SARMENTO, Daniel; SARLET, Ingo Wolfgang (Coord.). *Direitos fundamentais no Supremo Tribunal Federal*: balanço e crítica. Rio de Janeiro: Lumen Juris, 2011, p. 37-73.

———. Os direitos fundamentais sociais como "cláusulas pétreas". *Revista da Ajuris*, Porto Alegre, ano XXX, n. 89, p. 101-121, mar. de 2003.

———. Segurança social, dignidade da pessoa humana e proibição de retrocesso: revisitando o problema da proteção dos direitos fundamentais. In: CANOTILHO, Joaquim José Gomes; CORREIA, Marcus Orione Gonçalves; CORREIA, Érica Barcha (Coord.). *Direitos fundamentais sociais*. São Paulo: Saraiva, 2010, p. 71-109.

———. Titularidade simultaneamente individual e transindividual dos direitos sociais analisadas à luz do exemplo do direito à proteção e promoção da saúde. *Direitos Fundamentais & Justiça*, Porto Alegre, ano 4, n. 10, p. 205-228, jan./mar. 2010.

———; FIGUEIREDO, Mariana Filchtiner. Reserva do possível, mínimo existencial e direito à saúde: algumas aproximações. *Direitos Fundamentais & Justiça*, Porto Alegre, ano 1, n. 1, p. 171-231, out./dez. 2007.

———; SAAVEDRA, Giovani Agostini. Constitucionalismo e democracia: breves notas sobre a garantia do mínimo existencial e os limites materiais de atuação do legislador, com destaque para o caso da Alemanha. *Revista da Ajuris*, Porto Alegre, ano 37, n. 119, p. 73-94, set. 2010.

SARMENTO, Daniel. A proteção judicial dos direitos sociais: alguns parâmetros ético-jurídicos. In: ARRUDA, Paula (Coord.). *Direitos Humanos*: questões em debate. Rio de Janeiro: Lumen Juris, 2009, p. 533-586.

———. Colisão entre direitos fundamentais e interesses públicos. In: SARLET, Ingo Wolfgang (Coord.). *Jurisdição e direitos fundamentais*: anuário 2004/2005, v. I, tomo II, Porto Alegre: Escola da Magistratura/Livraria do Advogado, 2006, p. 29-69.

SCAFF, Fernando Facury. Reserva do possível, mínimo existencial e direitos humanos. *Interesse Público*, Porto Alegre, ano VI, n. 32, p. 213-226, jul./ago. 2005.

———. Sentenças aditivas, direitos sociais e reserva do possível. In: SARLET, Ingo Wolfgang; TIMM, Luciano (Org.). *Direitos fundamentais, Orçamento e Reserva do Possível*. Porto Alegre: Livraria do Advogado, 2008, p. 133-152.

SCHÄFER, Jairo Gilberto. *Classificação dos Direitos Fundamentais – do sistema geracional ao sistema unitário*: uma proposta de compreensão. Porto Alegre: Livraria do Advogado, 2005.

———. *Direitos fundamentais*: proteção e restrições. Porto Alegre: Livraria do Advogado, 2001.

———. O problema da fiscalização da constitucionalidade dos atos políticos em geral. *Interesse Público*, v.7, nº 35, jan./fev. 2006, p. 79-97

SEELMAN, Kurt. Pessoa e dignidade da pessoa humana na filosofia de Hegel. Tradução de Rita Dostal Zanini. In: SARLET, Ingo Wolfgang (Org.). *Dimensões da dignidade*: ensaios de filosofia do direito e direito constitucional. 2. ed. rev. e ampl. Porto Alegre: Livraria do Advogado, 2009, p. 105-118.

SEN, Amartya. Capitalism Beyond the Crisis. *The New York Review of Books*, v. 56, n. 5, Mar. 26, 2009.

———. *Development as Freedom*. New York: Alfred A. Knopf, 2000.

———. *Inequality Reexamined*. Cambridge: Harvard University Press, 1998.

———. *The Idea of Justice*. Cambridge: The Belknap Press of Harvard University Press, 2009.

———. *The Standard of Living*. Cambridge: Cambridge University Press, 2001.

SHUE, Henry. *Basic Rights*: Subsistence, Affluence, and U.S. Foreign Policy. 2nd ed. Princeton: Princeton University Press, 1996.

SILVA, José Afonso da. A dignidade da pessoa humana como valor supremo da democracia. *Revista de Direito Administrativo*, Rio de Janeiro, v. 212, p. 125-145, 1998.

———. *Aplicabilidade das normas constitucionais*. 7. ed. São Paulo: Malheiros, 2009.

SILVA, Vasco Pascoal Dias Pereira da. Vinculação das entidades privadas pelos direitos, liberdades e garantias. *Revista de direito público*, São Paulo, ano XX, n. 82, p. 41-52, abr./jun. 1987.

SILVA, Virgílio Afonso da. *Direitos fundamentais:* conteúdo essencial, restrições e eficácia. São Paulo: Malheiros, 2009.

———. O proporcional e o razoável. *Revista dos tribunais*, São Paulo, v. 798, p. 23-50, 2002.

———. O conteúdo essencial dos direitos fundamentais e a eficácia das normas constitucionais. *Revista de Direito do Estado*, Rio de Janeiro, ano 1, n. 4, p. 23-51, out./dez. 2006.

SOARES, Ricardo Maurício Freire. *O princípio constitucional da dignidade da pessoa humana*. São Paulo: Saraiva, 2010.

SOUZA JÚNIOR, Antonio Umberto de. *O Supremo Tribunal Federal e as questões políticas:* o dilema entre o ativismo e a autocontenção no exame judicial das questões políticas. Porto Alegre: Síntese, 2004.

STARCK, Christian. Dignidade humana como garantia constitucional: o exemplo da Lei Fundamental alemã. Tradução de Rita Dostal Zanini. In: SARLET, Ingo Wolfgang (Org). *Dimensões da dignidade:* ensaios de filosofia do direito e direito constitucional. 2. ed. rev. e ampl. Porto Alegre: Livraria do Advogado, 2009, p. 199-224.

———. La legitimación de la justicia constitucional y el principio democrático. *Anuario Iberoamericano de Justicia Constitucional*, Madrid, n. 7, p. 479-493, 2003.

STEINMETZ, Wilson. O dever de aplicação imediata de direitos e garantias fundamentais na jurisprudência do Supremo Tribunal Federal e nas interpretações da literatura especialidade. In: SARMENTO, Daniel; SARLET, Ingo Wolfgang (Coord.). *Direitos fundamentais no Supremo Tribunal Federal:* balanço e crítica. Rio de Janeiro: Lumen Juris, 2011, p. 113-130.

STRECK, Lenio Luiz. O papel da jurisdição constitucional na realização dos direitos sociais-fundamentais. In: SARLET, Ingo Wolfgang (Org.). *Direitos fundamentais sociais:* estudos de direito constitucional internacional e comparado. Rio de Janeiro: Renovar, 2003, p. 169-213.

SUNSTEIN, Cass. A Constitution of Many Minds: Why the Founding Document Doesn't Mean What it Meant Before. Princeton University Press, 2009.

———. Direitos sociais e econômicos? Lições da África do Sul. Tradução de Fabiano Holz Beserra e Eugênio Facchini Neto. In: SARLET, Ingo Wolfgang (Coord). *Jurisdição e direitos fundamentais:* anuário 2004/2005, v. I, tomo II. Porto Alegre: Escola da Magistratura/Livraria do Advogado, 2006, p. 11-28.

TAVARES, André Ramos. Princípio da consubstancialidade parcial dos direitos fundamentais na dignidade do homem. *Revista Brasileira de Direito Constitucional*, n. 4, p. 225-240, jul./dez. 2004.

TEDESCHI, Sebastián. El derecho a la vivienda a diez años de la reforma de la Constitución. In: SARLET, Ingo Wolfgang (Coord). *Jurisdição e direitos fundamentais:* anuário 2004/2005, v. I, tomo II. Porto Alegre: Escola da Magistratura/Livraria do Advogado, 2006, p. 209-236.

TIMM, Luciano Benetti. Qual a maneira mais eficiente de promover direitos fundamentais: uma perspectiva de direito e economia? In: SARLET, Ingo Wolfgang; TIMM, Luciano (Org.). *Direitos fundamentais, Orçamento e Reserva do Possível*. Porto Alegre: Livraria do Advogado, 2008, p. 51-62.

TOCQUEVILLE, Alexis de. *Democracy in America*. Translated by Henry Reeve. Penn State Electronic Classics Series Publication. Pennsylvania State University, 2002.

TORRES, Ricardo Lobo. A metamorfose dos direitos sociais em mínimo existencial. In: SARLET, Ingo Wolfgang (Org.). *Direitos fundamentais sociais:* estudos de Direito Constitucional Internacional e Comparado. Rio de Janeiro: Renovar, 2003, p. 1-46.

———. *O direito ao mínimo existencial*. Rio de Janeiro: Renovar, 2009.

———. O mínimo existencial e os direitos fundamentais. *Revista de Direito Administrativo*, n. 177, p. 29-49, jul./set. 1989.

———. O mínimo existencial, os direitos sociais e os desafios de natureza orçamentária. In: SARLET, Ingo Wolfgang; TIMM, Luciano (Org.). *Direitos fundamentais, Orçamento e Reserva do Possível*. Porto Alegre: Livraria do Advogado, 2008, p. 63-77.

TRIBE, Laurence H. *American Constitutional Law*. 3th ed. v. 1. New York: Foundation Press, 2000.

––––. *The Invisible Constitution*. New York: Oxford University Press, 2008.

TUGENDHAT, Ernst. *Lições sobre ética*. Tradução de Róbson Ramos dos Reis et al. Petrópolis: Vozes, 1997.

TUSHNET, Mark. Social Welfare Rights and Forms of Judicial Review. *Texas Law Review*, v. 82 (7), p. 1895-1919, 2004.

––––. *Taking the Constitution Away from the Courts*. Princeton: Princeton University Press, 1999.

VALLS, Ramón. El concepto de dignidad humana. *Revista de Bioética y Derecho*, n. 5, dic. 2005. Disponível em: <http://www.bioeticayderecho.ub.es> Acesso em: 02 fev. 2011.

VIANA, Rui Geraldo Camargo. O direito à moradia. *Revista de Direito Privado*, ano 1, n. 2, São Paulo, p. 9-16, abr./jun. 2000.

WALDRON, Jeremy. *Law and Disagreement*. Oxford: Oxford University Press, 1999

––––. The Core of the Case Against Judicial Review. *The Yale Law Journal*, n. 115, p. 1346-1406, Apr. 2006.

WANG, Daniel Wei Liang. Escassez de recursos, custo dos direitos e reserva do possível na jurisprudência do STF. In: SARLET, Ingo Wolfgang; TIMM, Luciano (Org.). *Direitos fundamentais, Orçamento e Reserva do Possível*. Porto Alegre: Livraria do Advogado, 2008, p. 349-371.

WEBER, Thadeu. Autonomia e dignidade da pessoa humana em Kant. *Direitos Fundamentais & Justiça*, Porto Alegre, ano 3, n. 9, p. 232-259, out./dez. 2009.

––––. Justiça e poder discricionário. *Direitos Fundamentais & Justiça*, Porto Alegre, ano 2, n. 2, p. 214-242 jan./mar. 2008.

YOUNG, Katharine G. The Minimum Core of Economic and Social Rights: A Concept in Search of Content. *The Yale Journal of International Law*, v. 33, p. 113-175, 2008.

ZAGREBELSKY, Gustavo. *Principios y votos*: el Tribunal Constitucional y la política. Traducción de Manuel Martínez Neira. Madrid: Editorial Trotta, 2008.